WOLFGANG HÖLTERS

Harmonie normativer und schuldrechtlicher Abreden in Tarifverträgen

Schriften zum Sozial- und Arbeitsrecht

Band 10

Harmonie normativer und schuldrechtlicher Abreden in Tarifverträgen

Von

Dr. Wolfgang Hölters

DUNCKER & HUMBLOT / BERLIN

Gedruckt 1973 bei Feese & Schulz, Berlin 41
Printed in Germany
ISBN 3 428 028740

Meinen Eltern

Vorwort

In kaum ein anderes Rechtsgebiet spielen gesellschaftspolitische und sozioökonomische Bezüge so stark hinein wie in das kollektive Arbeitsrecht. Die Beantwortung einer konkreten Problemstellung auf diesem Rechtsgebiet setzt daher zwangsläufig voraus, daß man das herkömmliche rechtliche Instrumentarium nicht unbefangen aus der Sicht des historischen Gesetzgebers übernimmt, sondern vor dem Hintergrund moderner industrieller Massengesellschaft neu aufbereitet. Auch das Verhältnis von normativem und schuldrechtlichem Teil des Tarifvertrages galt es dahingehend zu überdenken, ob es sich noch mit den Mitteln der zivilrechtlichen Dogmatik erfassen läßt. Wegen der lückenhaften Kodifikation des Tarifvertragsrechts erschien es mir zur Beantwortung des Themas der Arbeit weiterhin unumgänglich, auf methodologische Fragen einzugehen, die sich bei der Konkretisierung des das kollektive Arbeitsrecht beherrschenden Art. 9 Abs. 3 GG ergeben. Diese Fragen konnten natürlich wegen der Vielzahl der zu beantwortenden sachlichen Probleme nur insoweit beantwortet werden, als dies unbedingt notwendig war.

Die Arbeit hat der Juristischen Fakultät der Universität Köln im Sommersemester 1972 als Dissertation vorgelegen. Das Manuskript wurde im Jahre 1972 abgeschlossen. Die Anregung zu dieser Arbeit ging von meinem verehrten Lehrer, Herrn Prof. Dr. Herbert *Wiedemann,* aus. Ihm schulde ich nicht nur Dank für ihre Betreuung, sondern auch für Rat und Förderung, die er mir schon während meiner Studienzeit erwiesen hat.

Dem Verlag Duncker & Humblot, Berlin, danke ich für die Aufnahme meiner Arbeit in seine Schriftenreihe.

Köln, im Januar 1973

Wolfgang Hölters

Inhaltsverzeichnis

Abkürzungsverzeichnis

abgedr.	= abgedruckt
AcP	= Archiv für die civilistische Praxis
AOG	= Gesetz zur Ordnung der nationalen Arbeit vom 20. 1. 1934 (RGBl. I, S. 45)
AOGÖ	= Gesetz zur Ordnung der Arbeit in öffentlichen Verwaltungen und Betrieben vom 23. 3. 1934 (BGBl. I, S. 220)
AP	= Arbeitsrechtliche Praxis
ArbG	= Arbeitsgericht
ArbGG	= Arbeitsgerichtsgesetz vom 3. 9. 1953 (BGBl. I, S. 1267)
AR-Blattei	= Arbeitsrechtsblattei
ARS	= Arbeitsrechtssammlung
AT	= Allgemeiner Teil
AuR	= Arbeit und Recht
BABl.	= Bundesarbeitsblatt
BAG	= Bundesarbeitsgericht
BAGE	= Entscheidungen des Bundesarbeitsgerichts, abgedruckt in der amtlichen Entscheidungssammlung
BayObLG	= Bayerisches Oberstes Landesgericht
BayVerfGH	= Bayerischer Verfassungsgerichtshof
BB	= Betriebs-Berater
Bd.	= Band
Bensh. Slg	= Bensheimer Sammlung (ab. 19.1934: Arbeitsrechtssammlung)
BetrVG	= Betriebsverfassungsgesetz vom 11. 10. 1952 (BGBl. I, S. 681)
BFH	= Bundesfinanzhof
BGB	= Bürgerliches Gesetzbuch
BGBl.	= Bundesgesetzblatt
BGH	= Bundesgerichtshof
BGHSt	= Entscheidungen des Bundesgerichtshofs in Strafsachen, abgedruckt in der amtlichen Entscheidungssammlung
BGHZ	= Entscheidungen des Bundesgerichtshofs in Zivilsachen, abgedruckt in der amtlichen Entscheidungssammlung
BK	= Bonner Kommentar
Bl.	= Blatt
BSG	= Bundessozialgericht
BSGE	= Entscheidungen des Bundessozialgerichts, abgedruckt in der amtlichen Entscheidungssammlung
BUrlG	= Bundesurlaubsgesetz vom 8. 1. 1963 (BGBl. I, S. 2)
BVerfG	= Bundesverfassungsgericht
BVerfGE	= Entscheidungen des Bundesverfassungsgerichts, abgedruckt in der amtlichen Entscheidungssammlung
BVerwG	= Bundesverwaltungsgericht
BVerwGE	= Entscheidungen des Bundesverwaltungsgerichts, abgedruckt in der amtlichen Entscheidungssammlung
DB	= Der Betrieb

DGB	=	Deutscher Gewerkschaftsbund
Die AG	=	Die Aktiengesellschaft
DJT	=	Deutscher Juristentag
DÖD	=	Der öffentliche Dienst
DÖV	=	Die öffentliche Verwaltung
DRdA	=	Das Recht der Arbeit
Drucks.	=	Drucksache
Dt. Bundestag	=	Deutscher Bundestag
DVBl.	=	Deutsches Verwaltungsblatt
Einl.	=	Einleitung
Erl.	=	Erläuterung
EStG	=	Einkommensteuergesetz in der Fassung vom 10. 12. 1965 (BGBl. I, S. 1902)
Ev. Staatslexikon	=	Evangelisches Staatslexikon
FAZ	=	Frankfurter Allgemeine Zeitung
GewMH	=	Gewerkschaftliche Monatshefte
GewO	=	Gewerbeordnung in der Fassung vom 26. 7. 1900 (RGBl. S. 871)
GG	=	Grundgesetz vom 23. 5. 1949 (BGBl. S. 1)
GoltdA	=	Goltdammers Archiv
GS	=	Großer Senat
GWB	=	Gesetz gegen Wettbewerbsbeschränkungen in der Fassung vom 3. 1. 1966 (BGBl. I, S. 37)
Halbbd.	=	Halbband
HdbDStR	=	Handbuch des Deutschen Staatsrechts
Hess. StGH	=	Hessischer Staatsgerichtshof
HGR	=	Handwörterbuch der Grundrechte
i. E.	=	im Ergebnis
i. V. m.	=	in Verbindung mit
JMBl. NRW	=	Justizministerialblatt Nordrhein-Westfalen
JR	=	Juristische Rundschau
JurA	=	Juristische Analysen
JuS	=	Juristische Schulung
JW	=	Juristische Wochenschrift
JZ	=	Juristenzeitung
Komm.	=	Kommentar
KSchG	=	Kündigungsschutzgesetz vom 10. 8. 1951 (BGBl. I, S. 499)
LAG	=	Landesarbeitsgericht
LG	=	Landgericht
LM	=	Lindenmaier-Möhring
LVG	=	Landesverwaltungsgericht
MDR	=	Monatsschrift für Deutsches Recht
MitbestimmungsEG	=	Mitbestimmungsergänzungsgesetz vom 7. 8. 1956 (BGBl. I, S. 707)
m. w. N.	=	mit weiteren Nachweisen
m. w. z. N.	=	mit weiteren zahlreichen Nachweisen
m. z. N.	=	mit zahlreichen Nachweisen
NJW	=	Neue Juristische Wochenschrift
NZfA	=	Neue Zeitschrift für Arbeitsrecht
Öff. Dienst	=	Öffentlicher Dienst
OLG	=	Oberlandesgericht
OVG	=	Oberverwaltungsgericht
ÖZöffR	=	Österreichische Zeitschrift für öffentliches Recht
PersVG	=	Personalvertretungsgesetz vom 5. 8. 1955 (BGBl. I, S. 477)
PdW	=	Prüfe Dein Wissen
RAG	=	Reichsarbeitsgericht
RAGE	=	Entscheidungen des Reichsarbeitsgerichts, abgedruckt in der amtlichen Entscheidungssammlung

Rdn.	= Randnote
Rdnr.	= Randnummer
RG	= Reichsgericht
RGBl.	= Reichsgesetzblatt
RGZ	= Entscheidungen des Reichsgerichts in Zivilsachen, abgedruckt in der amtlichen Entscheidungssammlung
r. Sp.	= rechte Spalte
Rücks.	= Rückseite
RuSt	= Recht und Staat in Geschichte und Gegenwart
s.	= siehe
S.	= Seite
SAE	= Sammlung arbeitsrechtlicher Entscheidungen
Soz. Fortschr.	= Sozialer Fortschritt
Sp.	= Spalte
Steno. Prot.	Stenographische Protokolle
SteuerAnpG	= Steueranpassungsgesetz vom 16. 10. 1934 (RGBl. I, S. 925)
StVO	= Straßenverkehrsordnung in der Fassung vom 29. 3. 1956 (BGBl. I, S. 327)
TarifVO	= s. TVO
TOA	= Tarifordnung für Angestellte
TVG	= Tarifvertragsgesetz vom 9. 4. 1949 (WiGBl. S. 55)
TVO	= Tarifvertragsordnung in der Fassung vom 1. 3. 1928 (RGBl. I, S. 47)
VermBildG	= Vermögensbildungsgesetz 1. vom 12. 7. 1961 (BGBl. I, S. 909) 2. vom 1. 7. 1965 (BGBl. I, S. 585) 3. vom 27. 6. 1970 (BGBl. I, S. 930)
Verh.	= Verhandlungen
VerwRspr.	= Verwaltungsrechtsprechung
VGH	= Verfassungsgerichtshof
VGHE	= Entscheidungen des Verfassungsgerichtshofes, abgedruckt in der amtlichen Entscheidungssammlung
Vorbem.	= Vorbemerkung
VVDStRL	= Veröffentlichungen der Vereinigung der Deutschen Staatsrechtslehrer
WiGBl.	= Wirtschaftsgesetzblatt
ZAS	= Zeitschrift für Arbeitsrecht und Sozialrecht
ZfA	= Zeitschrift für Arbeitsrecht
ZfPol.	= Zeitschrift für Politik
ZHR	= Zeitschrift für das gesamte Handelsrecht und Wirtschaftsrecht
Ziff.	= Ziffer
zust.	= zustimmend
ZZP	= Zeitschrift für Zivilprozeß

Einleitung

Wohl kaum seit dem Bestand des Tarifvertragsgesetzes vom 9. 4. 1949 sind zwei höchstgerichtliche Entscheidungen in sehr kurzem Abstand ergangen, die so markante Einschnittspunkte in der Problemdiskussion des Tarifrechts verdeutlichten wie die Entscheidung des Großen Senats des Bundesarbeitsgerichts zur Differenzierungsklausel vom 29. 11. 1967[1] und die Entscheidung des Vierten Senats zur sogenannten Effektivklausel vom 14. 2. 1968[2]. In der ersten Entscheidung nahm der Große Senat zu der bisher schon heftig diskutierten Frage[3] Stellung, inwieweit in Tarifverträgen über die aufgrund des § 3 Abs. 1 TVG gesetzlich festgelegte Ungleichbehandlung hinaus zwischen organisierten und nichtorganisierten Arbeitnehmern differenziert werden könne. Gegenstand der zweiten Entscheidung war das gleichfalls bisher schon hart umkämpfte Problem, ob ein übertariflicher Lohnbestandteil nach Erhöhung des Tariflohnes mit wengistens „punktuell" normativer Wirkung auf diesen aufgestockt werde oder nicht[4].

Beide Entscheidungen stellten von höchstrichterlicher Seite aus Beiträge zur Klärung der Frage der Vereinbarungsbefugnis der Tarifvertragsparteien dar, welche Thema des 46. Deutschen Juristentages gewesen war[5]. Diese Frage wurde durch das Bemühen der Gewerkschaften,

---

[1] BAG GS AP Nr. 13 zu Art. 9 GG.

[2] BAG AP Nr. 7 zu § 1 TVG Effektivklausel; im Gegensatz zu seiner zunächst bejahenden Stellungnahme, vgl. BAG AP Nr. 1, 2 und 5 zu § 4 TVG Effektivklausel.

[3] Vgl. aus der umfangreichen Literatur vor Erlaß des BAG-Urteils: *Zöllner*, A. *Hueck*, *Gamillscheg* (s. Literaturverzeichnis); *Biedenkopf*, Tarifautonomie, S. 91, 93 ff., 98 ff.; ders., Gutachten, S. 115 ff.; *Blom*, Diss. Köln 1966; *Bötticher*, § 5; ders., BB 1965, 1079; *Dietz*, § 51 Anm. 11 c; *Geiger*, S. 437; *Gumpert*, BB 1960, 100; *Gamillscheg*, BB 1967, 45; *Haberkorn*, ArbG 1960, 507; *Hässler*, AuR 1966, 370; *Hueck-Nipperdey* II 1, S. 164 ff., 401 ff.; *Isele*, JZ 1966, 585; *Kauffmann*, NJW 1966, 1682; *Knopp*, DB 1966, 1929; *Krüger*, Gutachten, S. 64 ff.; *Musa*, BB 1966, 82; *Mayer-Maly*, BB 1965, 829; ders., BB 1966, 1067; *Nikisch* II, § 38; ders., JZ 1966, 778; ders., RdA 1967, 84; *Reuss*, DB 1964, 1410; *Schnorr*, Molitor-Festschrift, S. 229; ders., JR 1966, 327; *Söllner*, AuR 1966, 257; *Zöllner*, RdA 1962, 453 (459).

[4] S. aus der Literatur bis zum Erlaß des BAG-Urteils: *Dietz*, Freiheit und Bindung, S. 21; *Gumpert*, BB 1955, 28; ders., BB 1958, 771; *Hueck-Nipperdey* II 1, S. 599 ff.; A. *Hueck*, BB 1954, 777; *Nikisch* II, S. 453; ders., BB 1956, 469; *Wlotzke*, S. 61 ff.; *Tophoven*, Anm. zu AP Nr. 1 zu § 4 TVG Effektivklausel.

[5] Vgl. dazu die Sitzungsberichte des 46. DJT Teil II D: Sinn und Grenzen der Vereinbarungsbefugnis der Tarifvertragsparteien.

sich bei eo ipso schon niedrigem und noch weiter sinkendem Organisationsgrad attraktiver zu gestalten, sowohl zum juristischen als auch gesellschaftspolitischen Diskussionsstoff[6]. Während die Gewerkschaften in früheren Zeiten einer mäßigen Konjukturlage versucht hatten, die Werbewirksamkeit ihrer Institution dadurch zu erhöhen, daß den Arbeitgebern bzw. Arbeitgeberverbänden vorgeschrieben wurde, Außenseiter nur zu tariflichen Bedingungen einzustellen (sogenannte Außenseiterklausel im engeren Sinne)[7], mußte diese Politik in Zeiten der Hochkonjunktur, wie sie über lange Jahre im Nachkriegsdeutschland der Bundesrepublik herrschte, zum Scheitern verurteilt sein. Die Arbeitgeber waren schon durch das am Arbeitsmarkt wirkende Gesetz von Angebot und Nachfrage gezwungen, jedem Arbeitnehmer ein über dem Tariflohn liegendes Entgelt zu zahlen. Die diametral gegenläufige Politik[8] versuchte dann mit den verschiedenen Arten der Differenzierungsklauseln[9] die Arbeitsbedingungen der Außenseiter nicht denen der Organisierten anzugleichen, sondern gerade die in § 3 Abs. 1 TVG gesetzlich anerkannte Diskrepanz zwischen den Arbeitsbedingungen der beiden Arbeitnehmergruppen über die Allgemeinverbindlicherklärung hinaus und gegen den Willen des Arbeitgebers zu prolongieren.

Die Effektivklausel sollte die sich für die Gewerkschaften ungünstig auswirkende Wirkung des Arbeitsmarktes, daß bei steigendem Arbeitskräftemangel die einzelvertraglichen Löhne über den tarifvertraglich geschuldeten lagen, dadurch ausgleichen, daß bei einer Tariflohnerhöhung diese Erhöhung auf den einzelvertraglich geschuldeten Lohn aufgestockt wurde. Wie diese beiden Maßnahmen der Selbstprofilierung der Gewerkschaften zu wirken imstande waren, darauf wird später noch zurückzukommen sein.

Neben der Fülle von tarifvertraglichen und vor allem verfassungsrechtlichen Argumenten, die bei beiden Problemkreisen für oder gegen die Zulässigkeit der beiden Klauseln vorgebracht werden[10], ist eigentlich

---

[6] Vgl. dazu *Biedenkopf*, Gutachten, S. 116; *Gamillscheg*, S. 1 - 16; *Biedenkopf*, Sondervorteile, S. 1 ff.; A. *Hueck*, S. 15; *Säcker*, S. 15 f.; *Weller*, AuR 1970, 161.

[7] Unter einer Außenseiterklausel im weiteren Sinne versteht man dagegen jede Klausel, die überhaupt den Außenseiter irgendwie berührt; vgl. zur Terminologie A. *Hueck*, S. 14.

[8] Eine solche Wandlung in ihrer Politik ist den Gewerkschaften teilweise zum Vorwurf gemacht worden. Dieser politische Vorwurf muß jedoch schon hier zurückgewiesen werden. Es ist nur ein Zeichen für eine gesunde und funktionsfähige Organisation, wenn sie versucht, auf veränderte äußere Umstände mit den entsprechenden gewandelten Mitteln zu reagieren, soweit sie — was hier zu untersuchen ist — rechtlich zulässig sind.

[9] Vgl. im einzelnen *Biedenkopf*, Gutachten, S. 116; *A. Hueck*, S. 13 ff.; *Hueck-Nipperdey* II 1, S. 164 f.; *Zöllner*, S. 14 f.

[10] Eine Zusammenfassung der Argumente im Zusammenhang mit der Differenzierungsklausel findet sich bei *Mayer-Maly*, ZAS 1969, 81 (83); zur Effektivklausel s. insbesondere *Richardi*, DB 1969, 1986 und *Etzel* AuR 1969, 257.

ein Problem zu Unrecht nur am Rande behandelt worden, das Gegenstand dieser Untersuchung sein soll: das Verhältnis der schuldrechtlichen zu den normativen Klauseln in Tarifverträgen. Bei dieser Frage müssen die Berührungspunkte von Privatautonomie und durch Art. 9 Abs. 3 GG garantierter Kollektivautonomie abgetastet und abgegrenzt werden[11]. Soll der den Koalitionen durch Art. 9 Abs. 3 GG gewährte besondere Schutz ein Gegengewicht in ihrer Verpflichtung finden, auch in ihren obligatorischen Vereinbarungen auf die Interessen Dritter, das können Außenseiter, anders Organisierte oder die Allgemeinheit sein, Rücksicht zu nehmen und zum Endpunkt ihrer Regelungsbefugnis zu machen? Wie unschwer zu erkennen ist, hängt diese Frage eng zusammen mit der gesellschaftlichen Erkenntnis und Würdigung des Wesens der Koalitionen und insbesondere der Gewerkschaft überhaupt. Die Palette der zahlreichen Meinungsäußerungen zu diesem Thema — auf die hier vorerst nur kurz hingewiesen werden soll — reicht von Stimmen, die den Gewerkschaften eine quasi öffentlich-rechtliche Rolle als soziale Repräsentanten des Gesamtvolkes zusprechen[12] bis zu denjenigen, die ihre Funktion auf die eines kartellartigen Mitgliedsverbandes beschränken wollen[13].

Um die praktische Bedeutung der Problemstellung aufzuzeigen, soll zunächst an einigen Anwendungsfällen der Mechanismus und das Ineinandergreifen von normativen und schuldrechtlichen Klauseln dargelegt werden (§ 1). Wenn damit die Reichweite des Themas und die praktische Bedeutung der Frage umrissen ist, soll versucht werden, allgemeingültige Grundsätze für das Verhältnis der beiden traditionellen Teile des Tarifvertrages und für ihre rechtliche Behandlung aufzustellen (§§ 3 - 8). Danach wird das gefundene Ergebnis auf einige Grundprobleme des kollektiven Arbeitsrechts angewendet (§ 9).

---

[11] Vgl. *Säcker*, S. 22 ff.; ders., BB 1966, 1031.

[12] *Abendroth*, S. 80 ff.; *Preuß*, S. 169 ff.; *Wiethölter*, S. 275 f., 284 ff., 291, 295 ff., 298, 304, 309 f., 315 f.

[13] *Richardi*, S. 74 ff., 79 ff., 137 ff., 150 ff., 196 ff., 208 ff., bekräftigt in AöR 93, 243 252 ff., 262 ff.) und RdA 1969, 147.

§ 1 Darstellung der Problemlage und ihrer praktischen Bedeutung

A. Mechanismus der normativen und schuldrechtlichen Abreden als Mittel der Sekuritätspolitik

I. Differenzierungs-, Tarifausschluß- und ähnliche Klauseln

1. Beschreibung

a) Tarifausschlußklauseln

Die Ursprungsform der eine Differenzierung zwischen organisierten und nichtorganisierten Arbeitnehmern bezweckenden Absprachen in Tarifverträgen ist die sogenannte Tarifausschlußklausel. Bei ihr handelt es sich um ein von der vertragschließenden Gewerkschaft an den Vertragspartner gerichtetes Verbot, nichtorganisierte Arbeitnehmer zu den gleichen Bedingungen zu beschäftigen wie die organisierten[1]. Je nachdem, ob dieses Verbot nur für die Arbeitnehmer gelten soll, die überhaupt keiner Gewerkschaft angehören oder auch für anders organisierte, spricht man von allgemeiner und beschränkter Tarifausschlußklausel. Bei dieser unglücklichen Nomenklatur[2], die sich aber einmal eingebürgert hat und deshalb auch hier beibehalten werden soll, stellt die beschränkte Tarifausschlußklausel die weitergehende dar, da sie auch anders Organisierte von den tariflichen Leistungen ausschließen will. In weiterer Unterscheidung kann noch zwischen solchen Tarifausschlußklauseln differenziert werden, die jegliche Ausgleichsleistung an die Nichtorganisierten verbieten, auch wenn sie an einen anderen Anlaß anknüpft, und solchen, die nur in der bestimmten tariflich geregelten Frage, handele es sich um ein zusätzliches Urlaubsgeld oder ein zusätzliches Kindergeld usw., die Gleichstellung der Organisierten mit den Nichtorganisierten unterbinden sollen[3]. Die erstere kann als generelle, die zweite als punktuelle Tarifausschlußklausel bezeichnet werden[4].

---

[1] *A. Hueck*, S. 13; *Hueck-Nipperdey* II 1, S. 164; *Biedenkopf*, Gutachten, S. 136; *Zöllner*, S. 16.

[2] Kritisch dazu auch *A. Hueck*, ebd.

[3] Vgl. *Biedenkopf*, Gutachten, ebd.

[4] *Kunze*, Verh., S. 86 f.; zweifelnd an der praktischen Relevanz dieser Unterscheidung *Zöllner*, S. 16 Fußn. 21.

Nach ganz überwiegender Ansicht[5] werden diese Tarifausschlußklauseln nur in der Form von schuldrechtlichen Vereinbarungen für möglich gehalten, wobei damit über ihre Zulässigkeit noch nichts ausgesagt wird. Es sei ganz offensichtlich, daß bei einer Vereinbarung der Tarifausschlußklauseln als normative Abreden die Tarifmacht der Koalitionen überschritten sei. Mit diesem Hinweis auf die Grenzen der Tarifautonomie scheint eine Zuständigkeitsfrage angesprochen zu sein. Als normative Regelung begrifflich möglich und auch für zulässig hält die Tarifausschlußklausel nur *Fechner*[6]. Fechner gibt der Tarifausschlußklausel eine normative Wirkung in der Weise, daß der einzelne tarifgebundene Arbeitnehmer gegen seinen Arbeitgeber einen Anspruch dahingehend erhalten soll, den Außenseitern bestimmte tarifliche Vorteile nicht einzuräumen. Die Tarifausschlußklausel regelt damit als negative Inhaltsnorm nicht die Rechtsverhältnisse der Außenseiter sondern der Organisierten[7].

b) Mitgliedschaftsanknüpfende Klauseln

Um eine im Gegensatz zur Tarifausschlußklausel eindeutig normativ wirkende Bestimmung handelt es sich in den Fällen, in denen die Tatsache der Gewerkschaftszugehörigkeit überhaupt bzw. eine bestimmte Dauer dieser Zugehörigkeit zum Tatbestandsmerkmal tariflicher Ansprüche erhoben wird[8]. Diese Abreden haben den Charakter von Inhaltsnormen. Stehen sie isoliert in Tarifverträgen (einfache Mitgliedschaftsklauseln), kann zwar durch Allgemeinverbindlicherklärung der Außenseiter dem Organisierten nicht gleichgestellt werden, jedoch ist der Arbeitgeber nicht gehindert, den Nichtorganisierten gleiche oder ähnliche Zuwendungen zu machen. Für sekuritätspolitische Ziele ist eine solche Abrede deshalb nur in Verbindung mit einer weiteren Klausel interessant, durch die der *Arbeitgeber* verhindert wird, die tariflich vorgeschriebenen Leistungen auch den Nichtorganisierten zu erbringen. In diesem Falle handelt es sich um eine qualifizierte mitgliedschaftsanknüpfende Regelung[9].

---

[5] *Gamillscheg*, S. 73; *A. Hueck*, S. 50; *Hueck-Nipperdey* II 1, S. 164 ff.; *Hueck-Nipperdey-Stahlhacke*, § 1 Rdn. 134; *Musa*, BB 1966, 82 (85).

[6] *Fechner*, Gemeinsame Einrichtungen, S. 70 f.

[7] Für „ganz gekünstelt" hält diese Konstruktion *A. Hueck*, S. 53. Hier dürfte es sich jedoch weniger um eine Frage des begrifflich denkbaren als der Rechtmäßigkeit oder Rechtswidrigkeit handeln. So wohl auch *Zöllner*, S. 16, Fußn. 23.

[8] *Zöllner*, S. 15; *A. Hueck*, S. 16 f. und S. 61 f.

[9] *Zöllner*, ebd.; *A. Hueck*, S. 61 f. Zöllner sieht auch die einfachen Mitgliedschaftsklauseln als geeignet für sekuritätspolitische Ziele an. Dies mögen sie generell sein, jedoch wird dabei übersehen, daß in Zeiten der Hochkonjunktur die Gefahr für die Gewerkschaften nicht von der Allgemeinverbindlicherklärung, sondern vielmehr von dem Arbeitgeber ausgeht.

c) Spannenklauseln bzw. Differenzierungsklauseln im engeren Sinne

Als weitere Variante der Differenzierung kommen sogenannte Spannenklauseln[10], auch Spannensicherungsklauseln[11], Abstandsklauseln[12] oder Benachteiligungsverbote[13] genannt, in Betracht. Darunter ist eine Abrede zu verstehen, der zufolge der organisierte Arbeitnehmer dann, wenn der Arbeitgeber nichtorganisierten Kollegen eine tariflich vereinbarte Leistung gewährt, die gleiche Leistung ebenfalls erhalten soll. Weitgehend wird eine solche Spannenklausel nur als Korrelat zu einer mitgliedschaftsanknüpfenden Klausel gesehen[14]. Dem entsprechen auch die in der Praxis üblichen Vereinbarungen[15]. In Verbindung mit einer mitgliedschaftsanknüpfenden Klausel wird mit den Spannenklauseln der gleiche Erfolg bezweckt wie mit einer einfachen Tarifausschlußklausel. Da das Wirtschaftsverhalten des Unternehmers im marktwirtschaftlichen System vom Prinzip der Gewinnmaximierung beherrscht wird, gewährt der Arbeitgeber dem nichtorganisierten Arbeitnehmer die betreffende tarifliche Leistung im Zweifel nicht, da er ansonsten in eine Lohnkostenspirale geriete. Es bleibt zu beachten, daß als anspruchsbegründende Merkmale für die zusätzliche Leistung der Arbeitgeber an die Organisierten nicht eine einmalige Leistung an irgendeinen Außenseiter sondern nur solche Leistungen in Betracht kommen, die in kollektiver Form an die Außenseiter um dieser ihrer Eigenschaft willen erbracht werden[16].

Die Spannenklausel kann als Inhaltsnorm verstanden werden und wird in der Regel auch so gemeint sein[17]. Sie ist aber auch durchaus als schuldrechtliche Verpflichtung denkbar[18].

---

[10] Dies ist die meistgebrauchte Bezeichnung; s. *A. Hueck*, S. 16; *Zöllner*, S. 17.

[11] Hierfür plädieren *Gamillscheg*, S. 74 Fußn. 2 und *A. Hueck*, ebd.

[12] *Säcker*, S. 126.

[13] So der von den Gewerkschaften bevorzugt gebrauchte Ausdruck; vgl. *A. Hueck*, S. 16 sowie § 4 des Anhangs II bei *Gamillscheg*, S. 114, ebenfalls abgedruckt bei *A. Hueck*, S. 10.

[14] LAG Düsseldorf, DB 1965, 1366; *Hueck-Nipperdey* II 1, S. 165; *Zöllner*, S. 17.

[15] Vgl. den in Fußn. 13 angegebenen Tarifvertragsentwurf.

[16] *A. Hueck*, S. 16; *Gamillscheg*, S. 74; *Zöllner*, S. 17.

[17] *Gamillscheg*, ebd.; *Hueck-Nipperdey* II 1, S. 166, Fußn. 29; *Kunze*, Verh., S. 86; *Zöllner*, ebd.

[18] Soweit ersichtlich wurden die Spannenklauseln als schuldrechtliche Klauseln in der Literatur außer von *Mayer-Maly*, BB 1965, 829 (833) für die Differenzierung innerhalb Gemeinsamer Einrichtungen bisher nicht besonders diskutiert.

2. *Wirkungsweise der schuldrechtlichen Differenzierungsklauseln im weiteren Sinne*

Die Wirkungsweise dieser schuldrechtlichen Tarifausschlußklauseln und Spannenklauseln richtet sich danach, ob ein einzelner Arbeitgeber oder eine Arbeitgeberkoalition Partner der vertragschließenden Gewerkschaft ist. Beim Firmentarif hat die Arbeitnehmerkoalition bei der Tarifausschlußklausel gegen den Arbeitgeber einen negativen Tariferfüllungsanspruch, der sich nicht auf eigene Leistungen des Arbeitgebers sondern auf das Nichtgewähren fremder Leistungen bezieht[19]. Sie kann also verlangen, daß der Arbeitgeber es unterläßt, den Nichtorganisierten die tariflichen Leistungen zu gewähren. Ein positiver Tariferfüllungsanspruch[20] ergibt sich dagegen aus der Spannenklausel, soweit sie als schuldrechtliche vereinbart wurde. Die vertragschließende Gewerkschaft kann von dem dem Firmentarif unterliegenden Arbeitgeber verlangen, daß er die den Nichtorganisierten gewährten Leistungen zusätzlich zu den tariflichen auch ihren Mitgliedern gewährt. Ob es sich hierbei um einen echten Vertrag zugunsten der Mitglieder oder um einen unechten Vertrag zu ihren Gunsten handelt, muß im Wege der ergänzenden Auslegung ermittelt werden, § 328 Abs. 2 BGB[21]. Da anzunehmen ist, daß die tarifschließende Gewerkschaft aus werbetaktischen Gründen ihre Mitglieder möglichst umfangreich begünstigen will, wird im Zweifel ein echter Vertrag zugunsten ihrer Mitglieder anzunehmen sein[22].

Sowohl im Falle der negativen als auch im Falle der positiven Tariferfüllungspflicht kann die tarifschließende Gewerkschaft auf Erfüllung klagen[23]. Werden Unterlassungspflichten, wie sie sich bei der Tarifausschlußklausel ergeben, nicht freiwillig erfüllt, so stellt sich der Erfüllungsanspruch als Unterlassungsanspruch für die Zukunft dar[24]. Die Vollstreckung richtet sich bei einem Urteil zur Erfüllung der Tarifausschlußklausel nach § 890 ZPO[25]. Seiner positiven Tariferfüllungspflicht genügt der Arbeitgeber dadurch, daß er dem organisierten Arbeitnehmer die gleiche Leistung anbietet, die er zuvor dem nichtorganisierten Arbeitnehmer gewährt hat. Auf die Leistung an den organisierten Arbeitnehmer kann nach der Auslegungsregel des § 335 BGB auch die ver-

---

[19] Vgl. *Hueck-Nipperdey* II 1, S. 708.

[20] S. dazu *Hueck-Nipperdey* II 1, S. 709.

[21] RG JW 1905, 717; 1911, 1104; RGZ 147, 42; OLG Koblenz, MDR 1958, 687; *Soergel-Siebert-Reimer-Schmidt*, § 328 Rdn. 2.

[22] Im Hinblick auf die dem schuldrechtlichen Teil eines Tarifvertrages immanente Friedenspflicht ist das längst anerkannt; vgl. RGZ 73, 104; BAG AP Nr. 1 zu § 1 TVG Friedenspflicht mit Anm. *Tophoven;* BAG RdA 1960, 78.

[23] *Hueck-Nipperdey* II 1, S. 708 und S. 709 unten.

[24] *Hueck-Nipperdey,* ebd., S. 708 unten.

[25] *Hueck-Nipperdey,* ebd., S. 709.

tragschließende Gewerkschaft klagen[26]. Die Vollstreckung erfolgt nach §§ 803 ff. ZPO.

Komplizierter gestaltet sich die Rechtslage bei einem Verbandstarifvertrag. Da Vertragspartner der Gewerkschaft die Arbeitgeberkoalition ist, kann gegen den einzelnen Arbeitgeber nicht vorgegangen werden. Die Gewerkschaft hat lediglich einen Anspruch gegen den Arbeitgeberverband, auf seine Mitglieder einzuwirken[27], ihrerseits entweder ihre nichtorganisierten Arbeitnehmer von den tariflichen Leistungen auszuschließen (Tarifausschlußklausel) oder den organisierten Arbeitnehmern die den nichtorganisierten erbrachte Leistung zusätzlich zu gewähren (schuldrechtliche Spannenklausel). Zu dieser Einwirkung kann die Arbeitgeberkoalition verklagt werden[28, 29]. Als Mittel der Einwirkung kommen alle verbandsrechtlich nach der Satzung zulässigen in Betracht[30]. Stattdessen kann die tarifschließende Gewerkschaft aber auch verlangen, daß die Arbeitgeberkoalition die körperschaftsrechtlichen Pflichten ihrer Mitglieder dadurch konkretisiert, daß sie ihrerseits im Klagewege gegen sie vorgeht[31]. In allen Fällen erfolgt die Vollstreckung nach § 888 Abs. 1 ZPO in Verbindung mit § 61 Abs. 4 ArbGG.

3. *Wirkung der schuldrechtlichen Differenzierungsklauseln in der Tarifwirklichkeit*

Während beim Firmentarifvertrag die soeben beschriebenen schuldrechtlichen Mittel zur Differenzierung naturgemäß eine sehr starke Zwangswirkung entfalten können, hängt ihre Wirkung bei Verbandstarifverträgen ganz von den tatsächlichen Kräfteverhältnissen ab[32]. Ein sehr kleiner Arbeitgeber wird sich gegenüber einer mächtigen Organisation hüten, den durch sie gewährten Schutz im Interesse einer Gleich-

[26] Vgl. *Enneccerus-Lehmann*, § 35 IV 2; *Soergel-Siebert-Reimer-Schmidt*, § 335 Rdn. 1.

[27] Zur Einwirkungspflicht s. allgemein *Hueck-Nipperdey* II 1, S. 711 ff.; *Nikisch* II, S. 338 ff.; im besonderen zur Tarifausschlußklausel *Hessel*, DB 1960, 208 (210); *Gamillscheg*, S. 75.

[28] *Hueck-Nipperdey*, ebd.; umstritten ist, ob in der Klage konkret die Mittel bezeichnet werden müssen, mit denen der beklagte Verband die Einwirkung vornehmen soll, s. *Hueck-Nipperdey*, ebd., insbes. Fußn. 21.

[29] Da es sich hier nach § 2 Abs. 1 Nr. 1 ArbGG um eine Streitigkeit handelt, die im Arbeitsgerichtsverfahren auszutragen ist, waren die Gewerkschaften hier nach § 10 ArbGG schon vor Erlaß des Urteils BGHZ 50, 325, das ihnen diese Fähigkeit bekanntlich allgemein zuerkannte, aktiv parteifähig. Vgl. in diesem Zusammenhang auch schon BGHZ 42, 210.

[30] *Hueck-Nipperdey*, ebd., mit Literaturangaben in Fußn. 23.

[31] *Hueck-Nipperdey*, ebd., S. 713.

[32] S. dazu *Gamillscheg*, S. 75. Zur praktischen Unzulänglichkeit der Einwirkungspflicht auch *Ramm*, Die Parteien, S. 18 ff.; *Nikisch*, RdA 1962, 39; *Hueck-Nipperdey-Stahlhacke*, § 1, Anm. 86.

behandlung der Außenseiter aufzugeben. Diese kleinen und mittelständischen Unternehmen sind aber bei weitem nicht repräsentativ für die Macht und den Einfluß der Arbeitgeberverbände. Dieser beruht vielmehr auf den Großunternehmen. Entziehen sich diese durch ihren Austritt automatisch der Verbandsgewalt, so läuft die einklagbare und erzwingbare Einwirkungspflicht ins Leere[33]. Insofern besteht von der Zwangsintensität her zwischen den normativen und schuldrechtlichen Mitteln der Differenzierung ein nicht zu übersehender Unterschied — jedenfalls wenn man auf die heute noch bei weitem überwiegenden Verbandstarifverträge abstellt[34].

4. *Differenzierung und Gemeinsame Einrichtungen*[35]

Bei der Diskussion um die Zulässigkeit von tariflichen Differenzierungsklauseln wurde mit seltener Einhelligkeit[36] festgestellt, die rechtlichen Möglichkeiten und Grenzen tariflicher Vereinbarungsbefugnis könnten nicht dadurch verändert werden, daß die Tarifpartner sich zur Verfolgung ihrer Ziele einer Gemeinsamen Einrichtung bedienten[37]. Scheint somit bei der Zwischenschaltung einer Gemeinsamen Einrich-

---

[33] Wenn *Gamillscheg*, S. 75 und Verh, S. 105, für dieses Phänomen den Begriff Naturalobligation gebraucht, so ist dies höchstens in einem übertragenen Sinne richtig. Unter einer Naturalobligation versteht man eine unvollkommene Verbindlichkeit, die entweder nicht einklarbar oder nicht vollstreckbar ist. Diese Unvollkommenheit muß aber auch auf rechtlicher Basis beruhen und nicht auf tatsächlicher; vgl. *Enneccerus-Lehmann*, § 3: *Soergel-Siebert-Reimer-Schmidt*, Vor § 241 Rdnr. 6. Die Einwirkungspflicht kann jedoch rechtlich prinzipiell durch Klage und Vollstreckung konkretisiert werden, ihr fehlt nur durch den plötzlichen Verbandsaustritt das Substrat, auf das sie sich beziehen könnte.

[34] Dieser auf rechtstatsächlichem Gebiet bestehende Unterschied wird mit Ausnahme von *Gamillscheg*, Verh., S. 105 m. E. nicht genügend gewürdigt, wenn man die schuldrechtlichen Klauseln von ihrer Wirkung her betrachtet als Umgehung der normativen Regelungsbefugnis ansieht, vgl. vor allem *A. Hueck*, S. 52 ff.; *Hueck-Nipperdey* II 1, S. 168; *Mayer-Maly*, BB 1965, 829. Damit soll noch nichts über die letztliche Richtigkeit dieses Ergebnisses ausgesagt sein. S. auch *Biedenkopf*, Sondervorteile, S. 11, der bewußt „einmal von den Schwierigkeiten absehen will", welche die Durchsetzung der schuldrechtlichen Klausel bringen kann.

[35] Literatur zu den Gemeinsamen Einrichtungen: *Hueck-Nipperdey* II 1, S. 298 ff.; *Bötticher* (s. Literaturverzeichnis); ders., BB 1965, 1077; *Fechner* (s. Literaturverzeichnis); *Gamillscheg*, Die rechtlichen Möglichkeiten und Grenzen gewerkschaftlicher Anerkennungsforderungen (Vortrag) 1965; *Hueck-Nipperdey-Stahlhacke*, § 1 Rdn. 78 m. w. N.; *Adomeit*, S. 169 ff.; *Lieb*, RdA 1967, 441 ff.; ders., AcP 168, 94 ff.; *Zöllner*, RdA 1967, 361 ff.; ders., BB 1968, 597 ff.; ders., RdA 167, 271 ff.; *Wiedemann*, RdA 168, 420 ff.

[36] Treffend *Gamillscheg*, BB 1967, 45 (49): „In dieser verwirrenden Vielfalt von Meinungen wird eigentlich alles von allen bekämpft."

[37] *Bötticher*, S. 105 ff.; *A. Hueck*, S. 56 f.; *Hueck-Nipperdey* II 1, S. 165; *Mayer-Maly*, BB 1965, 829 (832).

tung nach § 4 Abs. 2 TVG die Problemstruktur von Maßnahmen der Selbstdarstellung nur auf eine andere Ebene projiziert, so bleibt für das vorliegende Thema doch zu untersuchen, ob auch bei Gemeinsamen Einrichtungen eine lediglich schuldrechtlich wirkende Differenzierung denkbar ist.

Zur Differenzierung bei Gemeinsamen Einrichtungen bieten sich ähnliche Mittel an wie die oben beschriebene Tarifausschlußklausel, Spannenklausel und die sogenannte einfache Differenzierungs- oder mitgliedschaftsanknüpfende Klausel. Die Wirkungen der letzteren sind im Hinblick auf die Gemeinsame Einrichtung am einfachsten zu erklären. Im Tarifvertrag, in dem die Gründung einer Gemeinsamen Einrichtung vereinbart wird, nimmt man eine Klausel etwa des Inhalts auf: Auf die in § ... beschriebenen Leistungen haben nur die Mitglieder der Gewerkschaft X Anspruch[38]. Weiterhin besteht die Möglichkeit, etwa bei der Zahlung eines Urlaubsgelds, schon im Tarifvertrag[39] die Bemessungsgrundsätze, nach denen sich die Auszahlung an die verschiedenen Arbeitnehmer richtet, detailliert aufzuführen und den Gewerkschaftsmitgliedern einen höheren Betrag zukommen zu lassen[40]. Solche Abreden, in denen der Verteilungsschlüssel den Gemeinsamen Einrichtungen schon zwingend vorgeschrieben wird, sind sicherlich als normative geplant. Bedenken aus den Grenzen der Tarifmacht ergeben sich nur insoweit, als in recht ausführlicher Weise Außenseiter erwähnt werden. Es läge daher nahe, die betreffenden Abreden, soweit sie dem Außenseiter einen bestimmten Betrag (der unter dem Betrag, der den Gewerkschaftsangehörigen zukommen soll, liegt) zusprechen, als lediglich schuldrechtlich anzusehen. Die Tarifparteien verpflichteten sich dann gegenseitig, dem Außenseiter eine bestimmte Leistung über den Weg der Gemeinsamen Einrichtung zukommen zu lassen, genauer ausgedrückt, sie verpflichteten sich, eine Satzung zu schaffen, derzufolge die Gemeinsame Einrichtung dem Außenseiter ein im Tarifvertrag näher umschriebenes Vertragsangebot machen muß[41]. Den Umweg über die lediglich schuldrecht-

---

[38] So der Tarifvertrag zwischen der Gewerkschaft Textil-Bekleidung, Bezirksleitung Südbayern, und einem Unternehmen der Bekleidungsindustrie in Südbayern vom 8. 3. 1965, § 2 Abs. 1a i. V. m. § 2 Abs. 2; abgedruckt bei *Bötticher* (Materialien, S. 210).

[39] *Zöllner*, RdA 1967, 361 (365) hält eine solche vorwegnehmende Ausgestaltung des „Leistungsverhältnisses" im Tarifvertrag statt in der Satzung nicht nur für möglich, sondern sogar für notwendig.

[40] Siehe die Mustervereinbarung der Gewerkschaft Textil-Bekleidung, das Urlaubsgeld betreffend, die von einigen Unternehmen in Westfalen abgeschlossen worden ist (§ 3); abgedruckt bei *Bötticher* (Materialien), S. 208 f. Eine eingehende Beschreibung solcher Klauseln findet sich auch bei *Mayer-Maly*, BB 1965, 829 (830).

[41] Das ist wohl die Figur, die dem Großen Senat des BAG (AP Nr. 13 zu Art. 9 GG Bl. 10) und all denjenigen, die bejahen, daß die Satzung von Gemeinsamen Einrichtungen Regelungen zugunsten Dritter enthalten kann, vorschwebt (vgl. *Böttiger*, S. 154 ff.; *Zöllner*, RdA 1967, 361, 366 in Fußn. 35).

liche Wirkung der Einbeziehung von Außenseitern in die Gemeinsame Einrichtung für überflüssig hält *Wiedemann*[42]. Danach sei es zwar richtig, daß die Außenseiter durch Rechtsgeschäft und nicht qua lege einbezogen würden. Das Recht der Gemeinsamen Einrichtung mit Einschluß der Außenseiterbegünstigung stamme aus dem normativen Teil des Tarifvertrages, nur stehe den Außenseitern der Anspruch nicht normativ sondern in einem rechtsgeschäftlichen Leistungsverhältnis zu.

Sinn dieser mitgliedschaftsanknüpfenden Klauseln ist es zu verhindern, daß bei einer Allgemeinverbindlicherklärung der Normen über die Gemeinsame Einrichtung die Außenseiter die gleichen Vergünstigungen wie die Gewerkschaftsmitglieder erhalten. Es spitzt sich bei ihnen mithin das Differenzierungsproblem auf die Frage zu, ob die Möglichkeit einer Allgemeinverbindlicherklärung mit der Folge, daß nach dieser Erklärung die Außenseiter den Mitgliedern der Tarifverbände absolut gleichgestellt sind, zum Wesensmerkmal des Tarifvertrages gehört[43]. Nicht aber kann eine einfache Differenzierungsklausel für eine Gemeinsame Einrichtung verhindern, daß der einzelne Arbeitgeber dem nichttarifgebundenen Arbeitnehmer von sich aus einzelvertraglich gleiche oder ähnliche Leistungen wie die im Tarifvertrag vorgeschriebenen gewährt.

Diese letztere Funktion kann die mitgliedschaftsanknüpfende Klausel nur in Verbindung mit einer Tarifausschlußklausel oder einer Spannenklausel erfüllen. Als Tarifausschlußklausel könnte eine solche Abrede etwa lauten: „Der Arbeitgeber bzw. die Gemeinsame Einrichtung darf die in § ... beschriebene Sonderleistung zugunsten der Gewerkschaftsmitglieder durch ähnliche Leistungen an die übrigen Arbeitnehmer nicht ausgleichen." Sinnvoll und notwendig ist dieses Verbot jedoch nur im Hinblick auf den Arbeitgeber, da die Tarifpartner der Gemeinsamen Einrichtung als „einem organisierten Teil ihrer selbst" die gesamte Organisation des Nutzungsverhältnisses entweder schon durch den Tarifvertrag oder durch ihren Einfluß auf die Satzungsgebung vorschreiben können. Der Gemeinsamen Einrichtung ist es also eo ipso unmöglich, gegen den Willen der Tarifpartner Außenseitern Leistungen zu erbringen. Die Tarifausschlußklausel bei Gemeinsamen Einrichtungen unterscheidet sich mithin durch nichts von einer Tarifausschlußklausel im Hinblick auf sonstige tarifliche Leistungen.

Ähnliches gilt für die Spannenklausel bei Gemeinsamen Einrichtungen. Auch sie muß an die Tatsache anknüpfen, daß der Arbeitgeber die durch die Gemeinsame Einrichtung erbrachten Leistungen zugunsten der gewerkschaftsangehörigen Arbeitnehmer durch gleiche oder ähnliche Leistungen an die übrigen Arbeitnehmer auf betrieblicher Basis wie-

---

[42] *Wiedemann*, RdA 1968, 420 (424).

[43] So vor allem *Bötticher*, S. 111 ff.

der ausgleicht. Dabei kann dieser Ausgleich — was regelmäßig der Fall sein wird — vom einzelnen Arbeitgeber direkt an den gewerkschaftsangehörigen Arbeitnehmer gezahlt werden, es ist aber auch denkbar, daß er eine der den nichttarifgebundenen Arbeitnehmern gewährten Vergünstigung entsprechende Summe an die Gemeinsame Einrichtung zu zahlen hat und von dort aus die Verteilung vorgenommen wird. Bei den Gemeinsamen Einrichtungen ergibt sich mithin keine Sonderproblematik gegenüber dem allgemeinen Differenzierungsproblem.

5. *Meinungsstand zu den Differenzierungsklauseln*

Die Differenzierungsklauseln in ihren verschiedensten Variationsmöglichkeiten werden größtenteils für gänzlich unzulässig gehalten[44], wobei sich allerdings einige ältere Stellungnahmen auf die Tarifausschlußklausel beschränken[45]. Die Gegenmeinung tritt teilweise für eine unbegrenzte Zulassung der Differenzierungsklauseln ein[46], zum Teil werden differenzierende Klauseln in bestimmten Grenzen für zulässig gehalten[47]. Die dabei vorgebrachten Argumente, unter denen sich sowohl tarifrechtliche als auch verfassungsrechtliche befinden, sollen hier nicht nochmals aufgeführt werden[48]. Aus der Kette der pauschalen Betrachtung für oder gegen die Zulässigkeit schert *Biedenkopf* aus, dessen rechtliche Beurteilung zwischen Tarifausschlußklauseln und Spannenklauseln

---

[44] *Bötticher*, S. 105 ff.; ders., BB 1965, 1079; ders., RdA 1966, 401; *Gitter*, JurA 1970, 148; *A. Hueck*, S. 37 ff. und 58 ff.; *Hueck-Nipperdey* II 1, S. 164 ff.; *Mayer-Maly*, BB 1965, 829; ders., BB 1966, 1067 ff.; ders., ZAS 1969, 81; *Nikisch*, RdA 1967, 84; *Säcker*, BB 1966, 1031; ders., S. 126 ff. Fußn. 314 - 319; *Wiedemann*, SAE 1969, 265; *Zöllner*, S. 21 ff.

[45] *Denecke*, RdA 1961, 13; *Diekhoff*, DB 1959, 1141; *Haberkorn*, ArbG 1960, 506; *Hessel*, DB 1960, 208; *Gumpert*, BB 1960, 100; *Lehna*, DB 1959, 916; *Merker*, DB 1960, 263; *Osthold*, ArbG 1959, 446.

[46] *Brox-Rüthers*, S. 137 f.; *Heiseke*, RdA 1960, 299; *Hueck-Nipperdey* II (6. Aufl.), S. 123; *Kastner*, AuR 1953, 161; *Musa*, BB 1966, 82; *Radke*, AuR 1971, 4; *Weller*, AuR 1970, 161.

[47] Bekannt ist das von *Gamillscheg*, S. 63 f. angewandte Kriterium, wonach die Zulässigkeit der den Organisierten vorbehaltenen Leistungen an der Höhe des Gewerkschaftsbeitrags gemessen wird (zustimmend wohl *Isele*, JZ 1966, 587). Andere ziehen die Grenze weiter, wollen aber bei der Unterscheidung zulässiger Druck auf der einen und unzulässiger Zwang auf der anderen Seite bleiben, vgl. *Reuß*, AcP 166, 522 und AuR 1970, 33 (noch weitergehender in AuR 1960, 34 und DB 1964, 1413); *Herschel*, Verh. S. 27 f. (vgl. auch ders., AuR 1970, 193); *Fechner*, Gemeinsame Einrichtungen, S. 28. Vollkommen abweichender Ansicht *Schnorr*, JR 1966, 332, der die verschiedenen Differenzierungen nicht nach ihrer Intensität, sondern nach ihrer Art unterscheiden will. Zulässig sein sollen sie nur, wenn eine Gewerkschaft besondere Vorteile erringt, die „nach allgemeiner Erfahrung nicht oder noch nicht dem allgemeinen Standard entsprechen".

[48] Eine ausführliche Aufstellung jüngeren Datums findet sich bei *Mayer-Maly*, ZAS 1969, 81.

divergiert[49], womit er aber auf einhellige herbe Kritik stieß[50]. Eine differenzierende rechtliche Beurteilung, die auf den Unterschied zwischen normativen und schuldrechtlichen Klauseln abstellt, wird lediglich neuerdings von *Reuß*[51] vorgenommen. So nimmt es nicht wunder, daß gerade anläßlich der Diskussion um die Differenzierungsklauseln der von *Nipperdey* bisher mehr als obiter dictum geäußerte Grundsatz[52], daß schuldrechtlicher Regelung verschlossen bleiben müsse, was normativer Regelung nicht zugänglich sei, zu großer Blüte gelangte[53]. Als Begründung wurde teilweise mit dem Begriff der Umgehung gearbeitet[54]. *Mayer-Maly* trat für ein „materiales Verständnis des Normativen"[55] ein, *Säcker*[56] sprach sogar von einem „entscheidenden Wandel im Verständnis der Kollektivautonomie" und führte das Problem auf das verfassungsrechtliche Konkurrenzverhältnis von Art. 2 Abs. 1 GG und Art. 9 Abs. 3 GG zurück. Diese Andeutung der vielseitigen Problemschichtung soll hier im deskriptiven Teil der Untersuchung genügen, später wird auf sie noch ausführlicher zurückzukommen sein.

II. Solidaritätsbeitrag

Erstaunlich ist demgegenüber die Tatsache zu nennen, daß bei einigen schon älteren Streitfragen, in denen es um die Grenzen der Tarifmacht ging, die generelle Frage, ob zwischen normativen und schuldrechtlichen Klauseln eine Harmonie bestehen muß, noch nicht diskutiert worden ist. So mußte in der zu Beginn der sechziger Jahre akuten Diskussion über die Zulässigkeit der Beteiligung von Außenseitern an den Kosten der Gewerkschaftstätigkeit mittels eines Solidaritätsbeitrages[57], nachdem die normative Vereinbarung eines solchen ganz überwiegend für unzulässig erklärt worden war[58], zwangsläufig die Frage nach seiner schuld-

---

[49] *Biedenkopf*, Gutchachten, S. 115 ff.; 127; 136; ders., Sondervorteile, S. 17.

[50] Vgl. statt aller *A. Hueck*, S. 72 ff.

[51] *Reuß*, AuR 1970, 33 (34).

[52] *Nipperdey*, Gutachten, S. 42.

[53] Siehe insbes. *Hueck-Nipperdey* II 1, S. 168, 330, 337 f., 402; *Mayer-Maly*, BB 1965, 833; ders., BB 1966, 1037 (1039); *Säcker*, BB 1966, 1031.

[54] Vgl. *Hueck-Nipperdey*, ebd., S. 337 f.

[55] *Mayer-Maly*, BB 1966, ebd.

[56] *Säcker*, ebd.

[57] Es soll hier nur von dem in der Diskussion weit stärker beachteten Solidaritätsbeitrag der nichtorganisierten Arbeitnehmer die Rede sein. Bei der geringeren Zahl der nichtorganisierten Arbeitgeber hat das Problem auf dieser Seite nicht so eminente Bedeutung, vgl. *A. Hueck*, RdA 1961, 141 (142).

[58] *Biedenkopf*, Gutachten, S. 137; ders., JZ 1961, 346 (349); *Diekhoff*, DB 1961, 167; *Heussner*, RdA 1960, 295; *A. Hueck*, ebd.; *Hueck-Nipperdey* II 1, S. 169 ff. und S. 338; *Kettner*, ArbG 1961, 104; *Merker*, DB 1960, 1127; *Richardi*, S. 186 ff.; *Schnorr*, S. 251; *Schwaabe*, Diss. 1962; S. 40 ff.; a. A. *G. Müller*, Quelle 61, 71 und die nicht veröffentlichten bei *A. Hueck*, ebd., S. 141, Fußn. 1 erwähnten Gutachten von *Ridder*, *Galperin* und *H. Krüger*.

rechtlichen Vereinbarung auftauchen. Eine solche Abrede hätte in einem Firmentarifvertrag den Inhalt, daß der Arbeitgeber sich verpflichtet, von allen seinen nichtorganisierten Arbeitnehmern einen Solidaritätsbeitrag vom Lohn einzubehalten und an die zuständige Stelle abzuführen. Beim Verbandstarifvertrag müßte versucht werden, den gleichen Erfolg über den Umweg der Einwirkungspflicht zu erreichen[59].

Weitgehend wird auch die Vereinbarung eines Solidaritätsbeitrags auf schuldrechtlicher Basis für unzulässig gehalten[60]. Hierbei steht jedoch keine Harmonie- oder Umgehungsproblematik im Vordergrund[61], sondern die rechtlichen Bedenken ergeben sich zunächst aus anderen Gründen: Da ist zunächst das in § 117 Abs. 2 GewO für den Bereich der Arbeitnehmerschaft ausdrücklich niedergelegte Verbot von Lohnverwendungsabreden, das nach § 306 BGB auch eine Vereinbarung zwischen Arbeitgeberverband und Gewerkschaft über die Herbeiführung solcher unzulässigen Verwendungsabreden unmöglich machen soll[62]. Sodann ergeben sich noch Bedenken aus Art. 9 Abs. 3 GG, wenn der Solidaritätsbeitrag so hoch sein sollte, daß ein Zwang auf die nicht- oder andersorganisierten Arbeitnehmer zum Beitritt ausgeübt werden kann[63]. Stärker noch als rechtliche wiegen praktische Bedenken, die einen an der Durchführbarkeit der schuldrechtlichen Vereinbarung eines Solidaritätsbeitrags zweifeln lassen. Da schuldrechtliche Abreden grundsätzlich nur inter partes wirken, ginge die schuldrechtliche Vereinbarung eines Solidaritätsbeitrags ins Leere bei nichtorganisierten Arbeitgebern, auf die der Arbeitgeberverband keinen Einfluß hat. Da der Solidaritätsbeitrag aber gerade aus dem Gedanken des Vorteilsausgleiches von *allen* Arbeitnehmern eine Beteiligung an den der Gewerkschaft durch ihre Tätigkeit entstehenden Kosten erheischt, entstünde eine erhebliche Ungerechtigkeit. Zudem kann auch der organisierte Arbeitgeber von seinen nichtorganisierten Beschäftigten einen Solidaritätsbeitrag nur im Wege der Änderungskündigung verlangen. Ob ihm dieser Weg wegen § 1 Abs. 2 KSchG möglich ist, erscheint sehr zweifelhaft[64].

B. Effektivklauseln

Schuldrechtliche Abreden als Mittel, dem Arbeitnehmer eine Tariflohnerhöhung auch „effektiv", d. h. in seinem einzelvertraglichen Lohn

---

[59] Vgl. dazu *A. Hueck*, ebd., S. 148.

[60] So *A. Hueck*, ebd., S. 149; *Hueck-Nipperdey* II 1, S. 170 und S. 338; *Richardi*, ebd.

[61] Eine Ausnahme bildet *Nipperdey* in Hueck-Nipperdey, ebd.

[62] *A. Hueck*, ebd., S. 148 f.; *Richardi*, ebd.

[63] *A. Hueck*, ebd., S. 149.

[64] *A. Hueck*, ebd., S. 148.

zugute kommen zu lassen, ohne den Gesamtlohn zum Tariflohn zu machen, führten bis vor kurzem in der wissenschaftlichen Diskussion ein Schattendasein. Auch in der tarifvertraglichen Praxis wurde diese Möglichkeit kaum beachtet; dennoch ist sie durchaus denkbar. Bei einem Firmentarifvertrag könnte sich der Arbeitgeber ganz einfach verpflichten, die vereinbarte Tariflohnerhöhung auf den bisherigen Effektivlohn aufzustocken[65]. Ein solcher Vertrag könnte als Vertrag zugunsten Dritter im Sinne des § 328 BGB angesehen werden. Der schwierige Weg über die Einwirkungspflicht müßte bei Verbandstarifverträgen begangen werden; der Arbeitgeberverband müßte auf seine Mitglieder dahingehend einwirken, dem Arbeitnehmer das oben beschriebene Angebot zu machen[66]. Hier bestünden dann allerdings die gleichen Schwierigkeiten für die Gewerkschaft, eine solche Klausel durchzusetzen, wie bei der schuldrechtlichen Differenzierungsklausel[67].

Ebenso wie sich bezüglich der Vereinbarungsbefugnis der Tarifvertragsparteien im Hinblick auf normative Effektivklauseln zwei diametral entgegengesetzte Meinungsgruppen gebildet haben[68, 69], zwischen denen lediglich durch eine vermittelnde Auffassung, die in normativen Effektivklauseln wenigstens eine verbindliche Ausgleichsrichtlinie sehen will[70], eine Brücke geschlagen wird, sind die wenigen Stellungnahmen zu schuldrechtlichen Effektivklauseln teils befürwortend[71], teils ableh-

---

[65] Vgl. *Etzel*, AuR 1969, 268.

[66] *Etzel*, ebd., S. 268.

[67] Siehe dazu oben § 1 A I.

[68] Gegen die Zulässigkeit der sog. Effektivgarantieklausel: *Busch* (Diss.), S. 41 ff.; *Butz*, DB 1958, 428; *Cornelius*, BABl. 1958, 229; *Dietz*, Freiheit und Bindung, S. 21; *Foerster*, ArbG 1956, 504; *Frey*, RdA 1960, 291; *Gumpert*, BB 1955, 28; *Herschel*, BABl. 1956, 449; *A. Hueck*, BB 1954, 776; *Knevels*, DB 1967, 81; ders., SAE 1968, 115; *Hueck-Nipperdey* II 1, S. 600 f.; *Knitter*, S. 131 ff.; *Nikisch* II, S. 452 f.; ders., BB 1956, 468; ders., BB 1961, 1205; *Richardi*, S. 412 ff.; ders., JZ 1968, 743; *Sommer* in AR-Blattei, Tarifvertrag Vb; *Stahlhacke*, RdA 1957, 446; ders., RdA 1962, 223; *Vits*, DB 1961, 502; *Wlotzke*, S. 65 ff.; ders., AuR 1961, 68; BAG AP Nr. 7 zu § 4 TVG Effektivklausel. Abl. zur begrenzten Effektivklausel: *Cornelius*, ebd.; *Dietz*, ebd.; *Etzel*, AuR 1969, 257; *Foerster*, ebd.; *Gumpert*, ebd.; *Hessel*, AuR 1956, 157; *Knevels*, SAE, a.a.O.; *Knitter*, S. 294 ff.; *Nikisch*, ebd.; *Richardi*, S. 412 ff.; ders., DB 1969, 1986; *Tomandl*, ZAS 1969, 41; *Wlotzke*, S. 61 ff.; BAG, ebd.

[69] Zustimmend zur Effektivgarantieklausel: *Rebhahn*, AuR 1956, 289; *Frey*, AuR 1968, 319; zust. zur begrenzten Effektivklausel: *Bötticher*, RdA 1968, 418; ders., Anm. zu AP Nr. 7 zu § 4 TVG Effektivklausel; *Busch*, S. 59 ff.; *Frey*, ebd.; *A. Hueck*, ebd.; *Hueck-Nipperdey*, ebd.; *Rumpff*, BB 1968, 1161; *Sommer*, ebd.; *Stahlhacke*, RdA 1957, 446; ders., DB 1969, 791; *Wiethölter*, S. 296. Ebenso die frühere Rechtsprechung des BAG, das sämtliche ihm vorgelegte Klauseln als begrenzte Effektivklauseln deutete; vgl. AP Nr. 1, 2, 5 zu § 4 TVG Effektivklausel; Nr. 5, 6, 7, 8, 9 zu § 4 TVG Übertarifliche Lohn- und Tariflohnerhöhung.

[70] *Butz*, DB 1958, 428; *Kunze*, AuR 1969, 225; *Vits*, DB 1961, 502; neuerdings *Söllner*, S. 114 f.

[71] *Etzel*, AuR 1969, 257 (268) und *Tomandl*, ZAS 1969, 41 (54); beide im Gegensatz zu ihrer Ansicht zu normativen Effektivklauseln;; *Hessel*, AuR 1956, 157; *Sommer*, ebd.; *Nikisch* II, S. 455 für den Firmentarif.

nend[72] und durch eine Mittelmeinung[73] verbunden. Danach soll eine schuldrechtliche Effektivklausel nur eine Verpflichtung des Arbeitgeberverbandes enthalten, seinen Mitgliedern die Aufstockung der Tariflohnerhöhung zu empfehlen. Welche Bedeutung entsprechende Klauseln in Firmentarifverträgen haben könnten, bleibt allerdings offen.

Mit einer Ausnahme[74] wird die Unzulässigkeit schuldrechtlicher Effektivklauseln jedoch nicht auf ein allgemeines mechanistisches Prinzip des Gleichklangs normativer und schuldrechtlicher Abreden zurückgeführt. Vielmehr wird ausgehend von der Argumentation, die normative Effektivklausel stelle einen Eingriff in den Bereich dar, der nicht nur wegen des in § 4 Abs. 3 TVG verankerten Günstigkeitsprinzips durch das Verbot der Schaffung von Höchstnormen sondern überhaupt der individuellen Gestaltung vorbehalten sei[75], die schuldrechtliche Klausel als eine Umgehung dieser begrenzten Wirkungsfähigkeit der Tarifmacht angesehen[76]. *Richardi*[77] führt gegen die schuldrechtliche Effektivklausel die verbandsrechtliche Gleichbehandlungspflicht an: Jeder Arbeitgeber könne von seinem Verband verlangen, daß die tariflichen Arbeitsbedingungen so festgesetzt würden wie bei anderen Arbeitgebern, die sich mit ihm in vergleichbarer Lage befänden.

C. Schuldrechtliche Abreden im Konflikt zwischen Kollektivsphäre und Individualbereich

I. Lohnverwendungsabreden

Nicht nur im Konflikt von Kollektivmacht und Individualwille des Außenseiters sondern auch im Konflikt von Kollektivmacht und Individualwille des Organisierten hat das Harmonieproblem seine Bedeutung. Während es bei den Effektivklauseln darum geht, dem Arbeitnehmer einen einzelvertraglichen Anspruch auf höheren Lohn zu verschaffen, will man bei Lohnverwendungsabreden und schuldrechtlichen Höchstlohnbestimmungen dem Arbeitnehmer gerade die Möglichkeit nehmen, einen höheren Lohn als den Tariflohn zu vereinbaren oder ihn in der Verwendung seines einmal erdienten Lohnes beschränken. Dabei han-

[72] *Richardi*, S. 423 f.; *Säcker* in Hueck-Nipperdey II 2, Nachtrag zu S. 337; *Schichtel* (Diss.), S. 66.

[73] *Knitter*, S. 230; *Wlotzke*, S. 69; *Nikisch* II, ebd. für den Verbandstarif.

[74] *Säcker*, ebd.

[75] BAG AP Nr. 7 zu § 4 TVG Effektivklausel; *Dietz*, Freiheit und Bindung, S. 21; *A. Hueck*, BB 1954, 778; *Nikisch* II, § 83 IV 3; *Knitter*, S. 160 ff.; *Stahlhacke*, RdA 1962, 224; *Wlotzke*, S. 67.

[76] *Knitter*, ebd.; *Nikisch* II, S. 455; *Wlotzke*, ebd.

[77] *Richardi*, ebd.

delt es sich bei den Fragen, ob Gewerkschaftsbeiträge durch den Arbeitgeber eingezogen und abgeführt werden können[78], sowie der tarifvertraglichen Vermögensbildung nur um viel diskutierte Unterfälle von Lohnverwendungsabreden[79]. Wegen ihrer praktischen Bedeutung soll auf diese beiden Ausformungen von Lohnverwendungsabreden das Hauptaugenmerk gerichtet werden.

Lohnverwendungsabreden sind kraft ausdrücklicher gesetzlicher Anordnung nach § 117 Abs. 2 GewO unzulässig, wenn sie zwischen Arbeitgeber und Arbeitnehmer getroffen werden. Da einer normativen Regelung im Tarifvertrag nur zugänglich sei, was auch einzelvertraglich vereinbart werden könne[80], könnten demnach Lohnverwendungsabreden auch nicht normativ als Inhaltsnormen vereinbart werden[81]. Das gleiche soll auch für den Unterfall der tariflichen Vereinbarung einer Abführung von Gewerkschaftsbeiträgen gelten[82]. Abgesehen von der Verbotsbestimmung des § 117 Abs. 2 GewO wird aber auch das allgemeine Problem der Rechtsetzungsbefugnis der Tarifvertragsparteien angesprochen. Die Verfügungsbefugnis über den Lohn gehöre zu den Individualrechten, welche der kollektiven Vereinbarung zwingend entzogen seien[83].

Schuldrechtlich sähe eine Lohnverwendungsabrede so aus, daß beim Firmentarifvertrag Arbeitgeber und Gewerkschaft sich verpflichten, eine bestimmte Lohnverwendung vorzunehmen. Beim weiterverbreiteten Verbandstarifvertrag müßte der Weg wieder über die Einwirkungspflicht gegangen werden[84]. Das bedeutete, daß die Gewerkschaften von dem Arbeitgeberverband eine entsprechende Einwirkung verlangen könnten, damit die einzelnen Arbeitgeber den Lohnabzug vornehmen und die betreffenden Beiträge an die Gewerkschaft abführen. Auch diese

---

[78] Zur praktischen Bedeutung vgl. *Dietz*, Gutachten. S. 21 ff.

[79] Statt aller *Nipperdey*, Gutachten, S. 36 ff.

[80] *Hueck-Nipperdey-Stahlhacke*, § 1 Rdn. 47; *Nipperdey*, Gutachten, S. 37.

[81] BAG AP Nr. 1 zu § 399 BGB; *Nipperdey*, Gutachten, S. 39; *Dietz*, Vorbem. 21 zu § 56; *Fitting-Kraegeloh-Auffarth*, § 52 Anm. 32; *Karakatsanis*, S. 91; *Hueck-Nipperdey-Stahlhacke*, § 1 Rdn. 168; *Richardi*, S. 184; *Nikisch* II, S. 295; *Schelp*, S. 596; *Siebert*, S. 142; *Herschel*, Tariffähigkeit und Tarifmacht, S. 44 ff.; ders., DB 1956, 713.

[82] *Dietz*, Gutachten (durchgehend); *Nipperdey*, Gutachten (durchgehend); *Hueck-Nipperdey-Stahlhacke*, § 1 Rdn. 168; abweichend *Farthmann*, AuR 1963, 353. Nach *Biedenkopf* (Tarifautonomie, S. 260) und *Fechner* (Abführung von Gewerkschaftsbeiträgen, S. 8 ff.) kann die Gewerkschaft ihre Mitglieder durch Tarifvertrag nicht verpflichten, einem Abzug der Gewerkschaftsbeiträge vom Lohn durch den Arbeitgeber zuzustimmen. Bei Zustimmung des Arbeitnehmers soll jedoch eine entsprechende tarifvertragliche Abrede zulässig sein. Diese greife dann nicht in die Individualsphäre ein. Ebenfalls stehe § 117 Abs. 2 GewO nicht entgegen, da diese Bestimmung für vollkommen andere Tatbestände konzipiert sei. Vgl. auch noch *Neumann*, AuR 1967, 70; *Ilbertz*, Diss. Köln 1965.

[83] *Hueck-Nipperdey-Stahlhacke*, § 1 Rdn. 168; *Nipperdey*, Gutachten, S. 38 f.

[84] Vgl. oben § 1 A I.

schuldrechtliche Abrede wurde von *Nipperdey* für unzulässig gehalten[85], womit er gerade dem oben schon erwähnten Satz vom Gleichklang normativer und schuldrechtlicher Abreden zur Geburt verhalf.

Die tarifvertragliche Vermögensbildung in Form des Investivlohns ist als Konnex zum Problem der Lohnverwendungsabreden in den Nachkriegsjahren heftig diskutiert worden. Wegen der weithin als ungerecht erkannten Vermögensverteilung in unserer bundesrepublikanischen Gesellschaft[86] stellte sich der Investivlohn zum Zwecke der Vermögensumverteilung als gesellschaftspolitisch brisante Forderung schon zu Beginn der fünfziger Jahre[87]. Unter Investivlohn versteht man denjenigen Teil des Arbeitsentgelts, „der aufgrund einer Vereinbarung oder einer gesetzlichen Regelung nicht bar ausbezahlt sondern unter Übertragung vermögenswirksamer Rechte an den Einkommensbezieher zur volkswirtschaftlichen Investition verwendet wird“[88]. Nach dieser Definition fallen darunter nicht nur betriebliche oder überbetriebliche Beteiligungen am Produktivvermögen, sondern alle in § 2 des 3. VermBildG enthaltenen Anlageformen[89]. Für die vorliegende Untersuchung sind in Einschränkung der Definition naturgemäß nur die tarifvertraglich vereinbarten investiven Anlagen interessant.

Vor Erlaß des 2. VermBildG waren tarifliche Investivlohnklauseln heftig umstritten[90]. Die bejahenden Stimmen[91] operierten oft mit einer Parallele zu § 4 Abs. 2 TVG. Sei die Abführung von Lohnbestandteilen an eine Gemeinsame Einrichtung zulässig, so müsse das über das Argument a maiore ad minus auch für eine Investivlohnklausel gelten. Im letzteren Fall brauche der Arbeitnehmer nur den Ablauf der Sperrfrist abzuwarten, um die uneingeschränkte Dispositionsmöglichkeit über seinen Lohn zu erlangen, hingegen sei im ersterwähnten Fall der Anspruch gegen die Gemeinsame Einrichtung weder vererblich noch verfügbar[92].

---

[85] *Nipperdey*, ebd., S. 42.

[86] Vgl. die Darstellung von *Pohlschröder*, S. 15 ff.

[87] Siehe dazu *Pohlschröder*, S. 26 ff.

[88] So die Definition von *Pohlschröder*, S. 63; zu den Schwierigkeiten und unterschiedlichen Meinungen bei der Begriffsbildung ders., S. 60 ff.

[89] Vgl. die Zusammenfassung bei *Pohlschröder*, S. 88.

[90] Vgl. im einzelnen die ausführliche Darstellung des Meinungsstandes bei *Hueck-Nipperdey* II 1, S. 408 ff.; *Misera*, S. 93 ff.; *Pohlschröder*, S. 178 ff.; *Schieckel*, § 3 unter 7.

[91] *Halbach*, BB 1965, 89 f.; *Herschel*, Verh., S. 24; *Misera*, S. 100 ff.; *Reuß*, S. 211; *Pohlschröder*, S. 194 f.; *Schelp*, DB 1965, 1095 ff.; *Scheuner*, BABl. 1965, 671 ff.; *Wannagat*, S. 187 f.; *Scheuner* und *Reuß*, Rechtsgutachten (im Hinblick auf das 2. VermBildG); *Krüger*, Gutachten, S. 55. *Hueck-Nipperdey* II 1, S. 408 f., verneinen allgemein die Möglichkeit tarifvertraglicher Sparklauseln und halten nur die Regelung nach dem 2. VermBildG für zulässig. *Biedenkopf*, Gutachten, S. 144, verneint wie *Nipperdey* ebenfalls allgemein die Zulässigkeit einer Sparklausel und hält die Regelung nach dem 2. VermBildG nur für zulässig, weil „der Rechtsgrund der Verwendungsbindung im Gesetz selbst und nicht im Tarifvertrag liegt“.

Teilweise wird die Zulässigkeit auch aus der Auslegung des Begriffs der „Arbeits- und Wirtschaftsbedingungen" in Art. 9 Abs. 3 GG gewonnen, welcher den Sozialpartnern die „soziale Sicherheit"[93] der Arbeitnehmer überantworte. Teilweise sahen sich daher die Vorschriften des 1. VermBildG[94], die eine Vermögensbildung im Wege der tariflichen Vereinbarung nicht vorsahen[95], verfassungsrechtlichen Bedenken ausgesetzt[96].

Die Gegner einer Vermögensbildung im Wege der Tarifpolitik[97] wandten sich umgekehrt gegen einen Eingriff in die Individualsphäre[98]. Bei einer restriktiven Auslegung der „Arbeits- und Wirtschaftsbedingungen" gehöre es nicht zum Schutzzweck der Koalition, eine allgemeine „Solidarität des Sparens"[99] herzustellen. Die Koalition habe keine Leitbildkompetenz dergestalt, daß sie aus eigener Initiative sozialpolitische Leitbilder aufstellen und sich die zu ihrer Verwirklichung erforderlichen Mittel wählen könne[100].

Auch durch das 2. und 3. VermBildG[101] ist die Streitfrage nicht restlos geklärt worden. Zwar wird dort ausdrücklich die Möglichkeit, die verschiedenen Anlageformen im Wege des Tarifvertrages auszunutzen, aufgeführt, jedoch bleibt, wenn man den Begriff der „Arbeits- und Wirtschaftsbedingungen" restriktiv interpretiert, zu überlegen, ob die betreffenden Bestimmungen des 3. VermBildG nicht gegen Art. 9 Abs. 3

---

[92] So *Halbach*, ebd.

[93] *Krüger*, ebd.

[94] Gesetz vom 12. 7. 1961, BGBl. I S. 909; „312,— DM-Gesetz".

[95] Vgl. §§ 3 und 4 des 1. VermBildG.

[96] *Biedenkopf*, Tarifautonomie, S. 198 ff.; *G. Müller*, DB 1961, 1225; *W. Weber*, BB 1964, 764; gegen *Weber*, *Adomeit*, RdA 1964, 313 und *Pohlschröder*, S. 113 ff. Biedenkopfs Verneinung der Zulässigkeit der Sparklausel auf der einen Seite (s. Fußn. 91) und das Plädoyer für die Verfassungswidrigkeit des 1. VermBildG auf der anderen Seite erklärt sich aus der Auffassung Biedenkopfs, der Rechtsgrund der Verwendungsbindung liege im Gesetz.

[97] *Floretta*, S. 71; *Hueck-Nipperdey-Stahlhacke*, § 1 Rdn. 168; *Karakatsanis*, S. 91 m. w. N.; *Siebert*, S. 142; *Schnorr*, JR 1966, 331; Entschließungsantrag auf dem 46. DJT, abgedr. in RdA 1966, 377.

[98] So am deutlichsten *Siebert* ebd.

[99] *Blank*, ehemaliger Bundesarbeitsminister, Dt. Bundestag, 179. Sitzung, IV. Wahlperiode, Steno.Prot. S. 9092 C.

[100] *Biedenkopf*, Gutachten, S. 146 f.; wenn Biedenkopf auf S. 148 seines Gutachtens demgegenüber die Zulässigkeit einer tarifvertraglichen Investivlohnvereinbarung ausdrücklich zuläßt, so liegt das daran, daß er eine wesentlich engere als die oben angegebene Definition Pohlschröders für den Investivlohn verwendet. Ein Investivlohn liegt nach seiner Ansicht nur dann vor, wenn der Arbeitnehmer am Produktionsvermögen beteiligt wird und damit die kollektive Regelung erst die wirtschaftliche Möglichkeit einer derartigen Lohnverwendung begründet.

[101] 2. VermBildG vom 1. 7. 1965 (BGBl. 1965, 585); 3. VermBildG vom 27. 6. 1970 (BGBl. I, S. 930).

GG und damit gegen höherrangiges Recht verstoßen[102]. Auf der anderen Seite wird § 3 des 3. VermBildG nicht als erstmalige Konstitutierung der Möglichkeit tariflicher Vereinbarung von vermögenswirksamen Leistungen sondern als deklaratorische Bestätigung der schon bestehenden Möglichkeiten angesehen[103].

Eine investive Bindung des Lohnes läßt sich technisch — und damit ist die Verbindung zum Thema der vorliegenden Untersuchung hergestellt — normativ im Wege der Inhaltsnorm und schuldrechtlich herbeiführen[104]. Beim Firmentarifvertrag könnte eine entsprechende schuldrechtliche Vereinbarung etwa lauten: „Der Arbeitgeber verpflichtet sich hiermit gegenüber der vertragschließenden Gewerkschaft, x % der Lohnsumme vermögenswirksam anzulegen." In dieser Vereinbarung könnte man einen Vertrag zugunsten des Arbeitnehmers sehen, der unter der Befristung geschlossen wird, daß der Arbeitnehmer die tarifvertraglich vorgesehene Wartezeit hat verstreichen lassen (vgl. § 328 Abs. 2 BGB). Eine solche Wartezeit ist notwendig, um der latent stetig vorhandenen Konsumneigung des einzelnen Arbeitnehmers vorzubeugen. In einem Verbandstarifvertrag ist eine direkte Begünstigung (bzw. Belastung, wenn man eine solche Abrede als Lohnverwendungsabrede betrachtet) des Arbeitnehmers wegen des Verbots eines Vertrages zu Lasten Dritter nicht möglich. Der Arbeitgeberverband kann sich wiederum nur verpflichten, seine Mitglieder mit den ihm möglichen Mitteln der Einwirkung zu einer entsprechenden Lohnverwendung zu veranlassen.

Die Möglichkeit einer schuldrechtlichen Vereinbarung eines Investivlohns wird in der Literatur kaum diskutiert. Dort wo sie erwähnt wird[105], hält man die Unterscheidung normativ — schuldrechtlich im Zusammenhang mit dieser Problematik für unerheblich. *Misera*[106] läßt die Frage, ob die Tarifparteien im schuldrechtlichen Teil des Tarifvertrages im allgemeinen einen weiteren Spielraum haben als im normativen Teil und das damit angesprochene Harmonieproblem ausdrücklich dahingestellt. Gehe es um die Abgrenzung der Tarifmacht, sofern sie auf den Individualbereich stößt, so handele es sich „nicht um die Zulässigkeit oder Unzulässigkeit eines Weges, sondern des Ziels"[107]. Misera scheint damit für seine partielle Betrachtung der Harmonieproblematik im Kon-

---

[102] Vgl. *Misera*, S. 97; *Forsthoff*, BB 1965, 384, nimmt eine solche Verfassungswidrigkeit an; gegen ihn *Herschel*, SozFortschr. 1965, 125; *Schwedes*, BABl. 1965, 646; *Schieckel*, § 3 unter 7. Gegen die Verfassungswidrigkeit wohl auch das BVerfG, das entsprechende Verfassungsbeschwerden nicht zur Entscheidung angenommen hat, s. RdA 1968, 108.

[103] *Hueck-Nipperdey* II 1, S. 269.

[104] Vgl. *Misera*, S. 88; *Pohlschröder*, S. 182.

[105] *Misera*, ebd.; *Pohlschröder*, ebd.

[106] *Misera*, S. 20.

[107] *Misera*, ebd.

fliktfeld individueller und kollektiver Gestaltung den Begriff der Umgehung (§ 140 BGB) als für die Problemlösung maßgeblich zu halten.

II. Höchstlohnbestimmungen

Ebenfalls in seiner Lohnsphäre wird der einzelne Arbeitnehmer durch die tarifvertragliche Vereinbarung von Höchstarbeitsbedingungen beeinträchtigt. Nachdem im Gegensatz zum früheren Tarifrecht im Tarifvertragsgesetz durch § 4 Abs. 3 TVG das Günstigkeitsprinzip gesetzlich fixiert und ihm teilweise sogar eine grundgesetzliche Verankerung in Art. 9 Abs. 3 GG zugebilligt wird[108], verstoßen nach geltendem Recht normative Vereinbarungen von Höchstlöhnen gegen eben dieses Prinzip[109, 110]. Das Begünstigungsprinzip ist damit zum Ausdruck des sozialen Schutzes geworden, welches in seinen beiden Komponenten einerseits durch die Garantie des angemessenen Lohns, andererseits durch das Leistungsprinzip spezifiziert wird[111].

Wegen der Garantie eines übertariflichen Raums zur freien Entfaltung der Kräfte des Arbeitnehmers kann nach dieser Auffassung auch eine schuldrechtliche Vereinbarung, die den einzelnen Arbeitgeber (beim Verbandstarifvertrag über den Weg der Einwirkungspflicht) verpflichtet, keine übertariflichen Löhne zu zahlen, nicht akzeptiert werden. *Nipperdey* führt dieses Ergebnis zum Teil auf das von ihm aufgestellte Gleichklangprinzip zurück[112]. *Gamillscheg*[113] hingegen hält diese Frage „im Grunde“ für ein Problem der Drittwirkung des Art. 2 Abs. 1 GG, welcher dem Arbeitnehmer zu seiner freien Persönlichkeitsentfaltung auch auf dem Lohnsektor verhelfe.

---

[108] BAG AP Nr. 2 und 3 zu § 4 TVG Angleichungsrecht; *Nipperdey*, Herschel-Festschrift S. 9; *Hueck-Nipperdey* II 1, S. 573, Fußn. 2b und S. 232 Fußn. 38; dagegen BVerwG AP Nr. 4 zu § 4 TVG Angleichungsrecht; *Dietz*, DB 1965, 591; *Zeuner*, DB 1966, 630; *Nikisch*, DB 1963, 1255; *Hueck-Nipperdey-Stahlhacke*, § 4 Rdn. 187; vgl. auch BVerfG NJW 1966, 1651.

[109] h. M.: BAG AP Nr. 2 und 3 zu § 4 TVG Angleichungsrecht; Nr. 8 zu § 4 TVG Günstigkeitsprinzip; Nr. 6 zu § 611 BGB Gratifikation; Nr. 85 zu § 242 BGB Ruhegehalt; *Altwein*, BB 1949, 664; *Butz*, DB 1953, 401; *Firnhaber*, Diss. Kiel 1951; *Goldschmidt*, § 4 Anm. 7; *Herschel*, AR-Blattei D, Öff. Dienst, Anm. zu Entscheidung 2; *Hueck-Nipperdey* II 1, S. 573 ff.; *Koselke*, § 4 Anm. 10; *Monjau*, DB 1959, 707; ders., DB 1953, 523; ders., DB 1965, 1249; ders., DÖD 1964, 224; *Maus*, § 4 Anm. 110; ders., RdA 1958, 246; *Nikisch* II, S. 420 f.; ders., RdA 1953, 84; ders., DB 1963, 1254; *Monjau-Heimeier*, § 4 Anm. 8; *Reuss*, AuR 1958, 326; *Kreis*, RdA 1961, 97; *Nipperdey*, Lehmann-Festschrift (1936), S. 257 ff.; ders., Herschel-Festschrift, ebd.; *Wlotzke*, S. 22 f.

[110] Umstritten ist, ob der Arbeitgeberverband eine verbandsinterne Verpflichtung begründen kann, die Tarifsätze als Höchstsätze zu behandeln; vgl. *Hueck-Nipperdey* II 1, S. 574 f.

[111] *Hueck-Nipperdey* II 1, S. 574.

[112] *Hueck-Nipperdey* II 1, S. 338.

[113] *Gamillscheg*, PdW Fall 310.

D. Außenseiterbegünstigende Abreden

Bis zu dem in jüngster Zeit erst aufgestellten Grundsatz von der notwendigen Harmonie normativer und schuldrechtlicher Abreden war nie umstritten die Befugnis der Tarifparteien, die Außenseiter durch schuldrechtliche Abreden zu begünstigen. Das sollte sich schon aus dem allgemeinen privatrechtlichen Institut des Vertrages zugunsten Dritter (§ 328 BGB) ergeben[114]. Als solche, die Außenseiter begünstigenden Abreden waren seit langem geläufig und anerkannt: Wiedereinstellungsklauseln[115], die den Außenseitern einen obligatorischen Anspruch auf Wiedereinstellung nach einem Arbeitskampf gaben[116] sowie Außenseiterklauseln[117] (im engeren Sinne), wonach die nichtorganisierten Arbeitnehmer gegen den Arbeitgeber einen Anspruch hatten, zu den tariflichen Arbeitsbedingungen beschäftigt zu werden. Ebenfalls zulässig und möglich ist nach herrschender Ansicht die begünstigende Einbeziehung der Außenseiter in Gemeinsame Einrichtungen[118]. Diese begünstigenden Abmachungen konnten in den Satzungen der Gemeinsamen Einrichtungen niedergelegt sein[119], teilweise wurde sogar angenommen, daß schon die Tarifvertragsparteien den Außenseitern in Vertretung der Gemeinsamen Einrichtungen entsprechende Zusagen machen und die Gemeinsame Einrichtung dieses Handeln der Tarifvertragsparteien ohne Vertretungsmacht durch Leistungsaufnahme genehmigen konnte[120]. Auch diese begünstigenden Abmachungen sollen nach der neuen Lehre als jenseits der Grenzen der Tarifmacht liegend verboten sein[121].

Als im weiteren Sinn die Außenseiter begünstigende Abreden können auch Einstellungsgebote und Einstellungsverbote angesehen werden. Einstellungsgebote (z. B. Bestimmungen über die Einstellung von älteren Angestellten oder Schwerbeschädigten) sind nach h. M. als Abschluß-

---

[114] Vgl. statt aller *Wiedemann*, RdA 1969, 321 (334); *Zöllner*, S. 41.

[115] Zur früher umstrittenen Rechtsnatur der Wiedereinstellungsklauseln, soweit sie sich auf organisierte Arbeitnehmer beziehen *Hueck-Nipperdey* II 1, S. 274 ff.

[116] Vgl. RGZ 111, 105 (107); 111, 166 (177); RAG ARS 6, 151 (156) mit zust. Anm. *Nipperdey; Hueck-Nipperdey* (6. Aufl.) II, S. 513, Fußn. 38 m. w. N.; *Wiedemann*, ebd.; *Zöllner*, ebd.; *Biedenkopf*, Gutachten, S. 125.

[117] Vgl. statt aller *Nikisch* II, S. 339; BAG AP Nr. 13 zu Art. 9 GG Bl. 9 Rücks.

[118] BAG AP Nr. 13, ebd., Bl. 10 Rücks.; *Bötticher*, S. 154 ff.; *Zöllner*, RdA 1967, 361 (366).

[119] Vgl. dazu oben § 1 A. I. 4.

[120] *Zöllner*, ebd., Fußn. 36.

[121] *Hueck-Nipperdey* II 1, S. 168, Fußn. 34, S. 330, 337, 402, 508; *Mayer-Maly*, BB 1965, 829 (833); ders., BB 1966, 1067 (1069); *Säcker*, DB 1966, 1031; jedenfalls in diesem Punkte zweifelnd wohl neuerdings wieder Säcker, Nachtrag in Hueck-Nipperdey II 2, S. 1645.

normen anzusehen[122], die somit normativ nur die Tarifgebundenen treffen können[123]. Den Nichtorganisierten können sie mithin nur als schuldrechtliche Abmachungen zugute kommen. Die Einstellungsverbote sind richtigerweise danach zu unterteilen, ob sie die Gestaltung des Einzelarbeitsverhältnisses oder die Rechtsstellung der gesamten Belegschaft betreffen. Bei der ersten, den Schutz des einzelnen Arbeitnehmers betreffenden Gruppe, handelt es sich um Abschluß- oder Inhaltsnormen, bei der zweiten um Solidarnormen[124]. Die Geltungskraft dieser Solidarnormen gegenüber den Außenseitern ist wegen § 3 Abs. 2 TVG nicht auf schuldrechtliche Vereinbarungen angewiesen, sie liegen deshalb außerhalb des hier behandelten Problemkreises. Die Einstellungsverbote aber, die sich für die Organisierten als Abschluß- oder Inhaltsnormen verwirklichen lassen (z. B. Bestimmungen über die Einstellung von Jugendlichen für den Untertagebau, Verbot einer schweren körperlichen Tätigkeit für Frauen, Verbot, unqualifizierte Arbeiter für gefährliche Tätigkeiten einzusetzen usw.), könnten für die Außenseiter nur mittels schuldrechtlicher tariflicher Abmachungen getroffen werden. Daß diese Vereinbarungen für die Außenseiter tatsächlich begünstigend sind, liegt nach der beispielhaften Aufzählung auf der Hand; sie lägen aber nach der neuen Lehre ebenfalls außerhalb der Grenzen tariflicher Gestaltungsbefugnis.

E. Schuldrechtliche Abreden als Mittel der Betriebspolitik

Nicht gesetzlich geregelt und deshalb umstritten war unter der Geltung des Betriebsverfassungsgesetzes von 1952 die Frage, ob die Privilegierung tarifvertraglicher Zuständigkeit soweit reicht, daß sie in der Lage ist, die betriebliche Mitbestimmungsstruktur zu ändern[125] oder die Rechtsstellung der Gewerkschaften im Betrieb zu verbessern[126]. Rechts-

[122] Auch die Wiedereinstellungsabrede kann in diesem Sinne als Abschlußgebot gesehen werden; s. *Hueck- Nipperdey* II 1, S. 290.

[123] Statt aller *Hueck-Nipperdey* II 1, S. 288 ff.; *Hueck-Nipperdey-Stahlhacke*, § 1 Rdn. 64.

[124] So *Buchner*, RdA 1966, 208 (209) unter Zustimmung von *Wiedemann*, RdA 1969, 321 (324); a. A. die überkommene h. M. LAG Düsseldorf, AP Nr. 1 zu § 4 TVG; *Hueck-Nipperdey-Stahlhacke*, § 1 Rdn. 63; *Nikisch* II, S. 296 ff.; *Söllner*, S. 122. *Nipperdey* in Hueck-Nipperdey II 1, S. 290, Fußn. 145 c, will die Abschlußverbote zu beiden Kategorien rechnen; nur als Solidarnormen sehen Abschlußverbote an *Zöllner* Anm. zu LAG Düsseldorf, ebd.; *Neumann-Duesberg*, DB 1963, 1219; *Gamillscheg*, PdW Fall 279.

[125] Zur Erweiterung des Mitbestimmungsrechts in sozialen Angelegenheiten vgl. *Hueck-Nipperdey* II 2, S. 1402 mit vielen Nachweisen; Erweiterung des Mitbestimmungsrechts in personellen Angelegenheiten *Hueck-Nipperdey*, ebd., S. 1450; Erweiterung des Mitbestimmungsrechts in wirtschaftlichen Angelegenheiten *Hueck-Nipperdey*, ebd., S. 1484.

[126] Vgl. dazu *Richardi*, RdA 1968, 427 ff.

technisch bietet ein solches Vorhaben keine Schwierigkeiten: § 3 Abs. 2 TVG erklärt ausdrücklich betriebsverfassungsrechtliche Fragen als zum Regelungsbereich der Koalitionen gehörig. Gegenüber dieser rechtstechnisch möglichen Änderung der Mitbestimmungsstruktur wurde dennoch eingewandt, das Betriebsverfassungsgesetz enthalte die gesetzliche Ordnung einer Betriebsverfassung, welche der im Grundgesetz enthaltenen Antinomie zwischen Unternehmerfreiheit und Sozialstaatsgedanken entspräche[127], d. h. eine in sich abgewogene und im Gleichgewicht befindliche Regelung darstellte[128]. Auf der anderen Seite wurde der Charakter der Beteiligungsrechte nach dem Betriebsverfassungsgesetz als Mindestbestimmungen betont, die sich gegenüber den Zugeständnissen sozial eingestellter Arbeitnehmer und damit gegenüber auf sozial- und gesellschaftspolitischem Gebiet erkenntnistheoretisch wichtigen Experimenten offenhielten[129]. Einig zu sein schien man sich nur in der Feststellung, daß die Organisationsstruktur der Betriebsvertretungen der Regelungsbefugnis der Tarifpartner entzogen sei, der Streit sich mithin auf die praktisch äußerst wichtige Frage einer Erweiterung der materiellen Mitbestimmungsrechte des Betriebsrats beschränke[130]. Das neue Betriebsverfassungsgesetz von 1972[131] hat in einigen dieser Fragen eine Klärung herbeigeführt, andere jedoch offengelassen. So erklärt § 3 des neuen Betriebsverfassungsgesetzes die Organisationsstruktur der Betriebsvertretung unter gewisser Voraussetzung für abänderbar. In sozialen Angelegenheiten ist der Vorrang des Tarifvertrages vor der gesetzlichen Regelung nun ausdrücklich bestimmt, § 87 BetrVG. Zweifelsfragen können aber immer noch vor allem im Bereich der personellen und wirtschaftlichen Angelegenheiten auftreten.

Da sich als Modus einer Erweiterung der Mitbestimmungsrechte im betriebsinternen Bereich mit § 1 i. V. m. § 3 Abs. 2 TVG so offensichtlich eine normative Regelung anbietet, wird eine schuldrechtliche Möglichkeit, das gleiche Ziel zu erreichen, überhaupt nicht in Betracht gezogen. Dennoch ließen sich auch entsprechende schuldrechtliche Bestimmungen denken. So könnte sich beim Firmentarifvertrag der einzelne Arbeitgeber verpflichten, seinem Betriebsrat etwa entgegen § 102 Abs. 1 BetrVG 1972 ein striktes Einspruchsrecht gegen jede Kündigung einzuräumen[132]. Bei Verbandstarifverträgen müßte wieder der dornige Weg über die Einwirkungspflicht gegangen werden.

---

[127] *Siebert*, BB 1958, 421; ders., RdA 1959, 167.

[128] *Galperin*, DB 1966, 620 (623 oben links).

[129] *Hueck-Nipperdey-Stahlhacke*, § 1 Rdn. 74.

[130] *Biedenkopf*, Gutachten, S. 153; ders., Tarifautonomie, S. 298; *Galperin*, BB 1960, 436; *Galperin-Siebert*, vor § 56 Anm. 46; *A. Hueck*, BB 1952, 926; *Hueck-Nipperdey-Stahlhacke*, § 1 Rdn. 72; *Siebert*, BB 1958, 421.

[131] BGBl. I, S. 13.

[132] Nach § 102 Abs. 6 BetrVG 1972 ist diese Möglichkeit ausdrücklich nur für die Betriebsvereinbarung festgelegt.

F. Schuldrechtliche Abreden als Mittel der Unternehmenspolitik

Eindeutig keine tarifvertragliche Normsetzungsmöglichkeit besteht nach § 1 TVG, die es der Gewerkschaft ermöglichen würde, an der unternehmerischen Planungs- und Koordinationsfunktion teilzunehmen. Hier bleibt von vornherein nur die schuldrechtliche Vereinbarung. Daß die damit aufgeworfene Frage nach der Zulässigkeit einer solchen Vereinbarung bisher noch keinen echten Konfliktstoff in der wissenschaftlichen Diskussion geliefert hatte, lag weniger an ihrer theoretischen Unwahrscheinlichkeit sondern — wie *Biedenkopf*[133] treffend hervorhebt — an der historisch realen Tatsache, daß die Gewerkschaften eine unternehmerische Mitbestimmung im Rahmen des Tarifvertrages bisher noch nicht gefordert hatten. Hier scheint sich nun allerdings eine Änderung anzubahnen. In einigen kommunalen Unternehmen der öffentlichen Hand wurde die paritätische Mitbestimmung entgegen dem Aktiengesetz verwirklicht, in weiteren ist sie im Gespräch[134].

Auch aus dem in Art. 9 Abs. 3 Satz 2 GG mit dem Begriff der „Arbeits- und Wirtschaftsbedingungen" verfassungsrechtlich geschützten Betätigungskreis[135] der Koalitionen ist das Verlangen nach Teilhabe an der unternehmerischen Planungs- und Koordinierungsfunktion nicht von vornherein ausgeschlossen. Zu Recht bemängelt *Biedenkopf*[136], die bisher, wenn von den Grenzen der Tarifautonomie die Rede war, aufgetretenen Abgrenzungsprobleme hätten sich mehr im Bereich der Arbeitsbedingungen als in dem der Wirtschaftsbedingungen ansiedeln lassen. Da der letztere Begriff aus Gründen der Gesetzesrationalität nicht tautologisch zum ersten gebraucht sein kann[137], müßte also in diesem Zusammenhang gefragt werden, ob zur Wahrung der Arbeits- und Wirtschaftsbedingungen auch solche tarifvertraglichen Vereinbarung gehören, die „den Arbeitnehmer vor den Auswirkungen des Marktrisikos schützen sollen"[138]. Würde man den einzelnen Arbeitnehmer über den Begriff der Wirtschaftsbedingungen befragen, so dächte er wohl an eine breite Skala von wirtschaftlichen Tatsachen und Geschehnissen, die weit über den

---

[133] *Biedenkopf*, Gutachten, S. 158.

[134] Vgl. die Berichte in der FAZ vom 31. 7. und 28. 9. 1970; S. 1 vom 29. 4. 1971 sowie *Farthmann*, Die AG 1969, 205; *Beuthien*, JurA 1970, 130; *Hensche*, AuR 1971, 33.

[135] Nach BVerfGE 17, 333 wird geschützt der Bereich der „spezifisch koalitionsgemäßen Betätigung"; ebenso BVerfGE 18, 26; 19, 312; 20, 317; s. dazu des näheren *Säcker*, S. 39 ff.; *Hueck-Nipperdey* II 1, sowie hier unten § 3 C.

[136] *Biedenkopf*, Gutachten, S. 157.

[137] So auch *Biedenkopf*, ebd., S. 139 f., 158 f.

[138] *Biedenkopf*, ebd., S. 159.

Bereich der Lohngestaltung und den seines konkreten Arbeitsplatzes hinausgingen[139].

Bei einem Verlangen nach Teilhabe an der unternehmerischen Willensbildung mittels schuldrechtlicher Vereinbarung in Tarifverträgen braucht aber noch nicht einmal an eine Institutionalisierung derselben gedacht zu werden, wie dies nach dem Betriebsverfassungsgesetz und dem Mitbestimmungsgesetz[140] durch die Entsendung von Arbeitnehmervertretern in den Aufsichtsrat bzw. durch Nominierung eines Arbeitsdirektors in den Montanunternehmen geschehen ist. Dies würde der für den Bereich der Betriebsverfassung allgemein als unzulässig erklärten Veränderung der Organstruktur gleichkommen. Vielmehr läßt sich parallel zur Verstärkung der Mitwirkungsrechte im Rahmen der Betriebsverfassung denken, daß die Gewerkschaften sich ihre Zustimmung zu bestimmten unternehmerischen Entscheidungen, seien es Investitionsvorhaben ab einer gewissen Größe oder Rationalisierungsmaßnahmen[141], vorbehalten[142].

G. Zusammenfassung

Die bisherigen Ausführungen haben gezeigt, daß die Frage, ob die Grenzen der Tarifmacht für normative und schuldrechtliche Abreden in gleicher Weise zu ziehen sind, sich wie ein roter Leitfaden durch alle Bereiche zieht, die in den letzten Jahren unter dem Stichwort Tarifautonomie diskutiert worden sind. Standen die Grenzen der Tarifautonomie, auf den normativen Teil des Tarifvertrages bezogen, im Mittelpunkt der kollektiv-arbeitsrechtlichen Diskussion, wie sich schon aus der Zahl der bedeutenden Monographien zu diesem Thema entnehmen läßt[143], so blieb bei dieser Auseinandersetzung der schuldrechtliche Teil des Tarifvertrages als „Vehikel der Rechtsentwicklung" still im Hintergrund. Dies hängt eng zusammen mit einer Betrachtung des Tarifvertrages, die sein Wesenselement und seinen bestimmenden Faktor lediglich in der normativen Regelungsbefugnis erblickt[144], so daß die schuldrechtliche Abmachung nur als rudimentäre Annexkompetenz erscheint.

---

139 *Biedenkopf*, ebd., S. 160.

140 MitbestG vom 21. 5. 1951 (BGBl. I, S. 347).

141 Eine beispielhafte Aufzählung der Möglichkeit gewerkschaftlicher Teilhabe an der unternehmerischen Willensbildung findet sich bei *Biedenkopf*, Gutachten, S. 159.

142 Biedenkopf kann jedoch nicht zugestimmt werden, wenn er ebd., S. 158 in Fußn. 109 meint, Industrie- und Verbandstarife seien für eine tarifvertragliche Regelung von Fragen aus dem unternehmerischen Bereich kaum geeignet. Wie seine Beispiele auf der folgenden Seite zeigen, könnten die erweiterten Mitbestimmungskriterien auch für eine Vielzahl von Unternehmen in abstraktgenereller Form gefaßt werden.

143 *Adomeit*, *Biedenkopf*, *Richardi*, dazu noch *Säcker* (s. Literaturverzeichnis).

144 Vgl. *Biedenkopf*, Tarifautonomie, S. 20 f.; *Richardi*, S. 197 ff.

Ist die Möglichkeit der Vereinbarung von generellen Verhaltensbedingungen durch die Tarifvertragsparteien auch tatsächlich und zugegebenermaßen das auffallendste Kriterium unserer Arbeitsordnung, so fragt sich doch, ob daraus eo ipso eine dermaßen starke Unterordnung des schuldrechtlichen Teils folgt, daß von einer notwendigen, durch die Grenzen normativer Rechtssetzungsbefugnis abgesteckten Harmonie beider Teile gesprochen werden kann oder ob es sich nur um „autoritativ-suggestive Behauptungen ohne innere Beweiskraft"[145] handelt[146].

---

[145] So in anderem Zusammenhang *Herschel*, BABl. 1958, 629 (631).

[146] Neuerdings ist der schuldrechtliche Teil des Tarifvertrages nach dem Beschluß des Großen Senats des BAG zum Arbeitskampf (BAG AP Nr. 43 zu Art. 9 GG Arbeitskampf) wieder etwas stärker diskutiert worden. Das BAG hält schuldrechtliche Vereinbarungen im Tarifvertrag, die das Verhalten der Tarifvertragsparteien vor und während eines Arbeitskampfes regeln, für vorrangig gegenüber den von ihm selbst aufgestellten richterlichen Normen. Vgl. dazu *Coester*, DB 1972, 239; *Löwisch*, ZfA 1971, 319 (338). Es gestattet damit die Tarifdisponibilität von Richterrecht nicht nur gegenüber normativen, sondern auch gegenüber schuldrechtlichen Tarifvertragsabreden. Diese Frage ist jedoch so sehr mit dem weitgesteckten Problem der Tarifdisponibilität verknüpft, daß sie an dieser Stelle nicht behandelt werden kann.

§ 2 Erläuterungen der unterschiedlichen Ansichten zum Verhältnis der normativen und schuldrechtlichen Bestimmungen innerhalb eines Tarifvertrages

Wurden im ersten Teil der Untersuchung die Brennpunkte aufgezeigt, an denen sich die Frage eines Gleichklangs normativer und schuldrechtlicher Abreden in Tarifverträgen entzündet hat bzw. entzünden könnte, so soll nun vor dem Entwurf eines eigenen Konzepts zunächst ein Überblick über die bestehenden Literaturmeinungen und die Ansicht des Bundesarbeitsgerichts zu diesem Problem gegeben werden. Dabei wird man feststellen können, daß die umfassende Spannweite des Problems von wenigen Autoren gesehen wird; zumeist wird die Frage des Zusammenhangs normativer und schuldrechtlicher Klauseln in Tarifverträgen nur als Teilaspekt des konkreten Problems behandelt, um dessen Lösung der Autor gerade bemüht ist. Dies läßt von vornherein erwarten, daß man auf eine zum Teil verengende Betrachtung stoßen wird.

A. Anhänger der Ansicht einer Harmonie normativer und schuldrechtlicher Klauseln

I. Ansicht Nipperdeys

Größtenteils wird eine Äußerung *Nipperdeys* in seinem 1963 erstatteten Gutachten zur Frage der tariflichen Regelung der Einziehung von Gewerkschaftsbeiträgen durch die Unternehmer[1] als Ausgangspunkt der Lehre von den übereinstimmenden Grenzen, welche schuldrechtlichen und normativen Klauseln gesetzt sind, angesehen[2]. *Nipperdey* führt dort aus: „Eine solche Einwirkungsverpflichtung (tarifliche Durchführungspflicht im schuldrechtlichen Teil eines Verbandstarifvertrages)[3] kann deshalb nicht rechtswirksam übernommen werden, weil sie den Zweck verfolgt, eine aus den dargelegten Gründen unzulässige Lohnverwendungsabrede praktisch doch durchzusetzen und damit das Verbot im Ergebnis zu umgehen. Die Verbände dürfen nicht auf ihre Mitglie-

[1] *Nipperdey*, Gutachten, S. 42.

[2] Vgl. *Zöllner*, S. 40, Fußn. 101; *Säcker*, BB 1966, 1031, der jedoch richtigerweise auf die Begrenztheit der dortigen Aussage *Nipperdeys* hinweist.

[3] Hinzusetzung in Klammern vom Verfasser.

der einwirken, sich so zu verhalten, als wäre eine solche Lohnverwendungsabrede getroffen, die nach § 117 Abs. 2 GewO und wegen Überschreitung der Grenzen der Tarifmacht sowie wegen Verstoßes gegen § 242 BGB nicht getroffen werden kann."

Wie dieses wörtliche Zitat beweist, können vorliegende Ausführungen noch nicht als Kreierung der These einer Harmonie normativer und schuldrechtlicher Abreden angesehen werden. Nipperdey bezieht sich eindeutig nur auf Lohnverwendungsabreden. Von einem für das Gesamttarifvertragsrecht gültigen Automatismus ist noch nicht die Rede.

Erst später[4] verdichtet Nipperdey diese Teilerkenntnis zu einem für das Verhältnis der beiden Teile des Tarifvertrages grundlegenden Obersatz, indem er ausführt, die Grenzen der Tarifautonomie gelten nicht nur für den normativen sondern auch für den schuldrechtlichen Teil des Tarifvertrages[5]. Eine nähere Begründung, wie man sie bei einer mit so weitreichenden Konsequenzen ausgestatteten These erwarten könnte und dürfte, bleibt Nipperdey jedoch schuldig[6]. Wie sich aus dem Zusammenhang mit anderen Ausführungen ergibt, will er dieses Problem nicht an der strittigen Frage des Berührungspunkts von Kollektiv- und Privatautonomie[7] ansiedeln. So hält er nach wie vor daran fest, daß sich die Tarifvertragsparteien auf die allgemeine durch Art. 2 Abs. 1 GG geschützte Vertragsfreiheit berufen können[8]. Er bezeichnet sie ausdrücklich nicht nur als „formale sondern durchaus reale"[9]. So läßt sich aus einer globalen Gesamtschau der Argumentation Nipperdeys nur die Folgerung ziehen, daß er das bei dem Problem der Lohnverwendungsabreden gefundene Umgehungsargument auf das gesamte Tarifvertragsrecht projizieren will, mit anderen Worten ausgedrückt, jede schuldrechtliche Vereinbarung, deren normatives Spiegelbild unzulässig ist, soll als Umgehung dieses Verbots der normativen Gestaltung ebenfalls unzulässig sein. Es bleibt der nicht zu überbrückende Widerspruch, inwiefern dann noch eine Berufungsmöglichkeit auf den sehr weitgehenden Art. 2 Abs. 1 GG sinnvoll ist.

---

4 *Hueck-Niperdey* II 1, S. 168, Fußn. 34, S. 330, 337, 402, 508.

5 *Hueck-Nipperdey* II 1, insbes. S. 337.

6 Kritisch zur fehlenden Begründung auch *Zöllner*, S. 40.

7 Vgl. insbes. dazu neuerdings *F. Müller*, S. 22 ff.; *Säcker*, S. 20 ff. (25); ders., Nachtrag zu Hueck-Nipperdey II 2, S. 1625 zu S. 40; *Schwendy*, S. 107 ff.; *Richardi*, S. 127 ff.

8 Zur Garantie der Vertragsfreiheit durch Art. 2 Abs. 1 GG: BVerfGE 8, 274 (328); BVerwG NJW 1969, 522; *Fikentscher*, Wettbewerb und gewerblicher Rechtsschutz, S. 80; *Laufke*, S. 162 f.; *Maunz-Dürig-Herzog*, Art. 2 I Anm. 53; kritisch dazu *H. Huber*, S. 5 ff.; *Ramm*, Arbeitskampf, S. 110.

9 *Hueck-Nipperdey* II 1, S. 392.

II. Ansicht Mayer-Malys

Ausdrücklich gegen das Umgehungsargument *Nipperdeys* und damit gegen eine traditionell zivilrechtliche Sicht des Problems verwahrt sich *Mayer-Maly*[10]. Ihm mißfallen die subjektiven Akzente, die mit einer solchen Problembetrachtung verbunden seien[11]. Statt dessen postuliert er ein materiales Verständnis des Normativen[12]. Für die Grenzen der Tarifmacht seien nur Funktion und Wirkung einer Klausel maßgeblich. Alle schuldrechtlichen Vereinbarungen, die auf normative Wirkung „angelegt" seien, müßten sich auch an den durch § 1 und § 3 Abs. 2 TVG konkretisierten Grenzen der Tarifmacht messen lassen. Dabei beruft sich Mayer-Maly auf die Erkenntnis *Molitors*[13], daß die schuldrechtliche Seite des Tarifvertrages „der normativen nicht gleichgeordnet sondern untergeordnet" und damit nur „Reflex der normativen Seite" sei. Im Gegensatz zu *Nipperdey* beginnt Mayer-Maly schon an der Geltung der allgemeinen Vertragsfreiheit für die Tarifvertragsparteien zu zweifeln, wenn er ausführt, der Satz, für die schuldrechtliche Seite des Tarifvertrags gelte die allgemeine Vertragsfreiheit, könne nicht dazu führen, „in der gesetzgeberischen Ordnung der normativen Tarifwirkungen klar positivierte Wertungen zu durchkreuzen"[14]. Konsequent in seiner Ablehnung einer traditionell zivilrechtlichen Sicht des Verhältnisses der beiden Tarifvertragsteile wendet sich Mayer-Maly auch gegen auf die Rechtsfigur des Vertrages zugunsten Dritter (§ 328 BGB) gestützte Begünstigungen von Außenseitern. Solche Konstruktionsversuche seien überholt und rückschrittlich und stünden mit den fortschrittlichen Regelungsmöglichkeiten eines modernen Tarifvertragsgesetzes nicht in Einklang[15]. Der Gesetzgeber habe die Regelungsmöglichkeiten des Tarifvertragsgesetzes als lex specialis gegenüber den allgemeinen schuldrechtlichen Konstruktionsmöglichkeiten konzipiert[16].

Während man sowohl aus der Formulierung als auch aus der Stellung dieser Aussagen *Mayer-Malys* eindeutig herauslesen muß, daß das Harmoniepostulat als allgemein gültiger Automatismus betrachtet wird, der

[10] *Mayer-Maly*, BB 1966, 1067 (1069).

[11] Mit seiner Befürchtung verkennt Mayer-Maly jedoch, daß aus dem Wesensmerkmal der Umgehung heraus (Vermeiden eines bestimmten Erfolges) folgerichtig auf die objektive Funktionswidrigkeit der Abrede abgestellt werden muß (so die absolut herrschende objektive Theorie; vgl. *Soergel-Siebert-Hefermehl*, § 134 Rdn. 40; *Enneccerus-Nipperdey* II, S. 1162; BAG GS AP Nr. 16 zu § 620 BGB Befristeter Arbeitsvertrag) und nicht auf einen irgendwie gearteten bösen Willen (so die heute nicht mehr vertretene subjektive Theorie; vgl. RAG 17, 363 und die Nachweise bei *Enneccers-Nipperdey*, ebd.).

[12] *Mayer-Maly*, ebd., und BB 1965, 829 (833).

[13] *Molitor*, Kommentar zur TVO 1930, S. 99.

[14] *Mayer-Maly*, BB 1965, ebd.

[15] *Mayer-Maly*, BB 1966, 1067 (1069); kritisch dazu *Zöllner*, S. 41.

[16] *Mayer-Maly*, ebd.

auch für Außenseiter begünstigende Klauseln gelten soll (gerade dies hat ihm heftige Kritik eingetragen)[17], muß Mayer-Maly die Absolutheit seines soeben aufgestellten Grundsatzes in einer späteren Abhandlung abschwächen[18]. Er tut dies, indem er nunmehr die Möglichkeit, Außenseiter durch den schuldrechtlichen Teil des Tarifvertrages zu begünstigen, einräumt. Diese begünstigenden Regeln sollen aber nur aufgrund ganz spezieller Gesichtspunkte möglich sein. Die Wiedereinstellungsklausel rechtfertige sich aus dem zuvor auf dem Bereich des Arbeitskampfrechts aufgestellten nicht unumstrittenen Grundsatz, daß auch der arbeitswillige Außenseiter von einer Aussperrung mitbetroffen werde[19]. Die schuldrechtliche Einbeziehung der Außenseiter in eine Gemeinsame Einrichtung mittels einer Satzungsbestimmung[20] könne mit einer Analogie zur tarifgesetzlich anerkannten Regelungsmacht für betriebliche und betriebsverfassungsrechtliche Fragen (§ 3 Abs. 2 TVG) bewerkstelligt werden[21]. Die Notwendigkeit einer solchen Einbeziehung ergebe sich aus der Eigenart einer Institution, die ihre Funktion nur dann erfüllen könne, wenn alle Arbeitnehmer eines bestimmten Bereichs einbezogen würden[22]. Trotz dieser beiden Ausnahmen, deren Begründung im Hinblick auf seine Ausgangsthese nicht unbedingt überzeugt, will Mayer-Maly ansonsten diese Ausgangsthese uneingeschränkt aufrechterhalten.

III. Ansicht Säckers

Im Gegensatz zu Mayer-Maly leitet *Säcker* den Satz von den kongruenten Grenzen der Vereinbarungsbefugnis der Kollektivpartner auf normativem und schuldrechtlichem Gebiet nicht aus einem in die allgemeine Vertragsfreiheit eingreifenden rechtfertigungsbedürftigen Restitutionsakt ab[23], sondern spricht ihnen umgekehrt die durch Art. 2 Abs. 1 GG garantierte allgemeine Vertragsfreiheit von vornherein ab. Somit stellt sich Säckers Form der Problembetrachtung von der Begründung her als weitestgehende dar. Dementsprechend kündigt er auch einen „entscheidenden Wandel im Verständnis der Kollektivautonomie"[24] an.

[17] Vgl. BAG AP Nr. 13 zu Art. 9 GG; *Gamillscheg*, BB 1967, 49 (52); *Hanau*, JuS 1969, 213 (218); *Weller*, AuR 1970, 161 (164);*Wiedemann*, RdA 1969, 321 (334); *Zöllner*, ebd.

[18] *Mayer-Maly*, ZAS 1969, 80 (88).

[19] *Mayer-Maly*, ebd.

[20] Siehe dazu oben § 1 A I 4.

[21] *Mayer-Maly*, ebd.

[22] Ähnliche Überlegungen stellten im Hinblick auf die Verwendungsbindung bei der tarifvertraglichen Vermögensbildung auch *Halbach*, BB 1965, 87, 89 ff.; *Reuß* in Leber, Vermögensbildung III, S. 203, 211 und *Wannagat*, S. 188 an; vgl. auch *Biedenkopf*, Gutachten, S. 145.

[23] Vgl. *Säcker*, RdA 1969, 291 (294 unten).

[24] *Säcker*, BB 1966, 1031.

Ausgehend von der ständigen Rechtsprechung des Bundesverfassungsgerichts, wonach die besonderen Grundrechtsnormen für ihren Bereich eine Konkretisierung des in Art. 2 Abs. 1 GG als Hauptfreiheitsrecht enthaltenen Grundgedankens beinhalten und damit leges speciales darstellen[25], sieht Säcker auf koalitionsrechtlichem Gebiet Art. 9 Abs. 3 GG auch für schuldrechtliche Abreden als maßgebliche Grundrechtsnorm zur Bestimmung von Umfang und Grenzen der Regelungsbefugnis der Koalitionen an.

Diese vorerst verfassungsrechtlich nicht näher begründeten Gedanken untermauert *Säcker* später in seiner Monographie[26], ohne daß er bei seiner verfassungsrechtlichen Analyse direkt auf das Problem des Verhältnisses normativer und schuldrechtlicher Klauseln eingeht. So sieht er die Ursache für die seiner Ansicht nach falsche Ausstattung der Koalitionen mit der allgemeinen Vertragsfreiheit in der „simplifizierenden Identifikation von Individual- und Koalitionsautonomie"[27], die einer teleologischen Verortung der Koalitionsfreiheit als gesellschaftlich-öffentliche Selbstverwaltung entgegenstehe. Art. 9 Abs. 3 GG geben den Koalitionen über die Gewährleistung eines bloßen „status negativus libertatis"[28] ein Recht auf unmittelbare Teilhabe an den Herrschaftsfunktionen im freiheitlich demokratischen Staat[29]. „Diesem Aspekt der Dezentralasierung und zugleich Demokratisierung der Herrschaft"[30] werde die „inhaltliche Gleichsetzung der aus Art. 9 Abs. 3 GG abgeleiteten Tarifautonomie und der lediglich durch Art. 2 Abs. 1 GG geschützten Privatautonomie nicht gerecht"[31].

Säcker gründet seine grundrechtsbetrachtenden Überlegungen somit auf dem Boden der herrschenden Delegationstheorie, wonach die Kollektivautonomie auf der in den Normen des Tarifvertragsgesetzes kon-

---

[25] BVerfGE 6, 32 (37); 9, 63 (73); 9, 73 (77); 9, 83 (88); 9, 338 (343); 10, 55 (58); 10, 185 (199); 10, 221 (225); 11, 234 (238); 19, 206 (225); 21, 227 (234); NJW 1966, 147 (149); 1969, 738 (741) und insbes. BVerfGE 19, 303 (314): „Der durch das Grundrecht der Koalitionsfreiheit geschützte Betätigungsbereich der Koalitionen kann nur nach der speziellen Vorschrift des Art. 9 Abs. 3 GG bestimmt werden. Art. 2 Abs. 1 GG muß hier für außer Betracht bleiben." Dem BVerfG zustimmend BGHSt 4, 385 (390); 8, 327 (337); 10, 344 (347 f.); BVerwGE 8, 14 (15); 19, 339 (341); BAG AP Nr. 8 zu § 232 ZPO; BSGE 4, 54 (56); *Böckenförde-Greiffenhagen*, JuS 1966, 362 f.; *Hesse*, S. 18 ff.; *Maunz-Dürig-Herzog*, Art. 2 I Anm. 7 f.; *F. Müller*, S. 13 ff., 24; *Nipperdey-Wiese*, S. 760 ff.; *Schmidt*, AöR 91, 42 (56 f.); *Laufke*, S. 159, Fußn. 64.

[26] *Säcker*, Grundprobleme der kollektiven Koalitionsfreiheit (s. Literaturverzeichnis); vgl. auch ders., in Gruppenautonomie und Übermachtkontrolle im Arbeitsrecht, S. 235 ff.

[27] *Säcker*, S. 28.

[28] *Säcker*, S. 29.

[29] *Säcker*, ebd.

[30] *Säcker*, S. 31.

[31] *Säcker*, ebd.; ebenso *Krüger*, Gutachten, S. 33; vgl. dazu auch *Säcker*, RdA 1969, 295 ff.

kretisierten, in Art. 9 Abs. 3 GG begründeten verfassungsrechtlichen Gewährleistung gewerkschaftlicher Vereinbarungsbefugnis beruht, unter Ablehnung der privatautonom-mandatarischen Deutungsmöglichkeit der Wirkungen des Tarifvertrages[32]. Während man zunächst noch den Eindruck haben konnte, Art. 9 Abs. 3 GG komme nur dann als Sondernorm in Betracht, soweit es um spezifisch koalitionsrechtliche Zwecke gehe[33], stellt Säcker in seiner Monographie eindeutig klar, daß die Koalitionen sich auch dann nicht auf die allgemeine Handlungsfreiheit berufen können, wenn sie über die funktionellen Kernbereiche hinaus weitere Aufgaben in Anspruch nehmen und ausführen. Art. 2 Abs. 1 GG soll keine subsidiäre verfassungsrechtliche Aufgabenzuständigkeit begründen können[34]. Anscheinend will Säcker also unter Berufung auf ihre besondere verfassungsrechtliche Legitimation ihnen als Gegengewicht zu dieser Privilegierung eine Beschränkung ihrer allgemeinen Freiheit auferlegen, besonderen Privilegien sollen besondere Pflichten entsprechen.

Nach dem von Säcker aus verfassungsinterpretativen Überlegungen abgeleiteten Grundsatz von der gleichen Reichweite normativer und schuldrechtlicher Regelungen dürften an sich auch die Außenseiter begünstigenden Klauseln nicht durch Art. 2 Abs. 1 GG gedeckt sein und müßten damit, da ihre normative Vereinbarung nicht möglich ist, unzulässig sein. Säcker selbst zieht diesen Schluß jedoch nicht, sondern erwägt sogar eine rechtliche Verpflichtung der die Außenseiter zum Arbeitskampf auffordernden Gewerkschaft, zugunsten der Außenseiter Wiedereinstellungspflichten, Maßregelungsverbote und Tarifaußenseiterklauseln zu vereinbaren[35].

B. Grundsätzlich ablehnende Stellungnahmen

I. Anhänger einer weitgehenden Vertragsfreiheit der Tarifpartner im schuldrechtlichen Teil

Mit seinem neuen Verständnis der Kollektivautonomie setzt sich *Säcker* in entschiedenen Widerspruch zu denjenigen, die neben der Garantie eines Bereichs spezifisch koalitionsgemäßer Betätigung in Art. 9 Abs. 3 GG die allgemeine Vertragsfreiheit der Koalitionspartner noch durch Art. 2 Abs. 1 GG gewährleistet sehen wollen[36]. Daß die letztere Grundrechts-

---

[32] Vgl. dazu sogleich § 4.

[33] *Säcker*, BB 1966, 1031.

[34] *Säcker*, S. 56 und S. 147.

[35] *Säcker* in Nachtrag zu Hueck-Nipperdey II 2, S. 1645 zu S. 274.

[36] So BAG JZ 1964, 374; *Gamillscheg*, S. 97; ders., BB 1967, 45 (52); *Herschel*, Tariffähigkeit, S. 44 ff.; ders., Verh., S. 19; ders., DB 1967, 246 f.; *A. Hueck*, RdA 1961, 141 (148); *Hueck-Nipperdey-Stahlhacke*, § 1 Anm. 82 und 88;

auffassung jedoch nicht unbedingt zu einer Ablehnung des von Nipperdey, Mayer-Maly und Säcker vertretenen Grundsatzes führen muß, zeigt die Ansicht von *Nipperdey*. Er interpretiert Art. 2 Abs. 1 GG, 9 Abs. 3 GG dahingehend, daß Art. 9 Abs. 3 GG nur die Gesamtrichtung, Art. 2 Abs. 1 GG dagegen die konkrete Einzelbetätigung schütze[37]. Dennoch verficht er — wie oben ausgeführt[38] — den Grundsatz von der notwendigen Harmonie normativer und schuldrechtlicher Klauseln aufgrund seines Umgehungsarguments. Die Garantie der allgemeinen Vertragsfreiheit für die Koalitionen in Verbindung mit dem Harmoniegrundsatz wie Säcker bringen jedoch *Gamillscheg*[39] und *Herschel*[40].

So wendet sich *Gamillscheg* gegen das sich aus diesem Grundsatz seiner Meinung nach ergebende Paradox, daß sich für die von der Verfassung besonders geschützte Koalition die Fähigkeit zur Setzung objektiven Rechts als Danaer-Geschenk erweise[41]. „Aus der Verleihung der Normsetzungsmacht würden sich Schranken der Vertragsfreiheit ergeben, die anderen Vereinen, die der Normsetzungsmacht entbehren, nicht gezogen werden. Das Mittel der angemessenen Erfüllung ihres öffentlichen Auftrages würde sich mithin als Waffe gegen die Koalition kehren[42].“ Eine sinnvolle Ordnung des Arbeitslebens setze zu ihrer Wirksamkeit das Ineinandergreifen von normativen und schuldrechtlichen Klauseln voraus. Die schuldrechtliche Seite müsse vieles ergänzen, was normativ nicht zu erreichen sei[43]. Dabei könnten die Tarifvertragsparteien ihre Vertragsfreiheit sowohl zugunsten als auch zu Lasten der Außenseiter gebrauchen. Die notwendige Legitimation zur schuldrechtlichen Erfassung der Außenseiter gebe dabei die Verfassung selbst durch ihren Auftrag zur Ordnung des Arbeitslebens und der damit verbundenen „Bewidmung“[44].

Nikisch II, S. 208; *Ramm*, JuS 1966, 229; *Reuß*, AcP 166, 524. Eine vermittelnde Meinung vertritt hier *Musa*, BB 1966, 82 (85). Er hält es für sachgerecht, wenn im obligatorischen Teil eines Tarifvertrages die arbeitsrechtlichen Rechte und Pflichten der Tarifvertragsparteien regelbar sind, „beliebige Pflichten“ dürfte zu weit gehen (ebd., Fußn. 18). Vgl. auch hier § 2.

[37] *Hueck-Nipperdey* II 1, S. 148 ff.; anders in II 2, S. 914 ff.; zustimmend noch *Söllner*, 1. Aufl., S. 52; ablehnend ausdrücklich *F. Müller*, S. 24; *Säcker*, S. 26, Fußn. 35; *Schwendy*, S. 107 ff.; *W. Weber*, Koalitionsfreiheit, S. 35 f.

[38] Siehe § 2 A I.

[39] *Gamillscheg*, S. 78 ff.; ders., BB 1967, 45 (47 ff., 52).

[40] *Herschel*, Verh., S. 19.

[41] *Gamillscheg*, S. 97.

[42] *Gamillscheg*, ebd.

[43] *Gamillscheg*, S. 95.

[44] *Gamillscheg*, S. 95, der sich dabei auf *W. Weber*, Die verfassungsrechtlichen Grenzen, S. 437, beruft: „Es ist ein Fundament der geltenden Verfassungsordnung, daß ihre freiheitlichen und sozialstaatlichen Elemente prinzipiell gleichen Rang haben, daß in ihnen die uralte Polarität von Individuum und Gemeinschaft ausgehalten und zu einem Ausgleich, notfalls zu einem Kompromiß gebracht werden soll.“

Ähnliche Gedanken verfolgt *Herschel*[45]. Er sieht schuldrechtliche Abreden ausdrücklich als auf dem Boden der Privatautonomie beruhend an. Die Tarifautonomie baue sich nur auf diese auf und gewährleiste (Art. 9 Abs. 3 GG) die Betätigung der Koalitionen nur zusätzlich. Dieser akzessorische Schutz könne aber nicht die Konsequenz nach sich ziehen, daß eine Verengung der Möglichkeit für die Koalitionen eintrete, gewisse Abreden schuldrechtlich zu vereinbaren.

II. Ablehnende Stellungnahmen ohne Bezug auf ein theoretisch-dogmatisches Grundkonzept

Neben diesen beiden Stellungnahmen, die ihre Auffassung aus einem theoretisch-dogmatischen Konzept heraus entwerfen, finden sich des öfteren ablehnende Stellungnahmen zu dem von *Nipperdey*, *Mayer-Maly* und *Säcker* entworfenen Grundsatz, ohne daß dabei ein dogmatisches Gegenkonzept für das Verhältnis der Vereinbarungsbefugnis im Hinblick auf normative und schuldrechtliche Abreden entworfen wird[46, 47]. So stört man sich zumeist daran, daß nach dieser neuen Lehre bei konsequenter Durchführung die Außenseiter nicht mehr begünstigt werden könnten[48]. Zum anderen wird darauf hingewiesen, daß mit der Statuierung des neuen Grundsatzes eine Harmonisierung des Tarifrechts im Europäischen Rahmen verhindert werde[49]. Teilweise sieht man mit diesem Grundsatz sogar das Ende gewerkschaftlicher Streiks und Handlungsfähigkeit heraufziehen, da die Außenseiter bei fehlender Begünstigungsmöglichkeit nach beendetem Streik es alsbald an der notwendigen Solidarität bei der Durchsetzung von Lohnforderungen würden fehlen lassen[50].

Auch das Bundesarbeitsgericht hat sich dem erwähnten Grundsatz aus gerechtigkeits- und praktikabilitätsorientierten Gründen nicht angeschlossen[51]. Als Gebot der Gerechtigkeit sieht es das Bundesarbeitsgericht an, die Außenseiter nach beendetem Arbeitskampf schuldrechtlich mittels Wiedereinstellungsklauseln und Maßregelungsverboten zu begünstigen[52]. Ein praktisches Bedürfnis für die Erfassung der Außenseiter bestehe bei der Satzung von Gemeinsamen Einrichtungen, da Urlaubs-, Pensions-

---

[45] *Herschel*, Verh., S. 19.

[46] *Hanau*, JuS 1969, 213 (218); *Musa*, BB 1966, 82 (85); *Weller*, AuR 1970, 161 (164); *Wiedemann*, RdA 1969, 321 (334); *Zöllner*, S. 40 f.; ders., BB 1968, 597 (601), Fußn. 58.

[47] Neutrale Stellungnahmen geben ab: *A. Hueck*, S. 55 f., und *Misera*, S. 19 f.

[48] So vor allem *Zöllner*, ebd., und *Wiedemann*, ebd.

[49] *Zöllner*, ebd.; so auch *Herschel*, AuR 1966, 193 f.

[50] *Weller*, ebd.

[51] BAG GS AP Nr. 13 zu Art. 9 GG Bl. 9 ff.

[52] BAG, ebd., Bl. 9 Rücks.

und Unterstützungskassen dann, wenn wegen ihrer geringen Größe eine Allgemeinverbindlicherklärung nicht zu erreichen oder nicht sinnvoll sei, für ihre Lebensfähigkeit auf die schuldrechtliche Einbeziehung der Außenseiter angewiesen seien[53].

C. Differenzierende und vermittelnde Stellungnahmen

Differenzierende Stellungnahmen unter teilweiser Anerkennung des Grundsatzes, daß mittels schuldrechtlicher Klauseln nicht erreicht werden könne, was normativ nicht möglich sei, geben *Nikisch, Biedenkopf, Bötticher* und *Richardi* ab.

I. Ansicht Nikischs

Nikisch[54] engt das Problem auf das Verhältnis Koalitionen-Außenseiter ein. Er ist der Ansicht, alle Handlungen der Gewerkschaften, welche geeignet seien, die Arbeitsbedingungen der Arbeitnehmer zu verbessern oder auf andere Weise ihre soziale oder wirtschaftliche Lage zu fördern oder zu sichern, fielen in ihren angestammten und allgemein anerkannten Tätigkeitsbereich. In diesem Feld könnten denn auch die Außenseiter betroffen werden, so daß begünstigende Klauseln jedenfalls zulässig seien. Die Grenze der Tarifmacht auch für den schuldrechtlichen Teil liege aber dort, wo es nicht mehr um die Förderung der Arbeits- und Wirtschaftsbedingungen, sondern darum gehe, die Außenseiter zu beeinträchtigen[55]. Daher ist für Nikisch eine schuldrechtliche Außenseiterklausel nicht zu beanstanden[56], die Tarifausschlußklausel jedoch unzulässig[57]. Obwohl es nicht ausdrücklich ausgesprochen wird, scheint Nikisch den Grund für die notwendige Übereinstimmung des normativen und schuldrechtlichen Teils des Tarifvertrages hinsichtlich der Tarifmacht für die Außenseiter benachteiligende Abreden in dem Umgehungsargument zu sehen[58].

II. Ansicht Böttichers

In ähnlicher Weise läßt *Bötticher*[59] den Problemkreis einschrumpfen. Er führt aus, generell dürften nicht mittels der Durchführungspflicht

[53] BAG, ebd., Bl. 10 Rücks.
[54] *Nikisch*, RdA 1967, 84 (89).
[55] *Nikisch*, ebd.
[56] *Nikisch*, ebd., S. 90.
[57] *Nikisch*, ebd., S. 89.
[58] *Nikisch*, ebd., S. 89.
[59] *Bötticher*, S. 142 und S. 153 f.

Ziele verwirklicht werden, die durch Tarifnorm nicht erreichbar seien[60]. Dennoch soll bei den Gemeinsamen Einrichtungen eine Einbeziehung der Außenseiter in dieselben mittels schuldrechtlicher Abreden möglich sein[61]. Bötticher wendet den Harmoniesatz mithin nur dann an, wenn es um die Auferlegung von Pflichten für Außenseiter und Koalierte geht. Begünstigende Abreden sollen nach wie vor möglich sein[62].

III. Ansicht Biedenkopfs

Ausgehend von einer Doppelnatur[63] des Tarifvertrages, welche durch die privatrechtliche Wahrnehmung öffentlich-rechtlicher Zuständigkeiten begründet werde, sieht *Biedenkopf*[64] den richtigen Anknüpfungspunkt für die Tarifmachtbegrenzung in der Frage, ob die Grenzen der Tarifautonomie bei den Grenzen der Privatautonomie, d. h. in der allgemeinen Vertragsfreiheit, oder bei den Schranken zu suchen seien, die der Ausübung einer öffentlich-rechtlichen Zuständigkeit qua Normsetzung gezogen sind. Er entscheidet sich dann für die zweite Alternative[65]. Diese Frage sei nicht auf denjenigen Teil des Vertrages begrenzt, der die Normen unmittelbar enthält. „Nicht die gesetzesähnliche Rechtswirkung der Regel ist entscheidend, sondern die Tatsache der Regelung typischer Sachverhalte als solche[66]."

Bei der konkreten Untersuchung des Verhältnisses von normativen und schuldrechtlichen Abreden unterscheidet Biedenkopf dann zwei Möglichkeiten[67]: Einmal könnten die Tarifparteien eine schuldrechtliche Vereinbarung treffen, weil sie mangels Tarifhoheit nicht in der Lage seien, den betreffenden Sachverhalt normativ zu erreichen, zum anderen könnte sich der betreffende Tatbestand von Natur aus einer normativen Regelung entziehen. Im ersten Fall handele es sich um eine Frage des rechtlichen Dürfens, im zweiten um eine solche des tatsächlichen Könnens. Beim Fehlen des tatsächlichen Könnens soll die Vereinbarungsbefugnis der Tarifvertragsparteien nicht auf die einheitliche Regelung sich wiederholender Sachverhalte beschränkt sein. Biedenkopf nennt als Beispiele von Problemfragen, die schuldrechtlich aber nicht normativ gere-

---

[60] *Bötticher*, S. 142.

[61] Das läßt sich aus *Böttichers* Ausführungen auf S. 153 ff. entnehmen. Ebenso interpretiert ihn *Zöllner*, S. 40, Fußn. 102 b.

[62] Wie die genauere Analyse der Ansicht Böttichers zeigt, wird dieser zu Unrecht von Nipperdey und Säcker für ihre weitergehende Auffassung in Anspruch genommen, worauf schon *Zöllner*, S. 40, Fußn. 101, verweist.

[63] *Nikisch* II, S. 218.

[64] *Biedenkopf*, Tarifautonomie, S. 12 ff.

[65] *Biedenkopf*, ebd., S. 31.

[66] *Biedenkopf*, ebd., S. 13.

[67] *Biedenkopf*, Gutachten, S. 125 f. und Tarifautonomie, S. 20 f.

gelt werden könnten, Schlichtungsvereinbarungen, die Festlegung von Mitwirkungs- und Mitberatungsrechten sowie die Beteiligung an gemeinsamen Veranstaltungen[68]. Bei der Fallgruppe, in der schuldrechtliche Vereinbarungen deshalb getroffen werden, weil die Parteien den gleichen Sachverhalt nicht normativ regeln dürfen, sieht auch Biedenkopf die Problematik im Rechtsbegriff der Umgehung. Er engt allerdings hier die Problemfrage auf die Zulässigkeit der schuldrechtlichen Tarifausschlußklausel ein[69]. Diese mißt er an der Verfassung und kommt letztlich zu einer Unterscheidung zwischen tatsächlicher und rechtlicher Beeinträchtigung des Außenseiters[70].

Widersprüchlich zu Biedenkopfs Ansicht, die Grenzen der Tarifmacht müßten einheitlich beurteilt werden[71], erscheint jedoch seine diametral der Auffassung *Säckers* gegenüberstehende Ansicht, die Berufsverbände könnten sich zum Schutz gegen Korrosion nur solcher Mittel bedienen, die auch anderen Verbänden im Rahmen des Art. 2 Abs. 1 GG zur Verfügung stünden[72]. Damit wird die von ihm geforderte einheitliche Beurteilung gerade gesprengt, da die tarifliche Normsetzung ihre Verankerung und ihre Schranken eben nicht in Art. 2 Abs. 1 GG sondern in dem die Kollektivautonomie auch nach Ansicht Biedenkopfs erst gebärenden Art. 9 Abs. 3 GG findet.

IV. Auffassung Richardis

Ausführlich nimmt *Richardi* in seiner Untersuchung über Kollektivgewalt und Individualwille zu dem Verhältnis normativer und schuldrechtlicher Klauseln, wenn es um die Begrenzung der Tarifmacht geht, Stellung[73]. Ebenso wie *Biedenkopf* und *Mayer-Maly* fordert er eine Betrachtungsweise, die an der Tatsache der Regelung selbst anknüpft, die Schranken der Regelungsbefugnis sollen sowohl für den normativen als auch für den schuldrechtlichen Teil gelten[74]. Bei der näheren Untersuchung, *wieweit* denn die Schranken tarifvertraglicher Gestaltungsmacht die schuldrechtlich wirkenden Abreden beherrschen können, stellt Richardi folgende Regeln auf[75]: Für Abreden, welche die rechtlichen Beziehungen der Tarifvertragsparteien zueinander regeln, ohne sich auf Dritte zu beziehen, soll das allgemeine Schuldrecht mit seiner Vertrags-

[68] *Biedenkopf*, Gutachten, S. 13.

[69] *Biedenkopf*, Gutachten, S. 126 f.

[70] *Biedenkopf*, Gutachten, S. 132 f.

[71] Siehe o. Fußn. 66.

[72] *Biedenkopf*, Gutachten, S. 131.

[73] *Richardi*, S. 197 ff.

[74] *Richardi*, S. 199 oben.

[75] *Richardi*, S. 202; in gekürzter Fassung gibt er seine Ansicht in RdA 1968, 427 (429) wieder.

freiheit gelten. Für Abreden, die einer Ordnung, welche nach §§ 1, 4 TVG auch normativ gelten könnte, lediglich schuldrechtliche Wirkung beilegen, sollen die gleichen Beschränkungen gelten, denen auch die normative Regelung unterliegt. Übrig bleiben noch die Abreden, welche Rechtsverhältnisse Dritter zum Gegenstand haben, aber nicht als Tarifnorm vereinbart werden können. Richardi hält sie für die problematischsten und will diese Problematik lösen, indem er einerseits in persönlicher Hinsicht zwischen Tarifgebundenen und Außenseitern und andererseits in sachlicher Hinsicht zwischen der Ordnung der abhängigen Arbeit und einem „sonstigen Bereich" unterscheidet. Gehe es um die Ordnung der abhängigen Arbeit, so gelte der Satz, daß schuldrechtlich nicht erreicht werden könne, was normativ verboten sei. Eine Erfassung der Außenseiter sei damit nicht möglich. In Anbetracht dieses soeben aufgestellten Obersatzes wird Richardi von *Säcker*[76] angekreidet, daß er die Außenseiter nur begünstigenden Klauseln, die zur Ordnung der abhängigen Arbeit gehörten, von diesem Grundsatz ausnehmen will. Richardi versucht dies damit zu begründen, daß diese Klauseln sich ihrem Inhalt nach nur gegen die tarifgebundenen Arbeitgeber wendeten[77]. In dem „sonstigen Bereich", der durch die funktionelle Stellung der Koalitionen als Parteien des Tarifvertrages nicht tangiert werde, gelten die allgemeinen Vorschriften des Schuldrechts, auch wenn sich der Tarifvertrag auf Dritte beziehe. Die Vertragsfreiheit der Koalitionspartner werde hier nicht anders als in den übrigen rein zivilrechtlichen Bereichen lediglich durch das Gesetz gegen Wettbewerbsbeschränkungen begrenzt[78].

An Richardis Systemvorstellung der Tarifmachtbegrenzung im Hinblick auf die verschiedenen Abreden des Tarifvertrages fällt seine streng auf die Außenseiter zugespitzte Problembetrachtung auf. So stellt er für deren Behandlung sehr differenzierte Regeln auf. Fraglich erscheint jedoch, ob Richardi seinen ersten Grundsatz — alle Abreden, die sich nicht auf Dritte bezögen, seien durch das allgemeine Schuldrecht gedeckt — wirklich wird aufrechterhalten können. So müßte diesem Grundsatz zufolge eine schuldrechtliche Teilhabe der Gewerkschaft an dem unternehmerischen Planungs- und Koordinationsprozeß[79] ohne weiteres möglich sein. Wahrscheinlich dürfte dieser erste Satz jedoch nur aus der besonderen Beschäftigung mit der Außenseiterproblematik entstanden sein[80].

---

[76] *Säcker*, RdA 1969, 295.

[77] *Richardi*, S. 202 unten.

[78] *Richardi*, S. 203.

[79] Siehe dazu oben § 1 F.

[80] So hält *Richardi*, RdA 1968, 427 (429) eine Erweiterung der gewerkschaftlichen Befugnisse innerhalb des Betriebes jedenfalls beim Verbandstarifvertrag für unzulässig, während er für den Firmentarifvertrag mit seiner in seiner Habilitationsschrift aufgestellten Regel konform geht. Er beruft sich für eine solche Vereinbarung ausdrücklich auf die individuelle Vertragsfreiheit.

§ 3 Privatautonomie und Kollektivautonomie im Grundrechtssystem

A. Vorbemerkung: Bedeutung der Grundrechtskonkretisierung für den Harmoniesatz

Insbesondere in den Ansichten von Richardi, *Säcker* und *Biedenkopf* aber auch in anderen Stellungnahmen zu dem betrachteten Harmoniesatz[1] nehmen die Begriffe Privatautonomie und Kollektivautonomie oder — um die gedankliche Stufe vom Generellen zum Speziellen zu vollziehen — allgemeine Vertragsfreiheit[2] und Regelung der Arbeits- und Wirtschaftsbedingungen eine beherrschende Rolle ein. In ihrer Projektion auf das Problem der schuldrechtlichen Tarifklauseln werden diese Begriffe nicht synthetisch sondern antithetisch gesehen; die Entscheidung für oder gegen einen der beiden Begriffsgegensätze soll die Zulässigkeit und Grenzen obligatorischer Bestimmungen präjudizieren[3]. Stellvertretend für diese beiden Begriffe stehen so prägnante und vieldiskutierte Grundgesetznormen wie Art. 2 Abs. 1 GG auf der einen und Art. 9 Abs. 3 GG auf der anderen Seite. Es zeigt sich hier einmal mehr, daß im Arbeitsrecht stärker noch als in anderen Bereichen unseres Rechtssystems kaum ein dialektisch-hermeneutisch determinierter Erkenntnisakt bzw. eine aus Deskription unter stärkerer Betonung des subjektiv-volitiven Elements gewonnene Problementscheidung[4] ohne ein Hinaufsteigen zu den die Ebene der einfachen Gesetzesnormen überragenden Grundrechten gewonnen werden kann[5]. Dies hängt einmal mit der unvollkommenen

---

[1] Vgl. *Herschel*, Verh., S. 19; *Gamillscheg*, S. 97; ders., BB 1967, 45 (52).

[2] Zu dem Begriffsverhältnis Vertragsfreiheit - Privatautonomie s. *H. Huber*, Vertragsfreiheit, S. 11 ff.

[3] Eine Ausnahme bildet *Richardi* (S. 164 f.), der die tarifvertragliche Normsetzungsbefugnis als einen besonderen Fall normativer Gestaltung innerhalb der Privatautonomie betrachtet, dennoch aber bei der speziellen Frage des Verhältnisses der schuldrechtlichen Abreden zu den Grenzen der Tarifautonomie seine Ergebnisse aus der Grundrechtssystematik ableitet (vgl. dazu oben § 2 C IV).

[4] Dies ist eine Frage der angewandten Methodendoktrin; vgl. dazu insbes. *Säcker*, S. 96, Fußn. 198 mit weiteren zahlreichen Nachweisen auf die Methodendiskussion; S. 105, Fußn. 241; S. 119.

[5] Kritisch dazu *W. Geiger*, Die neue Ordnung, 1960, S. 429 ff., und *Zöllner*, S. 21. Wenn Zöllner ausführt: „Im Ausverkauf verfassungsrechtlichen Goldes gewinnt freilich ... das Silber einfachgesetzlicher Auslegung steigenden Wert", so mag diese Mahnung zwar auf die zur Lösung konkreter Problemkonflikte

Kodifizierung dieses Rechtsgebiets, zum anderen mit der „Vagheit und Gehaltsarmut“[6] der Grundrechtsbestimmungen zusammen.

Ein nach dem Gesetzeswortlaut offensichtlicher, im einzelnen aber heftig umstrittener Unterschied zwischen beiden Grundrechtsnormen besteht in ihrer Einschränkungsmöglichkeit. So wird in Art. 2 Abs. 1 GG die freie Entfaltung der Persönlichkeit gewährleistet, soweit nicht die Rechte anderer verletzt, gegen die verfassungsmäßige Ordnung oder gegen das Sittengesetz verstoßen wird; demgegenüber steht Art. 9 Abs. 3 GG unter keinem ausdrücklichen Gesetzesvorbehalt. Die Frage, wo die Grenzen des Art. 9 Abs. 3 GG zu suchen sind, ist deshalb noch nicht geklärt[7]. Bei der Erörterung, welcher Grundrechtsbestimmung das Problem der schuldrechtlichen Vereinbarungsbefugnis der Tarifvertragsparteien zuzurechnen ist, geht es aber zunächst nicht um diese Frage der nachträglichen Einschränkung durch Gesetze, sondern um die logisch vorgelagerte Frage der Reichweite einer grundrechtlichen Betätigungsgewährleistung überhaupt. Am besten läßt sich dies bei traditioneller Grundrechtssicht mit der Unterscheidung *Kleins*[8] zwischen Gewährleistungsschranken und Vorbehaltsschranken ausdrücken. Die Gewährleistungsschranken sind entweder schon immanent in dem einzelnen Grundrecht selbst enthalten, sie ergeben sich somit „aus der Art und Weise der verfassungsrechtlichen Gewährleistung“[9] (immanente Gewährleistungsschranken), oder sie werden durch den systematischen Zusammenhang der einzelnen Grundrechtsbestimmungen umrissen (systematische Gewährleistungsschranken)[10]. Im Sinne reiner Logik handelt es sich hier nicht eigentlich um „Schranken“, sondern um Begriffsbestimmung und Begriffsauslegung, da sich mit dem Wort „Schranken“ automatisch die Vorstellung einer von außen her an die einzelnen Grundrechtsbestimmungen herangetragenen Begrenzung verknüpft[11]. Demgegenüber sind Vorbehaltsschranken solche Schranken, die den als feststehend angenommenen Inhalt der einzelnen Grundrechte entweder verfassungsunmittelbar oder verfassungsmittelbar einschränken[12]. Angesichts dieser subtilen Einteilung dürfte Klein darin zu folgen sein, daß es sich in erster Linie um eine aus Zweckmäßigkeitsgründen gewählte Nomenklatur und nicht um eine in der Verfassungswirklichkeit für die effektive Bedeutung der Grundrechte wesensmäßige Unterscheidung handelt[13].

---

notwendige Tatbestandsdurchleuchtung sinnvoll hinweisen, vermag jedoch nicht die überragende Bedeutung des Grundgesetzes für jede arbeitsrechtliche Grundsatzdiskussion zu mindern.

[6] *Säcker*, S. 98.

[7] Vgl. dazu die Angaben bei *Säcker*, S. 19, Fußn. 12.

[8] *von Mangoldt-Klein*, Band I Vorbem. B XV.

[9] *von Mangoldt-Klein*, ebd., S. 123.

[10] *von Mangoldt-Klein*, ebd., S. 124 oben.

[11] So auch *von Mangoldt-Klein*, ebd., S. 122. In diesem Grundrechtsverständnis Kleins klingt andeutungsweise eine institutionelle Grundrechtssicht an; vgl. dazu hier § 3 IV.

[12] *von Mangoldt-Klein*, ebd., S. 129.

[13] Kritik an *Kleins* Terminologie übt *Bachof*, HGR III 1, S. 170, Fußn. 58. Er will als Haupteinteilungsgesichtspunkte statt der Begriffe „Gewährleistungsschranken“ und „Vorbehaltsschranken“ verfassungsunmittelbare und dem einfachen Gesetz vorbehaltene weitere Einschränkungen wählen. Wie auch *Bachof* betont, betreffen diese terminologischen Differenzen nur die Frage der Zweckmäßigkeit.

Bei einer Verankerung der schuldrechtlichen Abreden der Tarifvertragsparteien innerhalb des Gewährleistungsbereichs des Art. 2 Abs. 1 GG scheinen sich auf den ersten Blick sehr weitgesteckte Grenzen für deren Zulässigkeit zu ergeben, dies vor allem dann, wenn man mit der freien Entfaltung der Persönlichkeit die allgemeine Handlungsfreiheit in dieser Norm verankert sieht[14]. Demgegenüber sind die immanenten Grenzen des Art. 9 Abs. 3 GG mit dem Begriff der Arbeits- und Wirtschaftsbedingungen schon bedeutend enger und — bei allen Schwierigkeiten der Auslegung[15] — konkretisierungsfreundlicher gesteckt. Siedelte man alle schuldrechtlichen Abreden zwischen den Tarifvertragsparteien dort an, so spräche zumindest schon eine Vermutung zugunsten des Harmoniesatzes, da sich dann sowohl normative als auch schuldrechtliche Abreden mit dem gleichen Interpretationsmaß messen lassen müßten. Ein anderes Ergebnis ergäbe sich höchstens, hielte man bei einer Ausrichtung von normativen und schuldrechtlichen Klauseln an Art. 9 Abs. 3 GG die schuldrechtlichen deshalb in weiterem Umfange für zulässig, weil sie vielleicht wegen ihrer geringen Intensität und Effektivität den Komplex Arbeits- und Wirtschaftsbedingungen nicht so schnell überschreiten wie die normativen[16]. Eine solche Betrachtung verbietet sich jedoch schon aus der intentionalen Fassung des Art. 9 Abs. 3 GG. Zur Ermittlung der immanenten Gewährleistungsschranken kommt es entscheidend darauf an, ob die Koalitionen „*zur* Förderung der Arbeits- und Wirtschaftsbedingungen" handeln, die Mittel dieses Handelns sind nach Art. 9 Abs. 3 GG zur Bestimmung der Grenzen nicht entscheidend.

Demgegenüber weniger bedeutsam ist die mancherorts geäußerte Feststellung, Verpflichtungen, die von Arbeitgeberverbänden und Gewerkschaften im Rahmen ihrer allgemeinen Vertragsfreiheit getroffen worden seien, könne man nicht als Tarifvertrag bezeichnen[17]. § 1 TVG spricht in ganz allgemeiner Form von Rechten und Pflichten der Tarifvertragsparteien, eine engere Begrenzung, welcher Art diese Rechte und Pflichten sein müssen, um begrifflich noch zum Tarifvertrag gerechnet werden zu können, fehlt. Selbstverständlich erscheint es vom überkommenen Begriff des Tarifvertrages her fragwürdig, ob man als Tarifvertrag noch eine — unwahrscheinliche — schuldrechtliche Vereinbarung bezeichnen könnte, in der sich ein Arbeitgeberverband von Bergbauunternehmen der Gewerkschaft gegenüber zur Lieferung von Kohle zwecks Hei-

[14] So vor allem die ständige Rechtsprechung des BVerfG; vgl. BVerfGE 6, 32 (36 f.); 7, 89 (92); 7, 111 (119); 8, 274 (328); 9, 3 (11); 9, 83 (88);; 10, 89 (99); 12, 341 (347); 17, 306 (313); 18, 315 (327); 10, 150 (154); BVerfG NJW 1966, 147, 1641; 1969, 744; AP Nr. 1 zu § 16 MitbestimmungsEG.

[15] Eine gründliche Übersicht über den Meinungsstand zur Auslegung der Arbeits- und Wirtschaftsbedingungen bringt *Misera*, S. 26 ff.; vgl. auch hier § 8.

[16] Dies betont auch *Zöllner*, S. 40, wenn er *Mayer-Malys* materiellen Begriff des Normativen ablehnt.

[17] Vgl. *Zöllner*, S. 36; *Richardi*, S. 188; *Nikisch* II, S. 212.

zung des Gewerkschaftsgebäudes verpflichtet. Es lassen sich neben diesem Extremfall aber noch genügend Beispiele in Tarifverträgen finden, die tatsächlich gemeinsam mit Rechtsnormen vereinbart werden (z. B. die oben erwähnten Differenzierungs- und Effektivklauseln), deren Einordnung in den Bereich des Art. 2 Abs. 1 oder Art. 9 Abs. 3 GG umstritten ist. Lehnte man bei einer Einordnung in Art. 2 Abs. 1 GG ihren Charakter als *tarifvertragliche* Vereinbarungen ab, so käme man bei einer einheitlichen Vereinbarung zu der wenig erfreulichen Unterteilung zwischen „echten" und „unechten" Tarifvertragsbestimmungen.

Das entscheidende Problem ist nicht ein solches der Nomenklatur sondern ein sachliches. Es geht um die Frage, ob den Tarifvertragsparteien überhaupt neben Art. 9 Abs. 3 GG eine Berufung auf Art. 2 Abs. 1 GG möglich ist. Wie *Nikisch*[18] schon für die ähnliche Frage, ob ein Tarifvertrag ohne normative Bestimmungen begrifflich denkbar sei, richtig ausführt, erschöpft sich die praktische Bedeutung der Nomenklaturfrage in der Anwendbarkeit der Formvorschrift des § 1 Abs. 2 TVG. Stehen schuldrechtliche Abreden, die nur kraft Art. 2 Abs. 1 GG zulässig sind (ihre Zulässigkeit hier einmal vorausgesetzt) mit normativen Abreden in einem einheitlichen Vertragszusammenhang, so wird man das Schriftformerfordernis schon nach allgemeinen rechtsgeschäftlichen Regeln auf alle Bestimmungen des Vertragswerks auszudehnen haben.

Mithin läßt sich sagen, daß der erste Schritt zur Durchleuchtung des Harmoniesatzes auf seine Richtigkeit eine Konkretisierung von Art. 2 Abs. 1 GG und Art. 9 Abs. 3 GG sowie die Bestimmung ihres Verhältnisses zueinander sein muß. Dies soll zunächst unter den Vorzeichen der traditionellen Grundrechtslehre geschehen; es muß aber auch gefragt werden, ob sich aus einer institutionellen Betrachtung der Grundrechte etwas anderes ergibt[19].

B. Schutzbereich des Art. 2 Abs. 1 GG

I. Sachlicher Schutzbereich

Nach der Rechtsprechung des Bundesverfassungsgerichts und der überwiegenden Literaturmeinung schützt Art. 2 Abs. 1 GG als Grundrecht[20] die allgemeine Handlungsfreiheit, d. h. „die Freiheit zu tun und

[18] *Nikisch*, ebd.; vgl. auch *Hueck-Nipperdey-Stahlhacke*, § 1 Rdn. 8.

[19] Auf diese institutionelle Betrachtung der Grundrechte stützt Säcker weitgehend seine Grundrechtskonkretisierung und seine dadurch gewonnenen Grenzen für die Tarifmacht; vgl. *Säcker*, S. 20 ff.; ders., BB 1966, 1031.

[20] Teilweise wird die Auffassung vertreten, Art. 2 Abs. 1 GG sei kein Grundrecht, sondern lediglich ein „Freiheitsrechtsleitsatz" (*von Mangoldt-Klein*, Anm. II 1, 2 und III 5 b zu Art. 2 GG; *Wertenbruch*, DVBl. 1958, 481, 486) wegen seiner Vagheit und Dehnbarkeit. Diese Auffassung dürfte aber schon nach dem klaren Wortlaut des GG (vgl. Art. 1 Abs. 3 GG) abzulehnen sein.

zu lassen, was die Rechte anderer nicht verletzt und nicht gegen die verfassungsmäßige Ordnung verstößt"[21]. Dieses durch Art. 2 Abs. 1 GG garantierte menschliche Handeln braucht nicht positiv an hohen geistig-religiös-sittlichen Werten orientiert zu sein, sondern sichert dem einzelnen Individuum auch seine ökonomische Entfaltungsfreiheit. Zu dieser wirtschaftlichen Entfaltungsfreiheit gehört als tragender Grundsatz unserer Zivilrechtsordnung auch die Vertragsfreiheit[22].

Gegen diesen rein negativen Freiheitsbegriff ging die von *Peters* begründete Persönlichkeitskerntheorie an[23]. Ausgangspunkt dieser Ansicht ist vor allem der Wortlaut des Art. 2 Abs. 1 GG, wobei „Persönlichkeit" nicht mit „Person" gleichgesetzt wird und die Entfaltung der Persönlichkeit als „Auswirkung echten Menschentums im Sinne der abendländischen Kulturauffassung"[24] verstanden wird. Die Entfaltung der menschlichen Persönlichkeit soll damit unter Rückgriff auf ein bestimmtes Metasystem aus dem banalen Bereich „krämerischer, egoistischer Einzelinteressen"[25] befreit und nur noch in ihrem Kernbereich gewährleistet werden[26, 27].

---

[21] Vgl. die Angaben zur Rechtsprechung des BVerfG in Fußn. 14; weiterhin OVG Berlin NJW 1967, 1053. Aus der Literatur: *Forsthoff*, BB 1953, 421 ff.; *Giese-Schunck*, Art. 1 Anm. II 2; *Hamann-Lenz*, Art. 2B 3b; *Krüger*, NJW 1955, 202; *Leibholz-Rinck*, Art. 2 Anm. 2; *von Mangoldt*, AöR 75, 280; *Maunz-Dürig-Herzog*, Art. 2 I Anm. 11; *Roemer*, Festschrift für den DJT 1960, Bd. I, S. 569; *Rupp*, NJW 1966, 2037; *Laufke*, S. 160 f.; *Säcker*, S. 22 ff.; *Nipperdey-Säcker*, S. 47; *Küchenhoff*, DÖV 1966, 225; *E. R. Huber*, DÖV 1956, 135; *Nipperdey*, HGR IV 2, S. 747; *Scholtissek*, NJW 1952, 563; *Maunz*, § 14 III 1; *Wernicke* in BK Anm. II 1a zu Art. 2; *Stern*, S. 64; *Wintrich*, Festschrift für Apelt, S. 4; *Zippelius*, S. 23.

[22] Insbes. vom BVerwG in ständiger Rechtsprechung herausgestellt, vgl. BVerwGE 1, 321 (323); 2, 114 (115); 2, 118 (120); 3, 303 (304); 4, 332 (336); BVerwG NJW 1969, 522; weiterhin BAG 1, 258 (268); BAG AP Nr. 1 zu § 620 BGB; BAG NJW 1957, 1688 (1689); OLG Celle, NJW 1954, 721; BVerfGE 8, 274 (328); *Bullinger*, DÖV 1957, 769; *Hamann*, Wirtschaftsverfassungsrecht, S. 83 ff.; *Hueck-Nipperdey* II 1, S. 43, 387, 572; *Raiser*, JZ 1958, 1 ff.; *Wintrich*, ebd., S. 6; *Stern*, S. 64; *Nipperdey-Wiese*, S. 886 ff. m. w. N.; weitere Angaben mit Gegenstimmen oben § 2, Fußn. 8.

[23] *Peters*, Festschrift für Laun, S. 671 ff.; ders., Geschichtliche Entwicklung und Fragen der Verfassung, S. 263; ders., Das Recht auf freie Entfaltung der Persönlichkeit in der höchstrichterlichen Rechtsprechung, S. 47 ff.; ders., Festschrift für Messner, S. 366.

[24] *Peters*, Festschrift für Lann, S. 669; ders., Festschrift für Messner, ebd.

[25] *Peters*, Festschrift für Laun, ebd.

[26] Ähnlich wie *Peters*, jedoch ohne Rückgriff auf ein Metasystem *Ehmke* in VVDStRL Heft 20, S. 83; ders., Wirtschaft und Verfassung, S. 34; *Hamel*, S. 30; *Hesse*, S. 160 ff.; *Hering*, S. 514, 525; *Lerche*, Übermaß, S. 299; *Stein*, S. 198 ff.; weitere Nachweise bei *Nipperdey-Wiese*, S. 769 Anm. 124; aus der Rechtsprechung VGH Freiburg, JZ 1956, 18 (25); OVG Rhld.-Pfalz, DÖV 1956, 631 (632); OVG Lüneburg bei Thiel, Bd. 4, S. 214 (216); OVG Münster E 11, 174 (176/77); BGHZ 24, 72 (79); ähnlich BGHZ 26, 349 (356); BGH JZ 1965, 32 (34); BVerwGE 17, 306 (309).

[27] Teilweise grenzen sich die unterschiedlichen Auffassungen zum Inhalt des Art. 2 Abs. 1 GG auch in der Frage ab, ob Art. 2 Abs. 1 GG nur auf ideellem oder auch auf ökonomischen Gebiet gilt; vgl. *Maunz-Dürig-Herzog*, Art. 2 I Rdn. 11; *Laufke*, S. 161, insbes. Fußn. 68, beide m. z. N. Dieser Streit ist nicht unbedingt gleichzusetzen mit der Frage, ob Art. 2 Abs. 1 GG die allge-

In engem Zusammenhang mit dieser Auslegung der in Art. 2 Abs. 1 GG enthaltenen Gewährleistung steht die Beurteilung der in dem „soweit"-Satz enthaltenen Schrankentrias, insbesondere des Begriffs der verfassungsmäßigen Ordnung[28]. Nach der h. M., insbesondere der des Bundesverfassungsgerichts[29], bedeutet verfassungsmäßige Ordnung die gesamte Rechtsordnung, d. h. Summe der Normen, die formell und materiell der Verfassung gemäß sind. Nur durch diese weite Fassung der Einschränkungsmöglichkeit kann die allgemeine Handlungsfreiheit ohne Schaden für den Funktionsmechanismus der staatlichen Ordnung praktizierbar sein. Dagegen kann die Persönlichkeitskerntheorie den von ihr gewährleisteten Schutz der engeren inneren Lebenssphäre bzw. „jene primitiven Ordnungsnormen . . ., die in allen Kulturstaaten zur Wahrung eines gedeihlichen menschlichen Zusammenlebens unerläßlich sind"[30], nur hinter elementare Grundsätze der Verfassung zurücktreten lassen[31].

Der Persönlichkeitskerntheorie ist entgegenzuhalten, daß sie zu einer Verkürzung des grundrechtlich gewährleisteten Freiheitssystems führt[32]. Welche Handlungen den Persönlichkeitskern des einzelnen berühren, läßt sich nach dieser Theorie nur mit Hilfe eines „subjektiven verfassungstranszendenten Metasystems"[33] begründen. Die Ersetzung eines liberalen Willkürfreiheitsbegriffs durch eine idealistische Wesensfreiheit dürfte dem „Menschenbild des Grundgesetzes"[34] kaum entsprechen, das sich grundsätzlich nicht an idealistischen Wertvorstellungen ausrichtet[35]. Bei einem Verständnis der Entfaltungsfreiheit als Schutz der engeren inneren Lebenssphäre wäre auch der in dem „soweit"-Satz enthaltene Gesetzesvorbehalt unverständlich und überflüssig, denn es erscheint kaum denkbar, daß jemand, der sich innerhalb seiner engeren inneren Lebenssphäre hält, gegen das Sittengesetz, die Rechte anderer oder die verfassungsmäßige Ordnung verstoßen könnte[36]. Den Vorwurf, daß bei der großzügigen Auslegung der verfassungsmäßigen Ordnung Art. 2 Abs. 1 GG auf die Ebene des Prinzips der Gesetzmäßigkeit der Verwaltung herabge-

---

meine Handlungsfreiheit oder nur die Entfaltung in einem Persönlichkeitskern gewährleistet, wie die Ausführungen von *Peters*, Festschrift für Laun, S. 673; ders., Das Recht auf freie Entfaltung der Persönlichkeit in der höchstrichterlichen Rechtsprechung, S. 44, Fußn. 124 zeigen, der die Entfaltung auf wirtschaftlichem Gebiet im Kernbereich gewährleistet lassen will.

[28] Dieser Zusammenhang wird deutlich herausgestellt von *Peters*, Das Recht auf freie Entfaltung der Persönlichkeit, insbes. S. 49; *Schmidt*, AöR 91, 46; *Berg*, S. 115.

[29] Zum Beispiel BVerfGE 6, 32 (38), 389 (433); 17, 306 (313); 18, 38 (46); BVerfG NJW 1966, 1651; in der Literatur im wesentlichen die in Fußn. 21 Angegebenen. Weiterhin aus der Rechtsprechung: BVerwGE 10, 340 (344); 6, 134 (141); BGH GoltdA 1961, 240 (241); OLG Düsseldorf, JMBl. NRW 1965, 130 (131); BayObLG NJW 1964, 1149 (1150).

[30] So die Formulierung von *Maunz-Dürig-Herzog*, Art. 2 Abs. 1 Rdn. 175, die zugleich zeigt, daß nicht alle Anhänger der Lehre von der allgemeinen Handlungsfreiheit gleichzeitig die gesellschaftlich-immanente Schranke des Art. 2 Abs. 1 GG ebenfalls extensiv interpretieren; vgl. weiterhin *Maunz*, § 14 III 1; *Scholtissek*, NJW 1952, 563; *E. R. Huber*, DÖV 1956, 135; *Laufke*, S. 176; *Wintrich*, Festschrift für Apelt, S. 6.

[31] So die in Fußn. 29 und Fußn. 26 Angegebenen.

[32] *Säcker*, S. 23.

[33] *Säcker*, ebd.

[34] Zum Menschenbild des Grundgesetzes vgl. z. B. BVerfGE 4, 7 (15).

[35] Ähnlich auch *Säcker*, S. 24.

[36] BVerfGE 6, 32 (36).

stuft werde[37], konnte das Bundesverfassungsgericht in späteren Entscheidungen mit einer überzeugenden Modifizierung seiner Theorie widerlegen: Eine Einschränkung der allgemeinen Handlungsfreiheit ist danach nur dann rechtmäßig, wenn sie verhältnismäßig und sachlich notwendig ist[38].

II. Persönlicher Schutzbereich

Der persönliche Schutzbereich des Art. 2 Abs. 1 GG muß hier deshalb überhaupt diskutiert werden, weil es sich bei den Koalitionen um Personengesamtheiten handelt, die jedenfalls auf der Arbeitnehmerseite noch nicht einmal in der Form eines rechtsfähigen Vereins organisiert sind. Die Grundlage zur Entscheidung, ob Art. 2 Abs. 1 GG auf sie anwendbar ist, findet sich in Art. 19 Abs. 3 GG[39]. Danach sind die Grundrechte generell auf juristische Personen anwendbar, soweit es ihrem Wesen entspricht. Nun läßt sich von der „Persönlichkeit" einer Personengesamtheit nach den Anschauungen des sozialen Lebens höchstens in einem übertragenen, unwirklichen Sinne sprechen. Art. 2 Abs. 1 GG kann damit für die Handlungsfreiheit von Personengesamtheiten nur als mittelbarer Schutz der Handlungsfreiheit des einzelnen herangezogen werden. Angesichts des in der industriellen Massengesellschaft der 2. Hälfte des 20. Jahrhunderts notwendigen und unvermeidlichen Kollektivierungssogs[40] ist der einzelne auf mannigfaltigen gesellschaftlichen Gebieten isoliert von gesellschaftlichen Verbindungen kaum denkbar: Aus dem selbstgebundenen ist der gemeinschaftsgebundene Mensch geworden. In diesem Fall liegt nichts näher als auch den Personenvereinigungen, und zwar nicht nur den rechtsfähigen, sondern allen Personenvereinigungen, die an diesem Kommunikationsprozeß zwischen Individuum und Gemeinschaft teilhaben, die Berufung auf Art. 2 Abs. 1 GG zu gestatten.

Das Wesen der Personengesamtheit erfordert natürlich keinen Schutz der personalen Eigensphäre; eine Übertragung der in Art. 2 Abs. 1 GG gewährleisteten allgemeinen Handlungsfreiheit kommt daher nur in einem Teilbereich in Betracht[41]. Es ist dies gerade der eben besprochene Teilbereich der wirtschaftlichen Betätigungsrechte[42]. Mithin steht prinzipiell einer Anwendung des Art. 2 Abs. 1 GG auf die Koalitionen, die schließlich bei dem Kollektivierungsprozeß in exponierter Stellung mitwirken, nichts im Wege. Wenn Art. 2 Abs. 1 GG zu ihren Gunsten dennoch nicht anwendbar sein sollte,

---

[37] Vgl. die Kritik am Urteil des BVerfGE 6, 32 (Elfes-Urteil) bei *Rupp*, NJW 1965, 994.

[38] BVerfGE 15, 239 (244) und 20, 159: „Je mehr der gesetzliche Eingriff elementare Äußerungen der menschlichen Handlungsfreiheit berührt, um so sorgfältiger müssen die zur Rechtfertigung vorgebrachten Gründe gegen den grundsätzlichen Freiheitsanspruch des Bürgers abgewogen werden." (Vgl. dazu *Rupp*, NJW 1966, 2037.) Das BVerfG stellt hier ähnliche Grundsätze wie bei der zu Art. 5 Abs. 1 GG bekanntgewordenen „Schaukeltheorie" auf, wonach das einschränkende Gesetz im Lichte der Bedeutung des GG gemessen werden muß (BVerfGE 7, 198, Lüth-Urteil).

[39] Vgl. dazu *Hueck-Nipperdey* II 2, S. 40, 142; *Nipperdey* in HGR IV 2, S. 768 ff. m. w. N.; *Wernicke*, BK Art. 2 Anm. II 1 a.

[40] Vgl. *W. Weber*, OLG-Celle-Festschrift, S. 242.

[41] Ebenfalls in dieser Weise differenzierend *Maunz-Dürig-Herzog*, Art. 2 I Rdn. 68 und *Scheuner* VVDStRL 11, 5 mit Anm. 12.

[42] So die unter Anm. 41 Angegebenen.

dann nur wegen einer Verdrängung durch Art. 9 Abs. 3 GG, wobei es hier noch dahingestellt bleiben soll, ob es sich dabei um eine Frage der Konkurrenz oder des tatbestandlichen Ausschlusses handelte.

C. Schutzbereich des Art. 9 Abs. 3 GG

Gemäß seinem Wortlaut und seiner Entstehungsgeschichte schützt Art. 9 Abs. 3 GG zunächst die positive Koalitionsfreiheit des einzelnen[43], die allgemeine Willkürfreiheit wird spezifiziert und in gesellschaftlich-ökonomisch gewünschte Bahnen gelenkt. Ob daneben auch die sog. negative Koalitionsfreiheit, d. h. die Freiheit, der Koalition fern zu bleiben, in Art. 9 Abs. 3 GG mitverankert ist oder ihren Standort lediglich in Art. 2 Abs. 1 GG findet, ist eine Streitfrage, die in diesem Zusammenhang noch nicht entschieden zu werden braucht[44]. Angesichts der veränderten gesellschaftlichen und vor allem gesetzgeberischen Einstellung zu den Gewerkschaften, die sich in der Anerkennung ihres fördernden Beitrags zur Funktionsweise unseres Wirtschaftssystems äußerte, und dem allmählich schwächer werdenden, langsam verschwindenden Druck, der sich dem einzelnen Arbeitnehmer beim Eintritt in die Gewerkschaft entgegenstellte, wurde die individuelle Bedeutung des Art. 9 Abs. 3 GG rasch durch die Bedeutung als Gruppengrundrecht übertroffen. Nachdem die Bundesregierung Anfang 1954 noch die Ansicht vertreten hatte, Art. 9 Abs. 3 GG schütze nur das Koalitionsrecht des einzelnen[45], leitete das Bundesverfassungsgericht in seiner Entscheidung vom 18. 11. 1954[46] den Siegeszug eines kollektivbezogenen Verständnisses des Art. 9 Abs. 3 GG ein. Gestützt auf das Sozialstaatsprinzip (Art. 20, 28 GG) sowie auf Art. 19 Abs. 3 GG sprach das Bundesverfassungsgericht den Koalitionen einen durch Art. 9 Abs. 3 GG garantierten Bestandsschutz zu: „Entscheidend für die hier gefundene Auslegung des Art. 9 Abs. 3 GG ist das ausdrückliche Bekenntnis des Grundgesetzes zum sozialen Rechtsstaat (Art. 20 Abs. 1, 28 Abs. 1 GG). Diese Entscheidung des Verfassungsgebers schließt es aus, ein Grundrecht, dessen Ausdehnung auf soziale Gemeinschaften sich bereits in der Weimarer Zeit angebahnt hatte, nunmehr ohne zwingenden Grund in seiner Wirksamkeit auf Einzelpersonen zu beschränken“[47]. Da die Bestandsgarantie für die einzelne Koalition keinen

---

[43] Dazu statt aller *Hueck-Nipperdey* II, 1, § 8, S. 125 mit zahlreichen Literaturhinweisen in § 5, Fußn. 1 B d auf S. 65 f.; weitere Literaturnachweise bei *Hueck-Nipperdey* II 1, S. 820, Nachtrag zu S. 65/66 sowie in Bd. II 2, S. 1629, Nachtrag zu S. 64.

[44] Siehe dazu hier § 9 B III.

[45] Schreiben des Bundesministers des Inneren an den Vorsitzenden des DGB, abgedruckt in RdA 1966, 215.

[46] BVerfGE 4, 101.

[47] BVerfG, ebd.

Sinn hat, wenn ihr der reale Wirkungskreis entzogen werden kann, erweiterte das Bundesverfassungsgericht die institutionelle durch eine funktionelle Garantie; Art. 9 Abs. 3 GG soll der einzelnen Koalition ein Recht auf spezifisch koalitionsgemäße Betätigung zur Erreichung ihres Koalitionszwecks geben. „Die durch Art. 9 Abs. 3 GG gewährleistete Koalitionsfreiheit ist nur dann sinnvoll, wenn die Rechtsordnung den Koalitionen die Möglichkeit gibt, durch spezifisch koalitionsgemäße Betätigung die in Art. 9 Abs. 3 GG genannten Zwecke zu verfolgen, nämlich die Arbeits- und Wirtschaftsbedingungen ihrer Mitglieder zu wahren und zu fördern[48]."

In einem ersten umfangreicheren Versuch allgemeiner grundrechtstheoretischer Betrachtung versucht *Säcker*[49] mit dem Hinweis auf die Bedeutung von legislativer und judikativer Grundrechtskonkretisierung eine dogmatische Einordnung der aus der Rechtsprechung des Bundesverfassungsgerichts gewonnenen Erkenntnisse. So unterscheidet er in bildhafter Einprägsamkeit zwischen der Koalitionsbestandsgarantie[50], der Koalitionswohlgarantie[51], welche institutionell gesichert sein sollen, sowie der funktionalen Koalitionszweckgarantie[52] und der instrumentellen Koalitionsmittelgarantie[53].

Vollkommen von der schon gefestigt erscheinenden Sicht des Art. 9 Abs. 3 GG als eines Doppelgrundrechts mit sowohl individuellem als

---

[48] BVerfGE 17, 333; zust. BGHZ 42, 210; 50, 325; BAG AP Nr. 10, 13, 14 zu Art. 9 GG; *Adomeit*, RdA 1964, 311 f.; *Biedenkopf*, Tarifautonomie, S. 102; ders., Gutachten, S. 113; *Bogs*, AR-Blattei D, Vereinigungsfreiheit I B I 3 c; *Brox*, BB 1965, 1322; *Brox-Rüthers*, S. 41, 43; *Maunz-Dürig-Herzog*, Art. 2 I Rdn. 11; *Evers*, S. 13; *Fenn*, JuS 1965, 181; *Galperin*, Festschrift für Bogs, S. 100 f.; ders., AuR 1965, 1; *Gamillscheg*, S. 24 ff.; *Giese-Schunck*, Art. 9 Anm. II 3; *Hanau*, JuS 1969, 214; *Hesse*, S. 157; *Hoffmann*, AuR 1969, 73; *E. R. Huber*, II S. 381 f.; *A. Hueck*, S. 33; *Hueck-Nipperdey* II 1, § 9; *G. Küchenhoff*, RdA 1969, 103; *Krüger*, Gutachten, S. 19 f.; *Kunze*, BB 1964, 1311; *Leibholz- Rinck*, Art. 9 Anm. 7; *Lerche*, Arbeitskampf, S. 25 ff.; *Martens*, S. 161; *Maunz*, S. 159; *Mayer-Maly*, RdA 1966, 201; *Misera*, S. 26 f.; *G. Müller*, RdA 1964, 123; ders., S. 31 f.; ders. in Duvernell, S. 54; *Preuß*, S. 170 ff.; *Reuß*, S. 157; *Richardi*, S. 77 ff.; *Ridder*, S. 31 f.; *Rüthers*, Streik, S. 19 ff.; ders., Mitgliederwerbung, S. 28 ff.; *Säcker*, BB 1966, 700 f.; *Scheuner*, S. 28 ff.; *Schmidt-Bleibtreu-Klein*, Art. 9 Rdn. 16; *Schnorr*, RdA 1955, 3 ff.; ders., Festschrift für Molitor, S. 230 ff.; ders., JR 1966, 329 f.; *Söllner*, S. 56 f.; ders., AuR 1966, 262; *Stein*, S. 169; *W. Weber*, OLG-Celle-Festschrift, S. 242 ff.; ders., BB 1964, 765; ders., Koalitionsfreiheit, S. 14 ff.; ders., DVBl. 1969, 417; *Zöllner*, SAE 1966, 163; *Schwendy*, S. 77 ff. Einen kollektiven Schutz nur durch Art. 2 Abs. 1 GG i. V. m. Art. 19 Abs. 3 GG bejahen *Ramm*, Arbeitskampf, S. 173 ff.; ders., JuS 1966, 229; *Wernicke*, BK Art. 9 Anm. II 3d; dagegen zutreffend *Hueck-Nipperdey* II 1, S. 136, Fußn. 5; *Scheuner*, S. 14 ff.; *Schnorr*, RdA 1955, 3 (5).

[49] *Säcker*, S. 33 ff.; ders., nochmals in Gruppenautonomie und Übermachtkontrolle im Arbeitsrecht, S. 235 ff.; dazu die kritischen Besprechungen von *Hanau*, NJW 1971, 1402; *Richardi*, ZfA 1970, 85 sowie *Scholz*, RdA 1970, 210.

[50] *Säcker*, S. 33 ff.

[51] *Säcker*, S. 61 ff.

[52] *Säcker*, S. 39 ff.

[53] *Säcker*, S. 69 ff.

auch kollektivem Charakter weicht neuerdings *Scholz* in seiner Habilitationsschrift ab[54]. Nach seiner Auffassung geben weder Art. 9 Abs. 1 GG noch Art. 9 Abs. 3 GG ein Grundrecht der Vereinigung ab. Vielmehr erweise sich die Koalitionsfreiheit ihrem Wortlaut und ihrem Entstehungsgrund entsprechend als ausschließliches Individualgrundrecht. Art. 9 Abs. 3 GG schütze den gesamten Vorgang des kollektiven Koalitionsdaseins und -wirkens nur in der Person der sich vereinigenden Individuen[55]. Deshalb stellten Koalitionsbestand und Koalitionsbetätigung nur unselbständige Objektivationen des Individualgrundrechts aus Art. 9 Abs. 3 GG dar[56]. Die verbandsrechtliche Seite der Koalitionsfreiheit komme erst im Rahmen des Art. 19 Abs. 3 GG zum Zuge, der den organisations- und verfahrensrechtlichen Bedürfnissen des Koalitionswesens Rechnung trage und den Verband mit eigener Grundrechtssubjektivität ausstatte[57]. Der Fehler der h. M. liege in der Verwechslung des Grundrechtsobjekts Vereinigung mit dem Grundrechtssubjekt Vereinigung[58].

Scholz kann man zunächst nicht entgegenhalten, daß der Verband sich als Träger von Rechten und Pflichten in der Rechtsentwicklung seit der Diskussion um die Rechtsnatur der juristischen Person allgemein durchgesetzt hat. Er erkennt ja die Grundrechtssubjektivität der Vereinigung durchaus an, nur sieht er sie statt durch Art. 9 Abs. 3 GG durch Art. 19 Abs. 3 GG gewährleistet, was zur Unterscheidung zwischen Grundrechtsträger und Grundrechtssubjekt führt. Nachdem von der Lehre über die reale Verbandspersönlichkeit, in der die Entwicklung der Sicht eines Zusammenschlusses von einzelnen Individuen als eines selbständigen lebenden Etwas ihren Höhepunkt fand, die Wirklichkeit der zusammengesetzten Person überbetont und sie dem menschlichen Lebewesen gleichgesetzt wurde, ist man sich in der modernen Sicht des Verbandes durchaus bewußt, daß die rechtliche Gleichstellung von Verband und Individuum nur bildhaften Erklärungswert haben kann[59]. Es ist damit selbstverständlich, daß letzten Endes durch den Schutz des Kollektivs immer nur der einzelne geschützt werden soll, mit anderen Worten, grundrechtliche Betätigung steht den Verbänden nicht um ihrer selbst willen, sondern nur um der in ihnen zusammengeschlossenen Mitglieder willen zu.

Hält man sich dies vor Augen, so handelt es sich bei der Frage, ob Art. 9 Abs. 3 GG selbst die Koalition als solche schützt oder dieser Schutz nur auf dem Wege über Art. 19 Abs. 3 GG hergestellt wird, zunächst um die angewandte Rechtstechnik. Hier mag es angängig sein, für die Grund-

---

[54] *Scholz*, Koalitionsfreiheit als Verfassungsproblem, S. 135 ff.;; vgl. auch ders., RdA 1970, 210.

[55] *Scholz*, S. 138.

[56] *Scholz*, S. 136.

[57] *Scholz*, S. 138.

[58] *Scholz*, S. 140.

[59] Vgl. dazu *Soergel-Siebert-Schultze von Lasaulx*, vor § 21 Rdn. 16.

rechtssubjektivität des Verbandes Art. 19 Abs. 3 GG hinzuzuzitieren, da ansonsten diese Vorschrift überflüssig wäre. Art. 19 Abs. 3 GG stellt jedoch nur die generelle Anwendbarkeit fest und läßt den Inhalt des Grundrechts unberührt. Folgerichtig bestimmt *Scholz* denn auch Inhalt und Grenzen der Betätigungsfreiheit des Kollektivs aus denen der individuellen Betätigungsfreiheit[60]. Diese Konsequenz hebt die Problematik über die reine rechtstechnische Ebene hinaus. Ohne hier im einzelnen auf die Schrankenproblematik bei Art. 9 Abs. 3 GG einzugehen, scheint mir eine solche rein individuelle Sicht der Koalitionsfreiheit die Bedeutung der Gemeinschaftsgebundenheit des Individuums zu unterschätzen. Allein schon die stärkere Quantität der Freiheitsausübung im Kollektiv, die den Freiheitsraum der nicht dem Kollektiv angehörenden Personen bedeutend stärker einschränken kann als die Einzelbetätigung, läßt es nicht gerade angebracht erscheinen, kollektive und individuelle Grundrechtsausübung mit einem Maß zu messen. Die rein individuelle Sicht des Art. 9 Abs. 3 GG wird der unterschiedlichen Rangordnung der Betätigung des Menschen als unabhängiges Individuum und als Mitglied eines Kollektivs in einer umweltgebundenen Gesellschaft nicht gerecht. Nachdem lange Zeit Art. 9 Abs. 3 GG als das einzige Gruppengrundrecht angesehen wurde[61], ist diese Erkenntnis mittlerweile vom Bundesverfassungsgericht auch auf andere Grundrechte, in deren Feld sich die Hauptbetätigung des Individuums auf kollektiver Ebene abspielt, so z. B. Art. 4 GG, übertragen worden[62].

Angesichts der differenzierenden Spannweite des kollektiven Koalitionsrechts bietet sich der Gedanke geradezu an, die Gewährleistung jedweder Art von Betätigung von Koalitionen an Art. 9 Abs. 3 GG zu messen. Sind die in Art. 9 Abs. 3 GG genannten Aufgaben von Verfassung wegen von den Koalitionen wahrzunehmen, so wird ihnen dafür auch von Verfassung wegen ein Instrumentarium garantiert (Koalitionsmittelgarantie), dessen nähere Bestimmung jedoch dem einfachen Gesetzgeber vorbehalten ist. „Wenn also die in Art. 9 Abs. 3 GG garantierte Koalitionsfreiheit nicht ihres historisch gewordenen Sinnes beraubt werden soll, so muß im Grundrecht des Art. 9 Abs. 3 GG ein verfassungsrechtlich geschützter Kernbereich auch in der Richtung liegen, daß ein Tarifvertragssystem im Sinne des modernen Arbeitsrechts überhaupt bereitzustellen ist und daß Partner dieser Tarifverträge notwendig freigebildete Koalitionen sind[63].“ Obwohl die Besonderheit des Tarifvertrages in seinem normativen Teil liegt, könnten damit auch die in ihm enthaltenen schuld-

---

[60] *Scholz*, S. 325 f.

[61] *von Mangoldt-Klein* I, S. 327.

[62] BVerfGE 19, 129; 24, 236.

[63] BVerfGE 4, 106; ausgebaut in BVerfGE 18, 26; vgl. dazu statt aller *Säcker*, S. 69 ff.; in BVerfGE 20, 317 wird klargestellt, daß der Gesetzgeber einen Spielraum zur Ausgestaltung der Tarifautonomie hat.

rechtlichen Abreden als Mittel der spezifischen koalitionsgemäßen Betätigung in Art. 9 Abs. 3 GG enthalten sein. Gestärkt wird diese Folgerung durch die Ansicht, die ganz allgemein bestimmte Ausformungen der Vertragsfreiheit als Annexinstitute nicht in Art. 2 Abs. 1 GG sondern anderen, in ihrem Aussagegehalt näher bestimmbaren Freiheitsrechten zuordnen will[64].

D. Konkurrenz zwischen Art. 2 Abs. 1 GG und Art. 9 Abs. 3 GG

I. Einengung des Problemkreises

Nach der Rechtsprechung des Bundesverfassungsgerichts und der überwiegenden Literaturmeinung wird das Verhältnis von Art. 2 Abs. 1 GG und Art. 9 Abs. 3 GG als Konkurrenzproblem behandelt. Art. 2 Abs. 1 GG sei das Auffanggrundrecht, das „Muttergrundrecht"[65], dem die einzelnen Freiheitsgrundrechte als leges speciales vorgingen[66]. Mit dem Begriff Spezialität ist, überträgt man die im Strafrecht und Zivilrecht geltenden Grundsätze[67] auf das Verfassungsrecht, notwendigerweise die Vorstellung von zwei sich teilweise deckenden Kreisen verbunden, wobei das untersuchte Problem innerhalb der von beiden Kreisen überdeckten Zone liegt, mit anderen Worten der Tatbestand beider Normen muß erfüllt sein[68]. Es kann jedoch noch nicht davon gesprochen werden, daß sich diese Sicht des Verhältnisses von Art. 2 Abs. 1 GG zu Art. 9 Abs. 3 GG überall

---

[64] So *Nipperdey-Wiese*, S. 886 Anm. 594; *W. Weber*, HGR II, S. 352 ff.; *Maunz-Dürig-Herzog*, Art. 2 Rdn. 53 m. w. N.; *Laufke*, S. 156; *Stern*, S. 64 f. (alle größtenteils zu Art. 12 und 14 GG). Gegen eine solche „Aufsplitterung" der Vertragsfreiheit *H. Huber*, Vertraglsfreiheit, S. 9 f.

[65] Der Ausdruck „Muttergrundrecht" ist nicht ganz glücklich gewählt und sollte zugunsten einer sachlicheren Ausdrucksweise vermieden werden. Zu den sich daran anknüpfenden Mißverständnissen *Maunz-Dürig-Herzog*, Art. 2 I Rdn. 7.

[66] Vgl. BVerfGE 1, 264 (273); 6, 32 (37); 9, 73 (77); 9, 83 (88); 9, 338 (343); 10, 55 (58); 10, 221 (225); 10, 185 (199); 11, 234 (238); 19, 206 (225); 19, 303 (320); 21, 227 (234); BVerfG NJW 1966, 147 (149); 1969, 738 741); BGHSt. 4, 385 (390); 8, 327 (337); 10, 344 (347 f.); BVerwGE 8, 14 (15); 19, 339 (341); BAG AP Nr. 8 zu § 232 ZPO; BSGE 4, 54 (56); OVG Hamburg DVBl. 1953, 536; OVG Münster DVBl. 53, 474; NJW 1954, 1622; OVG Rhld.-Pfalz DÖV 1954, 280, LVG Oldenburg NJW 1951, 248; OLG Köln NJW 1953, 78/79 und 1846; *Böckenförde-Greiffenhagen*, JuS 1966, 362; *Hesse*, S. 18 ff.; *von Hippel*, S. 51 Fußn. 14; *Maunz-Dürig-Herzog*, Art. 2 I Anm. 7 f.; *Laufke*, S. 159 mit zahlreichen Angaben über das ältere Schrifttum in Fußn. 64; *F. Müller*, S. 13 ff., 24; *Nipperdey-Wiese*, S. 760 ff.; *Säcker*, BB 1966, 1031; ders., S. 25; *Schmidt*, AöR 91, 42 (56 f.); *Wernicke*, BK Art. 2 Erl. II 1b.

[67] Für das Strafrecht *Schönke-Schröder*, Vorbem. § 73 Rdn. 64 f. 81; für das Zivilrecht *Dietz; Georgiades; Schmidt; Rudolf* (s. Literaturverzeichnis).

[68] Vgl. dazu für das Konkurrenzproblem bei Grundrechten *Berg*, S. 127; *Stern*, S. 56 f.; für das Strafrecht *Schönke-Schröder*, ebd., Rdn. 64; *Baumann* AT, § 38 II 3 b.

durchgesetzt hat[69]. Auch das Bundesverfassungsgericht selbst folgt nicht konsequent seiner durch das *Elfes*-Urteil eingeschlagenen Linie, wenn es an anderer Stelle eine Verwaltungsmaßnahme unter dem Gesichtspunkt des Verstoßes gegen Art. 2 Abs. 1 GG prüft, ohne auf die eventuelle Spezialität anderer Grundrechtsnormen einzugehen[70]. Wie die Tatsache zeigt, daß das Konkurrenzverhältnis weitgehend anhand von Beeinträchtigungen des Bürgers durch Eingriffe der Verwaltung erörtert wird[71], sieht man die Problematik des Verhältnisses von Grundrechtsnormen überhaupt und insbesondere der stärker konkretisierten Normen zu Art. 2 Abs. 1 GG hauptsächlich in der differenzierten und abgestuften Schrankensystematik[72]. Dabei wird insbesondere Wert auf die verschiedene Einschränkbarkeit mittels der Vorbehaltsschranken gelegt[73]. Wie oben schon dargelegt, geht es hier jedoch zunächst um eine Abgrenzung der unterschiedlichen Gewährleistungsbereiche von Art. 9 Abs. 3 und Art. 2 Abs. 1 GG. Dabei könnte sich der Ausschluß von Art. 2 Abs. 1 GG gegenüber Art. 9 Abs. 3 GG ausgehend von der Schrankensystematik *Kleins*[74] aus persönlichen sowie aus sachlichen Gewährleistungsschranken, diese wieder untergliedert in immanente und systematische sachliche, ergeben.

Persönliche Gewährleistungsschranken greifen im Hinblick auf Art. 2 Abs. 1 GG für die Koalitionen nicht ein. Es ist grundsätzlich denkbar und auch sinnvoll, einer Personengesamtheit die allgemeine Verhaltensfreiheit zumindest in Teilbereichen zuzusprechen. Auch immanente sachliche Gewährleistungsschranken schließen die Anwendung des Art. 2 Abs. 1 GG auf die Koalitionen nicht aus. Diese müßten sich nämlich aus dem Begriff des gewährleisteten Objekts ergeben[75]. Sieht man von dem in Art. 9 Abs. 3 GG niedergelegten Regelungsgehalt ab, so ist kein Grund ersichtlich, schuldrechtliche Vereinbarungen zwischen den Koalitionspartnern aus dem Begriffskomplex Vertrag zu isolieren. Gerade wenn man das zivilrechtliche Instrument des Vertrages als Mittel zur Herstellung ökonomisch-marktkonformer Austauschgerechtigkeit ansieht[76], kann der schuldrechtliche Teil des Tarifvertrages dazu

---

[69] Vgl. die Übersicht und Kritik bei *Berg*, S. 122 ff.

[70] BVerfGE 8, 274 (327/8); 17, 306 (319).

[71] *Berg*, S. 121 ff.

[72] Bezeichnend *Berg*, S. 128: „Zwar ist nach der hier vertretenen Ansicht nichts dagegen einzuwenden, daß verschiedene Freiheitsrechte in ihren Gewährleistungsschranken nebeneinander angewandt werden ..." (ähnlich S. 80, 82 f., 85 f.).

[73] Vgl. *Wehrhahn*, AöR 82, 259 ff.; *Erbel*, S. 122 ff.; auch *Berg*, S. 128 und 99. Wenn mit den dort angesprochenen Schranken auch der Gewährleistungsbereich angesprochen sein sollte (die Gewährleistungsschranken Kleins), so könnte dieser Ansicht zugestimmt werden. Aus dem Sinnzusammenhang der Ausführungen ergibt sich jedoch, daß nur nachträgliche Einschränkungen des Grundrechts durch den einfachen Gesetzgeber gemeint sind.

[74] *von Mangoldt-Klein* I, Vorbem. B XV.

[75] *von Mangoldt-Klein*, ebd., S. 124 f.

[76] Vgl. dazu etwa *Bartholomeyczik*, AcP 166, 30; *Zweigert* in Festschrift für Rheinstein (1969), Bd. II S. 493; *Bartholomeyczik-Benisch*, Das Gegengewichtsprinzip in der Wirtschaftsordnung II (1967); *R. Hoffmann*, Rechtsfortschritt durch gewerkschaftliche Gegenmacht (1968).

dienen, die äußeren Bedingungen für diese Marktgerechtigkeit auf dem ökonomischen Teilsektor des Arbeitsmarktes zu schaffen, die im einzelnen aufgrund der lohnmäßigen Festsetzung der Arbeitsbedingungen im normativen Teil verwirklicht wird. Ein Ausschluß des Art. 2 Abs. 1 GG für die Prüfung der Reichweite schuldrechtlicher Tarifvertragsabreden kann sich mithin höchstens aus dem Begriff der systematischen sachlichen Gewährleistungsschranken ergeben.

II. Entscheidungskriterien aus dem Begriff der sachlichen systematischen Gewährleistungsschranken

Grenzen des systematischen sachlichen Gewährleistungsbereichs ergeben sich aus dem gegenseitigen Verhältnis der entsprechenden Grundrechtsbestimmungen zueinander, d. h. dann, wenn eine Grundrechtsbestimmung mit einem weiteren Gewährleistungsbereich gleichzeitig mit einer solchen, die einen engeren Gewährleistungsbereich aufweist, in Anspruch genommen werden könnte[77]. So sieht das Bundesverfassungsgericht Art. 2 Abs. 1 GG beim Zusammentreffen mit anderen Freiheitsrechten als Auffanggrundrecht an: „Neben der allgemeinen Handlungsfreiheit, die Art. 2 Abs. 1 GG gewährleistet, hat das Grundgesetz die Freiheit menschlicher Betätigung für bestimmte Lebensbereiche, die nach den geschichtlichen Erfahrungen dem Zugriff der öffentlichen Gewalt besonders ausgesetzt sind, durch besondere Grundrechtsbestimmungen geschützt ... Soweit nicht solche besonderen Lebensbereiche grundrechtlich geschützt sind, kann sich der einzelne bei Eingriffen der öffentlichen Gewalt in seine Freiheit in Art. 2 Abs. 1 GG berufen[78].“ An anderer Stelle heißt es, speziell auf die Vertragsfreiheit bezogen[79]: „Als Ausfluß der allgemeinen Handlungsfreiheit schützt Art. 2 Abs. 1 GG auch die Vertragsfreiheit, soweit sie nicht durch besondere Grundrechtsbestimmungen gewährleistet ist“. In ähnlicher Richtung wird bei der Frage der Zulässigkeit von Werbetätigkeit der Gewerkschaften in den Betrieben ausgeführt[80]: „Der durch das Grundrecht der Koalitionsfreiheit geschützte Betätigungsbereich der Koalitionen kann nur nach der speziellen Vorschrift des Art. 9 Abs. 3 GG bestimmt werden; Art. 2 Abs. 1 GG muß hierfür außer Betracht bleiben“.

Folgt man dieser Rechtsprechnung des Bundesverfassungsgerichts, so geht tatsächlich Art. 9 Abs. 3 GG dem Art. 2 Abs. 1 GG als Auffanggrundrecht vor. Nach allgemeinen Konkurrenzregeln kann das aber nur für den Fall gelten, daß der Tatbestand des Art. 9 Abs. 3 GG auch wirklich erfüllt ist, mit anderen Worten dann, wenn es sich um die Regelung

---

[77] *von Mangoldt-Klein* I, S. 125.

[78] BVerfGE 6, 32 (37).

[79] BVerfGE 8, 274 (328).

[80] BVerfGE 19, 303 (320 f.); dem BVerfG folgend BAG AP Nr. 10 zu Art. 9 GG.

der Arbeits- und Wirtschaftsbedingungen handelt[81]. Hier erscheint es durchaus diskutierbar und auf den ersten Blick auch sinnvoll, die Vertragsfreiheit als instrumentelle Gewährleistung in Form eines Annexinstitutes in Art. 9 Abs. 3 GG mitverankert zu sehen. Jedenfalls nicht aus den Konkurrenzregeln bei einem traditionellen Grundrechtsverständnis kann sich aber die weitere Aussage ergeben, wie sie von *Säcker* getroffen wird[82], den Koalitionen sei allgemein die Berufung auf Art. 2 Abs. 1 GG als subsidiäre verfassungsrechtliche Aufgabenzuständigkeit verwehrt. So stellt auch das Bundesverfassungsgericht[83] in einer späteren Entscheidung klar: „Das (Vorrang des besonderen Freiheitsrechts) gilt aber nur, soweit eine Verletzung des Art. 2 Abs. 1 GG unter demselben sachlichen Gesichtspunkt in Betracht kommt, nicht aber, wenn Art. 2 Abs. 1 GG unter einem Gesichtspunkt verletzt ist, der nicht in den Bereich der besonderen Grundrechtsnorm fällt".

Zur Untermauerung dieser letzten These des Bundesverfassungsgerichts braucht man nur ein banales Beispiel der Teilnahme der Koalitionen am allgemeinen Wirtschaftsverkehr aufzuführen: Wird es der Gewerkschaft staatlicherseits untersagt, ihren Kohlenbedarf für ihr Verwaltungsgebäude bei einem billigeren Kohlenhändler einzudecken und ihr aufgegeben, ihren Bedarf bei einer in staatlichem Mehrheitsbesitz stehenden Kohlengesellschaft zu decken —, soll sie dann grundrechtlich ungesichert sein, weil Geschäfte der Bedarfsdeckung sicherlich nicht zu dem durch Art. 9 Abs. 3 GG geschützten Bereich spezifisch koalitionsgemäßer Betätigung gehören oder soll sie sich hier auf die durch Art. 2 Abs. 1 GG geschützte allgemeine Vertragsfreiheit berufen können? An dem letzteren Ergebnis dürften sich wohl kaum Zweifel erheben[84]. Nun wird dagegen sicherlich der Einwand kommen, daß es sich hier ja nicht um einen Tarifvertrag handele und dieses Beispiel deshalb für die Erkenntnis der Zusammenhänge von normativem und schuldrechtlichem Teil des Tarifvertrages unbrauchbar sei. Neben solchen Betätigungen der Koalitionen, die eindeutig der Teilnahme am allgemeinen privatwirtschaftlichen Verkehr zuzuordnen sind, und der auf die Förderung der Arbeits- und Wirtschaftsbedingungen gerichteten Tätigkeit lassen sich aber auch Zwischenfelder denken, die zwar nicht zum Regelungskomplex der Arbeits- und Wirtschaftsbedingungen gehören, aber dennoch in einem so engem Zusammenhang damit stehen, daß bei ihrem Vorliegen wegen ihrer „Sachnähe" oder kraft „Sachzusammenhangs"[85] eine Berufung auf

---

[81] So auch *F. Müller*, S. 15.

[82] *Säcker*, S. 56 und 147.

[83] BVerfG DVBl. 1966, 26 (29).

[84] Vgl. dazu *Ridder*, S. 36.

[85] Zur Zuständigkeit kraft „Sachzusammenhangs" im Verfassungsrecht BVerfGE 3, 407 (421); *Dennewitz*, BK Art. 30 Erl. II 2; *E. Küchenhoff*, AöR 82, 417 ff.; *Maunz-Dürig-Herzog*, Art. 70 Rdn. 26; Art. 30 Rdn. 15 m. w. N.

das allgemeine Auffanggrundrecht des Art. 2 Abs. 1 GG ausgeschlossen sein könnte. Dieser „Indifferenzbereich“[86] enthält die eigentliche Problematik und stellt ein Dunkelfeld auf dem Gebiet der Grundrechtskonkretisierung dar[87]. So wird gerade im Hinblick auf die Außenseiterproblematik auf der einen Seite betont, sekuritätspolitische Maßnahmen gehörten nicht — auch nicht als Annex — zur Regelung der Arbeits- und Wirtschaftsbedingungen, auf der anderen Seite wird den Koalitionen verwehrt, ihre Handlungsmacht unter Rückgriff auf den allgemeinen Art. 2 Abs. 1 GG auf diesem Gebiet zu erweitern[88].

Als grundrechtstheoretische Zuordnungskreise für die schuldrechtliche Vereinbarungsbefugnis der Koalitionen lassen sich mithin deren drei erkennen: Einmal der Bereich der Teilnahme am allgemeinen privaten Wirtschaftsleben, in dem die Geltung des Art. 2 Abs. 1 GG für die Koalitionen nicht ernsthaft bestritten werden kann, sodann eine Pufferzone, die zwar noch nicht zur funktionalen Dimension der Ordnung des Arbeitslebens im Sinne des Art. 9 Abs. 3 GG zu zählen ist, sich aber dennoch in ihrer spezifischen Zielsetzung von dem ersten Kreis unterscheidet, sowie der Bereich der Arbeits- und Wirtschaftsbedingungen.

III. Verhältnis von Art. 2 Abs. 1 GG und Art. 9 Abs. 3 GG im Regelungskomplex der Arbeits- und Wirtschaftsbedingungen

1. *Auffassungen, nach denen Art. 2 Abs. 1 GG als lex generalis anzusehen ist*

Daß nach der Ansicht des Bundesverfassungsgerichts eine Berufung auf das Grundrecht der allgemeinen Handlungsfreiheit nur dann zugelassen werden soll, wenn die zu beurteilenden Lebensbereiche nicht in anderen Bestimmungen grundrechtlich geschützt sind, wurde oben schon erwähnt. Dieser Rechtsprechung haben sich im grundsätzlichen auch das Bundesverwaltungsgericht und ein großer Teil der Literatur angeschlossen[89], wenn hinsichtlich der Anwendbarkeit der in Art. 2 Abs. 1 GG genannten Schranken auf die übrigen Grundrechte als leges speciales auch stark differierende Auffassungen bestehen[90]. Begründet wird diese Ansicht weitgehend mit der Überlegung, die

[86] *Berg*, S. 137: „Zahllose Verhaltensweisen gehören einem ‚Indifferenzbereich‘ an, der nur in einer rein äußerlichen, zufälligen Verbindung mit einem Grundrecht steht.“

[87] Ähnliches meint wohl *Richardi*, S. 202, wenn er — speziell bezogen auf das Verhältnis normativer und schuldrechtlicher Abreden in Tarifverträgen — die Abreden, welche die Rechtsverhältnisse Dritter zum Gegenstand haben, in solche unterscheidet, die sich auf die abhängige Arbeit „beziehen“ und solche, die außerhalb dieses Bereichs stehen.

[88] Vgl. *Säcker*, S. 56 und 147.

[89] Siehe oben Fußn. 66.

[90] Vgl. die Gegenüberstellung der Meinungen bei *Berg*, S. 122 ff., der die Untersuchung des Verhältnisses von Art. 2 Abs. 1 GG zu den anderen Freiheitsrechten ganz unter dem Gesichtspunkt ihrer Einschränkbarkeit vornimmt.

pouvoir constituant habe zu dem gesetzestechnischen System der General- und Spezialklausel greifen müssen, da es ihr unmöglich gewesen sei, ihrem Ziel, eine Präponderanz der menschlichen Freiheit gegenüber der in einem modernen Industriestaat bestehenden Allmacht der Staatssphäre herzustellen, durch eine Vielzahl von notwendig lückenhaften Einzelgewährleistungen nachzukommen[91].

2. Auffassungen, nach denen Gleichrangigkeit des Art. 2 Abs. 1 GG mit den übrigen Freiheitsrechten anzunehmen ist

Gegengüber dieser Auffassung wird zum Teil geltend gemacht, daß bei einer solchen Deutung die Einzelfreiheitsrechte nicht Spezialisierungen, sondern „zum größten Teil überflüssige und selbstverständliche Wiederholungen des Grundrechts des Art. 2 Abs. 1 GG für einzelne Sachbereiche“[92] seien[93]. Die Spezialisierungen könnten sich nach dieser Ansicht sinnvoll nur auf die Schranken der Grundrechte beziehen. Dieser Argumentation hat teilweise auch das Bundesverfassungsgericht Nahrung gegeben, indem es, ohne im grundsätzlichen von seiner Spezialitätstheorie abzugehen, die Rechtmäßigkeit einer Maßnahme nur an Art. 2 Abs. 1 GG maß, ohne auf andere Grundrechtsbestimmungen einzugehen[94]. In anderen Stellungnahmen bleibt wiederum offen, ob sie sich nur gegen eine automatische Übernahme der Schranken der verfassungsmäßigen Ordnung auf andere Grundrechte wenden, was praktisch dazu führte, daß sich die einfachen Gesetze nicht an der Verfassung ausrichten müßten, sondern die Verfassung nur im Rahmen einfacher Gesetze garantiert sei, oder ob sie die Spezialität der besonderen Freiheitsrechte nicht nur im Hinblick auf ihre erschwerte Einschränkbarkeit mittels der Vorbehaltsschranken sondern auch im Gewährleistungsbereich betonen wollen[95].

---

[91] BVerfGE 6, 32 (37); *Säcker*, S. 25; *Laufke*, S. 159 f.; *Maunz-Dürig-Herzog*, Art. 2 I Rdn. 7, 8.

[92] So BVerwGE 1, 48 (51). Das BVerwG bezieht sich mit dieser Äußerung auf ein Gutachten des BGH (DVBl. 1953, 472), der sich weigert, in Art. 2 Abs. 1 GG „die Mutter der übrigen personenbezogenen Grundrechte“ zu sehen. Anschaulich schildert *Maunz-Dürig-Herzog*, Art. 2 I Rdn. 7 die Entstehung eines von *Nipperdey*, Die soziale Marktwirtschaft, S. 6, zu Recht belächelten Mutterkomplexes, der zu einer völligen Leugnung eines näheren Verhältnisses von Art. 2 Abs. 1 GG und den übrigen Freiheitsrechten überhaupt führte. Inzwischen hat sich der BGH in BGHZ 24, 72 (78) aber ebenfalls der Ansicht des BVerfG angeschlossen. Anders aber nochmals BVerwGE 2, 295 (298).

[93] Aus dem Schrifttum am weitestgehenden wohl *Forsthoff*, Zur Problematik der Verfassungsauslegung; ders., DÖV 1963, 633 ff.; ders., Carl-Schmitt-Festschrift, S. 31, der ausgehend von der betont liberalen, bürgerlich-rechtsstaatlichen Verfassungslehre Carl Schmitts einen „normimmanenten, systematischen Zusammenhang“ (*Forsthoff*, Verfassungsauslegung, S. 40) zwischen den einzelnen Grundrechten und damit den Charakter des Art. 2 Abs. 1 GG als lex generalis absolut leugnet (*Forsthoff*, ebd., S. 43). Ähnlich *Hamel*, S. 30; *Scheuner*, DVBl. 1958, 845, Fußn. 3 und S. 846; ders., DÖV 1956, 69; *Bachof*, HGR III 1, S. 167; *Arndt*, NJW 1965, 430; anscheinend auch *Nikisch* II, S. 208.

[94] BVerfGE 8, 274 (327/8); 17, 306 (319). Zur Inkonsequenz der einzelnen Entscheidungen *Schmidt*, AöR 91, 50 (52).

[95] *Stern*, S. 65.

3. Spezialität des Art. 2 Abs. 1 GG im „Persönlichkeitskernbereich"

In diametral entgegengesetzter Position zur Rechtsprechung des Bundesverfassungsgerichts und zur h. M. nimmt *Berg*[96] eine Spezialität des Art. 2 Abs. 1 GG gegenüber den einzelnen Freiheitsrechten in einem Persönlichkeitskernbereich an[97]. Berg geht davon aus, daß Art. 2 Abs. 1 GG die freie Entfaltung des Kernbereiches der gemeinschaftsgebundenen Persönlichkeit schützt[98]. Auch die besonderen Freiheitsrechte schützten diesen Persönlichkeitskern, aber jedes nur in einem bestimmten Ausschnitt, so Art. 4 GG auf dem Gebiet der Religion, Art. 5 auf dem Gebiet der Meinungsäußerung und Kunst, Art. 6 GG auf dem Gebiet der Ehe und Familie[99]. Sähe man nun diese Ausschnittsgewährleistungen als leges speciales gegenüber Art. 2 Abs. 1 GG an, so müßten sie für diesen Ausschnitt auch eine gegenüber Art. 2 Abs. 1 GG andere Regelung treffen, was aber nicht der Fall sei. Außerdem sei die Persönlichkeit ein unteilbares Ganzes, die nicht in eine „meinungsäußernde" und eine „religiöse" und so weiter aufgespalten werden könnte[100]. Art. 2 Abs. 1 GG bilde damit eine Art Grundtatbestand, auf dem alle anderen Freiheitsrechte aufbauten. Der von dem Kernbereich zu trennende Außenbereich hingegen soll einzig und allein der Wirkungsbereitschaft der Einzelgrundrechte überlassen sein[101].

4. Eigene Entscheidung

Die Lehre *Bergs* ist nur aufgrund seiner Auslegung des Art. 2 Abs. 1 GG im Sinne der Persönlichkeitskerntheorie, die hier abgelehnt wurde, verständlich. Sieht man den Sinn des Art. 2 Abs. 1 GG in einer liberalen Willkürfreiheit, so erfaßt die allgemeine Handlungsfreiheit des Art. 2 Abs. 1 GG alle Bereiche, die auch durch die besonderen Grundrechte gedeckt werden. Wenn überhaupt eine Norm durch die andere ausgeschlossen werden soll, so kann wegen der stärkeren inhaltlichen Konkretisierung und Spezialisierung nur das besondere Grundrecht dem allgemeineren vorzuziehen sein. Dies folgt schon aus dem rechtstechnischen Begriff der Spezialität, der das Verhältnis zweier Normen bezeichnet, die beide einen kongruenten Tatbestandsbereich haben, der durch eine zusätzliche Aussage der speziellen Norm übertroffen wird[102]. So ist es denn auch von seinem Standpunkt aus ein Widerspruch in sich, wenn Berg einerseits laufend von *besonderen* Grundrechten redet, andererseits eine Spezialität

---

[96] *Berg*, S. 126 ff.

[97] Eine ähnliche Interpretation der Art. 9 Abs. 3 GG, 2 Abs. 1 GG findet sich bei *Nipperdey* in Hueck-Nipperdey II 1, S. 148 ff. mit Anm. 34. Danach soll Art. 9 Abs. 3 GG nur die Gesamtrichtung, Art. 2 Abs. 1 GG dagegen die konkrete Einzelbetätigung schützen. Dagegen *W. Weber*, Koalitionsfreiheit, S. 35 f.; *F. Müller*, S. 24; *Schwendy*, S. 107 ff.; *Säcker*, S. 26.

[98] *Berg*, S. 116 ff.

[99] *Berg*, S. 128.

[100] *Berg*, ebd.

[101] *Berg*, S. 130.

[102] *Baumann*, § 38 II 3 b; *Schönke-Schröder*, Vor § 73 Rdn. 64; *Berg*, S. 127; *Stern*, S. 56 f.

des Art. 2 Abs. 1 GG im Persönlichkeitskernbereich annehmen will. Bergs falscher Deutungsversuch scheint seine Ursache darin zu haben, daß er das Problem nur im Hinblick auf die unterschiedlichen Vorbehaltsschranken sieht und nicht im Hinblick auf die verschiedenartige Gewährleistung[103]. Eine Übernahme der Schranken des Art. 2 Abs. 1 GG auf die übrigen Freiheitsrechte in einem Kernbereich der Persönlichkeit ließe sich aber auch begründen, ohne auf das rechtstheoretisch festgelegte Institut der Spezialität zurückgreifen zu müssen[104].

Generell ist den Auffassungen, die ein Spezialitätsverhältnis zwischen Art. 2 Abs. 1 GG und Art. 9 Abs. 3 GG leugnen, vorzuwerfen, daß sie die ineinandergreifende Funktionsweise von Generalklauseln und Spezialtatbeständen verkennen[105]. Die Generalklausel soll der zentralen Schwäche einer kasuistischen Gesetzgebungstechnik begegnen, die niemals die Gesamtzahl der Fälle, die aus Gründen der Gerechtigkeit eine Beurteilung nach dem gleichen rechtlichen Prinzip erfordern, erfassen kann. Die Spezialtatbestände wiederum dienen sowohl der Ökonomie der Rechtsanwendung als auch der Rechtssicherheit. Dem ersteren Prinzip kommt dadurch ein Nutzen zugute, daß Lösungen in typiziert wiederkehrenden Rechtsfragen, die mithilfe der Generalklausel erst nach langwierigem Auslegungsprozeß gewonnen werden könnten, aus den Spezialtatbeständen einfach abzulesen sind[106]. Das Prinzip der Rechtssicherheit wird gefördert, indem das Schwanken der Rechtsprechung bei der neuen Einführung einer Generalklausel vermieden wird. Auf diese Weise versucht die Gesetzgebungstechnik, welche die Generalklauseln durch Spezialtatbestände aufhellt, jene Entwicklung zu vermeiden, die *Hedemann*[107] in

---

[103] Siehe oben Fußn. 72.

[104] Dies zeigt sich besonders deutlich darin, daß gerade von Anhängern der Meinung, welche keine Spezialität des Art. 2 Abs. 1 GG gegenüber den besonderen Freiheitsrechten annehmen, die Schrankentrias des Art. 2 Abs. 1 GG auch gegenüber anderen Grundrechten angewandt wird. Dies wird teilweise durch eine unmittelbare Anwendung der Schranken des Art. 2 Abs. 1 GG erreicht (BGH in Goltd Archiv 61, 240; OLG Düsseldorf, JMBl. NRW 1965, 130; LG Hamburg, NJW 1963, 675; OLG Stuttgart, NJW 1963, 776; OLG Karlsruhe, JZ 1964, 761 (763); OVG Lüneburg bei Thiel, Bd. 4, S. 214 (217); OVG Münster, VerwRspr. 5, 468 (472); Hess. StGH JR 1966, 232 (235); *E. R. Huber*, I S. 661; *Giese-Schunck*, Anm. II 5 zu Art. 2; *Krauss*, FamRZ 1959, 487; *Koellreutter*, S. 56; *von Mangoldt-Klein* I, Vorbem. B XV 3 a; *Krüger*, DVBl. 1950, 627; *Maunz*, Festschrift für Laforet, S. 146/7; *Reissmüller*, JZ 1960, 531; *Schunck-de Clerck, S. 141; Wehrhahn*, RuSt. Heft 183/184, S. 22/23; *Wernicke*, BK Anm. II 1 b zu Art. 2), teilweise wird angenommen, die in Art. 2 Abs. 1 GG als dem Hauptfreiheitsrecht getroffene Wertentscheidung wirke auf die besonderen Grundrechte ein und müsse bei deren Auslegung mitberücksichtigt werden (so vor allem *Maunz-Dürig-Herzog*, Art. 2 I Rdn. 69 und 71; abweichend noch in AöR 79, 59/60, 63).

[105] Vgl. dazu *Laufke*, S. 159 f.; *von Hippel*, S. 51 ff.

[106] *Laufke*, ebd.

[107] *Hedemann*, Die Flucht in die Generalklausel. Eine Gefahr für Recht und Staat, Tübingen 1933.

seiner bekannten Schrift „Flucht in die Generalklauseln“ so eindringlich beschrieben und angewandt hat. Es findet sich denn auch der Wechsel von Generalklauseln und Spezialnormen in vielen anderen Gesetzen, bei denen ihre Zweckmäßigkeit noch nie angezweifelt worden ist, so im BGB (§§ 138, 242) und im UWG[108].

IV. Bedeutung eines institutionellen Grundrechtsverständnisses für den Harmoniesatz

1. Folgerungen Säckers aus einem institutionellen Grundrechtsverständnis

Säcker[109] versucht seine These, auch außerhalb des Bereichs der Arbeits- und Wirtschaftsbedingungen und damit auch in dem hier betrachteten Indifferenzbereich sei den Koalitionen eine Berufung auf Art. 2 Abs. 1 GG verwehrt[110], auf ein institutionelles Grundrechtsverständnis aufzubauen. Als Zwillingspaar neben dem Begriff der Institution soll der Hinweis auf das „funktionsgerechte Verhalten“ dazu dienen, die Koalitionen in der Autonomie eines durch Art. 9 Abs. 3 GG gewährleisteten sozialen Handlungssystems zu verankern[111]. So führt Säcker als Obersatz für seine folgenden Gedanken zur Grundrechtskonkretisierung aus[112]: „Das Grundgesetz hat durch Auffächerung und Verteilung von Entscheidungszuständigkeiten eine Vielzahl solcher sozialen Teilsysteme mit spezifischen Entscheidungsbereichen innerhalb der Staatsganzen verfassungsrechtlich sanktioniert und durch grundrechtliche oder grundrechtsähnliche Institutionalisierung von Freiheiten in den einzelnen Untersystemen gegeneinander abgegrenzt, um durch Begrenzung der Staatsmacht, durch Demokratisierung der Herrschaft eine offene, differenzierte Kommunikations- und Gesellschaftsordnung zu erhalten.“ Der Schluß von solchermaßen institutionell garantierten Sachkomplexen auf einen Ausschluß der allgemeinen Vertragsfreiheit außerhalb des Bereichs der Arbeits- und Wirtschaftsbedingungen wird jedoch nicht sofort verständ-

---

[108] Ein einleuchtendes Beispiel für die Gesetzgebungstechnik des Wechsels von Generalklauseln und Spezialnormen gibt *Laufke*, S. 160, Fußn. 65. In der Entscheidung RGZ 3, 68 lehnte es das RG ab, die Generalklauseln des bürgerlichen Rechts auf Fälle des unlauteren Wettbewerbs anzuwenden. Konsequent auf dieser Linie führte der Gesetzgeber im Gesetz zur Bekämpfung des unlauteren Wettbewerbs vom 27. 5. 1896 ebenfalls keine Generalklausel ein. Nachdem die jede Formstrenge überwindende Cleverness der Geschäftemacher aber neue Methoden des unlauteren Wettbewerbs entwickelt hatte, mußte am 7. 6. 1909 wieder eine Generalklausel eingeführt werden.

[109] *Säcker*, S. 20 ff.; ders., BB 1966, 1031 (1032).

[110] *Säcker*, S. 56 und S. 147.

[111] *Säcker*, S. 18 und 20 f. (21).

[112] *Säcker*, S. 21.

lich und scheint unabhängig davon, ob man eine institutionelle Grundrechtssicht befürwortet oder nicht[113], gewagt. Zumindest kommt die verbindende Gedankenstufe zwischen Obersatz und konkretem juristischem Ergebnis nicht deutlich zum Ausdruck.

2. *Eigene Schlußfolgerungen aus einem institutionellen Grundrechtsverständnis für den Harmoniesatz*

Zur allgemeinen Gültigkeit und Zulässigkeit einer institutionellen Grundrechtssicht im Gegensatz zu der individuell-persönlichkeitsbezogenen des rationalistischen Naturrechts kann hier nicht umfassend Stellung genommen werden[114]. Es sei hier nur nochmals vor einer Übersteigerung dieses Gedankens und der Überschätzung der Möglichkeit, aus diesem abstrakten Denkgebäude konkret-sachliche Ergebnisse herauszukristallisieren, gewarnt. Die Vorstellung von einer aufgrund des normativen, juristischen Institutionsbegriffs möglichen mittels einer perfektionistischen Gesetzgebung total durchnormierbaren Freiheit erscheint nur im Zusammenhang mit einer solchen Integrität der pouvoir constitué akzeptabel, für die manch einem nach den Erfahrungen, die besonders in Deutschland in diesem Jahrhundert gemacht wurden, der Glaube fehlen wird[115]. Weiterhin könnte man daran denken, worauf *Lerche*[116] hinge-

---

[113] Befürwortend in der neueren Literatur: *Luhmann* (durchgehend); *Hamel*, S. 18 ff.; *E. v. Hippel* (durchgehend); *Rupp*, Verhandlungen des 46. DJT, I 3 A, S. 165 (185); *Häberle*, S. 140 ff.; 180 ff., 197 ff.; kritisch *Schmidt*, AöR 91, 42 (58 ff.); *Denninger*, JZ 1963, 424; *Lerche*, DÖV 1965, 212; *Rüthers*, Rechtsdenken (durchgehend); ders., Die unbegrenzte Auslegung, S. 277 ff.; *Scholz*, S. 223 ff.; weitere zahlreiche Angaben zur Diskussion um das institutionelle Rechtsdenken bei *Rüthers*, Rechtsdenken, S. 18, Fußn. 1.

[114] Die institutionelle Grundrechtslehre hat ihren Ausgangspunkt in der Verfassungslehre der Weimarer Zeit; vgl. *E. Kaufmann*, VVDStRL 3, 2 ff. (15); ders., Diskussionsbeitrag in VVDStRL 4, 77 ff.; *Smend*, VVDStRL 4, 44 (50). Beide Autoren knüpfen an *Maurice Hauriou* an, der die Institutionen als Rechtsquelle ansah: „Une institution est une idée d'oevre ou d'entreprise qui se réalise et dure juridiquement un milieu social; pour la réalisation de cette idée, un pouvoir s'organise qui lui procure des organs; d'autre part, entre les membres du groupe social intéressé à la réalisation de l'idée, il se produit des manifestations de communion dirigées par les organs du pouvoir et reglées par des procédures" (Aux sources de droit, S. 96). Vgl. zur Lehre *Haurious* auch *Conrad*, S. 148 ff. Die institutionelle Grundrechtslehre der Weimarer Zeit muß im Gegensatz zu C. Schmitts betont liberaler und vorpositiver Grundrechtssicht gesehen werden; vgl. *C. Schmitt*, Verfassungslehre, S. 170; ders., Freiheitsrechte und institutionelle Garantien, S. 143 ff.

In der modernen Literatur wird die institutionelle Grundrechtskonzeption zum Teil in einem juristisch-normativen, zum Teil in einem soziologischen Sinne gesehen; zum ersteren *Häberle*, insbes. S. 71 ff.; *v. Hippel*, insbes. S. 14 ff.; zum letzteren *Luhmann*, Grundrechte als Institution (durchgehend). Vgl. zu den unterschiedlichen Institutionsbegriffen *Rüthers*, Rechtsdenken, S. 34 ff.; *Scholz*, S. 223 ff.

[115] *Schmidt*, AöR 91, 42 (62).

[116] *Lerche*, DÖV 1965, 212 (213).

wiesen hat, ob die Anerkennung einer bestimmten Schrankensystematik nicht als verfassungsrechtliche Formalisierung von typischen Konfliktslösungen angesehen werden kann, das hieße, daß die Verfassung durch die erkennbare Abstufung und Typisierung von Grundrechtsbegrenzungen zeigt, wie sich remanent wiederholende Wertkonflikte durch den Richter gelöst werden sollen. Der Eingriffs- und Schrankenkonzeption könnte man dann zumindest eine vom Verfassungsgesetzgeber gewollte pädagogische Einprägsamkeit nicht aberkennen[117]. Folgt man dem in der „modernen" Verfassungslehre anzutreffenden Hang, Relationsbegriffe sich zu Dingbegriffen mutieren zu lassen[118], so könnte man hier von einem institutionalisierten Erkenntnisprozeß sprechen.

Geht man trotz einiger Bedenken dennoch von einem institutionellen Grundrechtsverständnis aus, so muß zumindest seine Aussagekraft hinsichtlich des Harmoniesatzes bezweifelt werden. Wie sich bei der Darstellung der verschiedenen Ansichten zum Institutionsbegriff gezeigt hat, handelt es sich hier um einen schillernden Begriff[119], schon in seiner normativ-juristischen Komponente mehrdeutig, der durch seine in Soziologie, Rechtsphilosophie und Rechtstheologie reichenden Wurzeln zwar an erklärendem Verständniswert gewinnt, in seiner konkreten Rechtsaussagekraft jedoch unschärfer wird[120]. Einen zweifellos bleibenden Wert hat die institutionelle Grundrechtslehre, was vor allem der von Luhmann ausgehenden soziologischen Richtung zu danken ist, durch ihre Verbindung der realen Wirklichkeit mit den normierten Grundrechten zu sozialen Handlungssystemen oder, um den anfangs erwähnten Begriff des Funktionellen aufzugreifen, Funktionssystemen geschaffen. Neben dem in Art. 9 Abs. 3 GG enthaltenen Funktionssystem für den Bereich der abhängigen Arbeit kann aber auch Art. 2 Abs. 1 GG in dem oben erwähnten Sinne jedenfalls in Teilinhalten institutionalisiert werden. So wurde z. B. der in Art. 2 Abs. 1 GG mitverankerte Begriff des Wettbewerbs mit institutionellem Gehalt gefüllt und als Sinnbegriff gesehen[121]. Es ergibt sich damit bei institutionellem Grundrechtsdenken eine Vielzahl von mehr

---

117 *Lerche*, ebd., r. Sp.

118 Darauf, daß diese Entwicklung in Deutschland schon vor 1848 zu beobachten war, weist *E. Kaufmann*, VVDStRL 3, 2 (15) hin.

119 Es sei nur auf die Auseinandersetzung anläßlich der Staatsrechtslehrertagung in Saarbrücken vom 9. 11. 1963 hingewiesen (abgedruckt in DÖV 1963, 865).

120 Vgl. *Schmidt*, ebd., S. 63; weiterhin *Raiser*, Rechtsschutz und Institutionenschutz im Privatrecht, S. 148.

121 Vgl. *v. Hippel*, S. 23, Fußn. 4; *Scholz*, S. 238. Für unmöglich hält dies *Säcker*, S. 22 ff.; zustimmend *Richardi*, ZfA 1970, 85 (86). Der letzteren Ansicht ist insoweit zuzustimmen, als bei der Auffassung von Art. 2 Abs. 1 GG als eines liberalen Willkürfreiheitsrechts die sich bei institutioneller Gesamtbetrachtung ergebende funktionale Wirkung natürlich widerspricht. Kein Widerspruch liegt aber in der hier befürworteten Verwendung des erklärenden soziologischen Institutionsbegriffs.

oder weniger eng zusammenhängenden Funktionssystemen, die als Komplexkreise sich teilweise überschneiden, zum Teil aber einen gewissen Bereich nur einem einzigen Handlungssystem zuordnen. Über das Konkurrenzverhältnis mehrerer Handlungssysteme kann die institutionelle Lehre ebenso wie die konventionelle nur in diesen sich überlappenden Bereichen etwas aussagen.

Um hier Begriffe aus der traditionellen Terminologie zu gebrauchen, gibt das institutionelle Denken uneingeschränkt nur Auskunft über die immanenten Grundrechtsschranken, über die systematischen nur insoweit, als ein Grundrecht außer acht zu bleiben hat, wenn der betreffende Komplex „institutionell" in einem anderen Grundrecht verwirklicht ist. Das institutionelle Grundrechtsverständnis hat weder für noch gegen den Ausschluß des Art. 2 Abs. 1 GG als Garant der allgemeinen Vertragsfreiheit innerhalb des hier betrachteten Indifferenzbereichs Aussagekraft. „Die Dringlichkeit einer Frage kann keine Antwort erzwingen, wofern keine wahre zu erlangen ist; weniger noch kann das fehlbare Bedürfnis, auch nicht das verzweifelte, der Antwort die Richtung weisen[122]."

E. Zusammenfassung und Ergebnis

Schlägt ein institutioneller Deutungsversuch eines Ausschlusses der allgemeinen Vertragsfreiheit fehl, so hieße es bei der vielbetonten Präponderanz der persönlichen Freiheit und entsprechenden Freiheit der grundrechtsfähigen Personenvereinigungen die Beweislast umkehren, wollte man den Koalitionen die Berufung auf Art. 2 Abs. 1 GG ohne weiteres abschneiden. Bezeichnend ist hier der Hinweis von *Gamillscheg*[123], es sei ein Danaer-Geschenk für die Koalitionen, schlüge der nur zu ihrem Schutz gedachte Art. 9 Abs. 3 GG nun durch eine damit verbundene Unzulässigkeit der Berufung auf die allgemeine Vertragsfreiheit zu ihrem Nachteil um. Um zu erfahren, ob dies gewollt ist, erscheint es gerade von einer soziologisch-institutionellen Sicht aus, welche bei grundrechtsdogmatischer Betrachtung die soziale Wirklichkeit in die Kargheit der Grundgesetznormen integrieren will, notwendig, die Stellung der Koalitionen zu überdenken. Während in der Anfangsphase ihres historischen Werdegangs die Gewerkschaften eindeutig Mitgliederverbände waren und bei ihrer umstrittenen Stellung eines gesetzgeberischen Schutzes bedurften, ist diese Schutzfunktion, welche Art. 9 Abs. 3 GG sicherlich auch beinhaltet, mit der Anerkennung der sozialpolitischen Relevanz

---

[122] *Adorno*, Negative Dialektik, S. 109, zitiert in anderem Zusammenhang des öfteren von *Säcker*, z. B. DB 1967, 2027 (2028) Fußn. 11 a; ders., Grundprobleme der kollektiven Koalitionsfreiheit, S. 97, Fußn. 198.

[123] *Gamillscheg*, S. 97; ähnlich auch *Herschel*, Verhandlungen, S. 19.

der Gewerkschaften als Sozialpartner in den Hintergrund getreten[124]. Mit dieser veränderten Auffassung von Stellung und Funktion der Gewerkschaften könnten in Anbetracht der durch Art. 9 Abs. 3 GG und das Tarifvertragsgesetz verbrieften Rechte auch Pflichten einhergehen, die mit einer unbeschränkten Vertragsfreiheit nicht vereinbart werden könnten. Eine Lösung des durch den Harmoniesatz ausgelösten Konflikts könnte sich mithin aus einem zweiten Ansatzpunkt, der Stellung der Gewerkschaften in unserer Wirtschafts- und Gesellschaftsordnung ergeben.

---

[124] Vgl. dazu W. *Weber*, OLG-Celle-Festschrift, S. 242.

§ 4 Ableitung des Zusammenhangs von normativen und schuldrechtlichen Abreden in Tarifverträgen aus der Stellung der Koalitionen und der Rechtsnatur des Tarifvertrages

A. Zusammenhang der beiden Problemkreise

Eng zusammen mit der Frage der Stellung der Gewerkschaften in Rechts- und Gesellschaftsordnung hängt die Qualifizierung des Tarifvertrages[1]. Läßt man die Bilder gewerkschaftlicher Tätigkeit in der sozialen Wirklichkeit an sich vorüberziehen, so kann man neben dem ihnen durch Art. 9 Abs. 3 GG und dem Tarifvertragsgesetz überlieferten Bereich, Verhaltensregeln für ihre Mitglieder und in beschränktem Maße auch für Außenseiter festzusetzen, einen weiteren Bereich feststellen, in dem sie über die Gestaltung des Arbeitslebens hinaus in die Verwaltungsordnung des Staates einbezogen sind[2].

In diesem Bereich nehmen sie vielfältige Repräsentations- bzw. Beratungsaufgaben wahr. In dieser Rolle kommt ihnen jedoch keine andere Bedeutung zu, wie jedem normalen Interessenverband, handele es sich um kommunale Fach- und Spitzenverbände, Zusammenschlüsse der Landwirtschaft, des Handwerks oder der Industrie, Vertriebenenverbände, Jugendverbände, Sportverbände und andere mehr, auch. Dem Staat kann es nicht verwehrt sein, im Vorfeld der parlamentarischen Willensbildung organisierte Gruppenmächte und Interessenverbände im Interesse einer größeren Sach- bzw. Lebensnähe an diesem Willensbildungsprozeß zu beteiligen. Es handelt sich hier um das Phänomen, für den sich der soziologische Terminus „Verbandsdemokratie" gebildet hat[3]. Diese „parakonstitutionellen Funktionen"[4] sind deshalb für den

---

[1] So schon *Jacobi*, S. 283; vgl. ebenfalls *Ramm*, JZ 1962, 78 (83); *Rehbinder*, JR 1968, 167.

[2] Vgl. zu diesem weiten Tätigkeitsfeld *W. Weber*, OLG-Celle-Festschrift, S. 250 ff.; *Drewes*, Die Gewerkschaften in der Verwaltungsordnung, 1958; *Masberg*, Die Unternehmensverbände in der öffentlichen Verwaltung, Diss. Göttingen 1959; *F. W. Müller*, Selbstverwaltung und Interessenteneinfluß bei den Anstalten des öffentlichen Rechts, Diss. Göttingen 1959; *Hueck-Nipperdey* II 1, § 11 V, S. 190 ff.

[3] Siehe aus der vielfältigen Literatur: *Eschenburg*, Herrschaft der Verbände (s. Literaturverzeichnis), S. 41 ff.; *Hättich*, Civitas 62, S. 143 ff.; *Joseph H. Kaiser*, Die Repräsentation organisierter Interessen (s. Literaturverzeichnis); *H. Krüger*, NJW 1956, 1217; ders., Allgemeine Staatslehre, S. 388 ff.; *W. Weber*, OLG-Celle-Festschrift, S. 255 ff. und Bogs-Festschrift, S. 214, vergleicht diese Sachlage historisch mit dem Ständestaat des ausklingenden mittelalterlichen Reiches.

[4] *Wiedemann*, RdA 1969, 321 (322).

besonderen Status der Gewerkschaften nicht ausschlaggebend und können für die vorliegende Untersuchung außer Betracht bleiben. Die Gewerkschaften empfangen ihr besonderes Bedeutungsplus vielmehr durch die Erwähnung in Art. 9 Abs. 3 GG und durch die ihnen eingeräumten, oben erwähnten Möglichkeiten[5]. Angesichts dieser besonderen, den Koalitionen eingeräumten Befugnis der Verhaltensregulierung mittels Tarifverträgen mußte ihre Stellung natürlich umstritten sein. So reicht denn auch die Palette der Meinungen mit vielen Schattierungen und Untergruppierungen von der Ansicht, die Arbeitnehmerkoalitionen seien Repräsentanten des Gesamtvolkes, bis zu der Auffassung, die ihnen wie in ihrer Gründerzeit nur die Eigenschaft als private, kartellähnliche Mitgliederverbände zugestehen will[6].

Je stärker die verfassungsrechtlich gesicherte Stellung der Koalitionen betont wird, desto leichter fällt es, den von ihnen gesetzten Verhaltensregeln materiellen Rechtsnormcharakter zuzuerkennen. Hingegen werden die Anhänger der Auffassung, die Koalitionen seien nichts weiter als private Mitgliederverbände, eher einer privatautonomen Deutung des Tarifvertrages zuneigen[7]. Im Hinblick auf diese Entscheidungskoppelung könnte man sich die Frage stellen, ob von der Eingruppierung der Gewerkschaften in die Staats- und Gesellschaftsordnung der Rechtscharakter des Tarifvertrages oder umgekehrt von der dogmatischen Erfassung des Tarifvertrages die rechtliche Einordnung der Gewerkschaften abhängt. Diese Frage zu beantworten fällt so schwer wie die bekannte Frage, ob Ei oder Henne zuerst das Licht der Welt erblickten. *Ramm*[8] scheint den primären Diskussionsvorrang unter Berufung auf Sinzheimer in der „Stellung der Vereinigung im Recht, deren Bedeutung und Aufgabe“[9] zu sehen. Dem ist jedoch entgegenzuhalten, daß Bedeutung und Aufgabe einer Vereinigung nur aus den ihr gesetzlich zugebilligten Betätigungsmöglichkeiten herauskristallisiert werden können. Mir erscheint es deshalb zweckmäßiger, zuerst diese Betätigungsmöglichkeiten einer eingehenderen Betrachtung zu unterziehen.

Wie für die Stellung und Bedeutung der Koalitionen in der Gesellschaftsordnung ihre tarifvertraglichen Regelungsbefugnisse von aus-

---

[5] *Wiedemann*, ebd.; deutliche Unterscheidung zwischen den beiden Wirkungskreisen bei *Martens*, S. 163; *W. Weber*, Die Arbeitnehmer- und Arbeitgeberorganisationen in der Verfassung, S. 123, 146 ff.

[6] Der ersteren Auffassung neigen zu: *Abendroth*, Die Berechtigung gewerkschaftlicher Demonstrationen für die Mitbestimmung der Arbeitnehmer in der Wirtschaft, Rechtsgutachten 1953; ders., Grundgesetz, S. 80 ff.; *Preuß*, S. 169 ff.; *Schulz*, GewMH 1952, 5 ff.; *Wiethölter*, S. 275 ff.; 284 ff., 295 ff.; der letzteren Auffassung vor allem *Richardi*, S. 74 ff., 137 ff., 196 ff.; ders., AöR 93, 243 (252 ff., 262 ff.); ders., RdA 1969, 147 ff.

[7] Als Beispiel dafür mag wiederum *Richardi* dienen. Er sieht (Angaben s. Fußn. 6) die Koalitionen lediglich als private Mitgliederverbände an und gelangt aus dieser Sicht zu einem privatautonom-mandatarischen Verständnis des Tarifvertrages (S. 127 ff., 164 f.).

[8] *Ramm*, JZ 1962, 78 (83).

[9] *Ramm*, ebd.

schlaggebender Bedeutung sind, so muß jede dogmatische Erfassung des Tarifvertrages vom normativen Teil her erfolgen, da in diesem dessen anerkannte Besonderheit liegt, der normative Teil ist „typisch und rechtsfigurbildend“[10]. Die Einschränkung der allgemeinen Vertragsfreiheit wird nur deshalb intendiert, weil der normative Teil des Tarifvertrages den Koalitionen die Möglichkeit eröffnet, allgemeine Verhaltensregeln für Dritte aufzustellen. Demgegenüber ist der Charakter des schuldrechtlichen Teiles als normaler Schuldvertrag noch nie angezweifelt worden[11]. Sein Verhältnis zum normativen Teil hängt deshalb davon ab, inwieweit dieser einem privatautonomen Vertragsbild angenähert ist.

B. Die Rechtsnatur des Tarifvertrages

In dem Streit um die dogmatische Erklärung des Tarifvertrages lassen sich zwei große Meinungsgruppen unterscheiden. Auf der einen Seite sind dies die Deutungsversuche, die mit rechtsgeschäftlichen Mitteln das Dunkel um die rechtliche Natur des Tarifvertrages aufhellen wollen, auf der anderen Seite steht die von der Rechtsprechung und überwiegenden Meinung gemachte Aussage, bei dem normativen Teil des Tarifvertrages handele es sich um Rechtssätze des objektiven Rechts[12]. Dieser Streit wird nicht dadurch geklärt, daß der Gesetzgeber im Tarifvertragsgesetz den normativen Teil als Rechtsnormen bezeichnet hat, denn seine Aufgabe ist nur die Wertung neuer Phänomene, nicht die dogmatische Einordnung[13].

I. Rechtsgeschäftliche Erklärungsversuche des Tarifvertrages

1. *Der Tarifvertrag als kollektiver Schuldvertrag (Jacobi)*

Jacobi[14] sieht den normativen Teil des Tarifvertrages, für den er den Ausdruck „allgemeine Arbeitsbedingungen“[15] vorschlägt, als kollektiven Schuld-

---

[10] *Frey*, RdA 1965, 363 (365).

[11] Vgl. *Hueck-Nipperdey* II 1, S. 344 und S. 305 ff. m. w. N. *Sinzheimer*, Arbeitstarifgesetz, S. 140 ff.; ders., Grundzüge, S. 268 ff., ging neben der normativen und schuldrechtlichen Wirkung noch von einer organisatorischen Wirkung der Tarifverträge aus. Diese „organisatorische Funktion“ beruht jedoch nicht auf Tarifvertragsrecht, sondern auf Körperschaftsrecht. Deshalb kann sie nicht der gleichen Ebene wie der normative und schuldrechtliche Teil des Tarifvertrages zugeordnet werden. Gegen *Sinzheimer Hueck-Nipperdey* II 1, S. 302, Fußn. 2 m. w. N.

[12] Eine ausführliche Meinungsübersicht bei *Zöllner*, Die Rechtsnatur der Tarifnormen, S. 9 ff.

[13] *Ramm*, JZ 1962, 78 (80); ders., Parteien des Tarifvertrages, S. 1; *Zöllner*, Rechtsnatur der Tarifnormen, S. 8. A. A. *Nikisch* II, S. 215 und vor allem *Bötticher*, Gestaltungsrecht, S. 18 ff. Vgl. allgemein dazu *Eisele*, AcP 69, 275 (309).

[14] *Jacobi*, § 15, S. 246 ff. (insbes. S. 277).

[15] *Jacobi*, S. 279.

vertrag an. Der Kollektivwille soll den Vorrang vor dem Individualwillen haben, ohne daß man den Tarifnormen den Charakter objektiven Rechts zuzuerkennen brauche. Mit dem Eintritt des einzelnen in den tariffähigen Verband ordne sich dieser dem in den Tarifbedingungen zum Ausdruck gekommenen Verbandswillen unter. Der einzelne sieht damit praktisch in dem Verbandswillen seinen eigenen Willen in mediatisierter Form wieder[16]. Der Tarifvertrag soll innerhalb des sogenannten Sozialrechts, das Jacobi dem Verbands- und Individualrecht gegenüberstellen will, die „erstmalige Anerkennung der Rechtswirksamkeit kollektiver Willenserklärung für den Individualwillen auf dem Gebiete des Privatrechts" bedeuten[17]. Durch diese privatautonome Deutung wird die Einheit des Tarifvertrages, in dem Jacobi den oben erwähnten „allgemeinen Arbeitsbedingungen" die „Bestimmungen für die Tarifvertragsparteien" gegenübersetzen will, stark betont[18]. Dementsprechend sollen für den Inhalt beider Teile des Tarifvertrages die Rechtsschranken in den zwingenden Gesetzen des Privatrechts zu suchen sein. Eine Diskrepanz in der Reichweite normativer und schuldrechtlicher Abreden hinsichtlich des Umfangs der Tarifmacht war somit nach Jacobis Lehre nicht vorstellbar[19].

So überzeugend und wohlfundiert Jacobis Kritik an den sonstigen damaligen Deutungsversuchen des Tarifvertrages war, so wenig konnte die Konstruktion eines kollektiven Schuldvertrages überzeugen. Die innere Rechtfertigung für die Zurechnung des Verbandswillens konnte Jacobi nicht liefern, da er auf die bekannten und gesetzlich fundierten Zurechnungskriterien des Zivilrechts wie Stellvertretung und Organschaft bewußt verzichtete. Unter der Geltung des Tarifvertragsgesetzes und Art. 9 Abs. 3 GG muß Jacobis Lehre noch aus einem anderen Grunde ausscheiden: Er gründet die Wirkung der Unabdingbarkeit bei fehlendem Rechtsnormcharakter darauf, daß die Geltung der Tarifnormen letztlich doch nicht unabhängig vom Willen der Parteien des Einzelarbeitsvertrages sei[20]. Eine derartige privatautonome Legitimation konnte aber höchstens unter der Geltung der Tarifvertragsordnung anerkannt werden, die eine dem § 3 Abs. 2 TVG entsprechende Norm, also eine Erstreckung der Tarifwirkungen auf Außenseiter nicht kannte.

2. Der Tarifvertrag als mittels zivilrechtlicher Vertretungsmacht zustandegekommener Schuldvertrag (Ramm)

Demgegenüber greift *Ramm*[21] in der Tradition von *Lotmar*[22] auf das bekannte zivilrechtliche Institut der Vertretung (§§ 164 ff. BGB) zurück.

---

16 *Jacobi*, S. 275 ff.

17 *Jacobi*, S. 283.

18 *Jacobi*, S. 276, 279, 280, 282: „Mit der Deutung als kollektiver Schuldvertrag ist auch die der Rechtswirklichkeit entsprechende Auffassung des Tarifvertrages als einheitliches Rechtsgeschäft wiedergewonnen, im Gegensatz zu der Zusammenkoppelung zweier verschiedener „Geschäfte", in die die herrschende Lehre den Tarifvertrag durch ihre Erklärung als Summe von Schuldvertrag und Rechtsquelle verwandelt."

19 *Jacobi*, S. 280: „Für ihren (Kollektivverträge) Inhalt bilden die zwingenden Gesetze des Privatrechts selbstverständlich ebenso eine Rechtsschranke wie für den Inhalt individueller Arbeitsverträge."

20 *Jacobi*, S. 272 f.

21 *Ramm*, Die Parteien des Tarifvertrages (durchgehend); ders., zusammenfassend in JZ 1962, 78.

22 *Lotmar*, Bd. 1, S. 779 ff. (insbes. S. 796 ff.).

Die Unabdingbarkeit ist für ihn als sogen. verdrängende Vollmacht zu deuten, die einem entgegengesetzten Individualwillen keinen Raum mehr lasse. Ramm konstruiert hierfür eine „sozialrechtliche Vertretungsmacht" der Gewerkschaft, die in ihrer Ausgestaltung der gesetzlichen Vertretung des beschränkt Geschäftsfähigen, bei der auch das Günstigkeitsprinzip eine Rolle spiele (§ 107 BGB), ähneln soll[23]. Des weiteren bringt Ramm eine Variante in die Diskussion, derentwegen für seine Ansicht der Ausdruck „Differenzierungstheorie" angebracht ist. Neben dem Arbeitgeberverband sollen die Arbeitgeberverbandsmitglieder Tarifparteien sein, während auf der Arbeitnehmerseite nur die Gewerkschaft in ihrer oben beschriebenen Rolle als sozialer Vormund handele[24].

Für die von Ramm angenommene „sozialrechtliche Vertretungsmacht" der Gewerkschaften fehlt jede gesetzliche Grundlage[25]. Zudem scheint die Grundvorstellung dieser Konstruktion wenig geglückt, wenn man sich vor Augen hält, daß ein Verband Zehntausende von Einzelpersonen nicht hinsichtlich der Begründung gemeinsamer Rechte und Pflichten, sondern hinsichtlich der Rechte und Pflichten aus dem Einzelarbeitsverhältnis vertreten soll[26]. Noch weniger als der Vorstellung, die Gewerkschaften handelten als Vertreter für ihre jetzigen Mitglieder kann jener gefolgt werden, sie handelten bei Tarifabschluß als vollmachtlose Vertreter für ihre künftigen Mitglieder[27]. Ebenso abzulehnen ist die Differenzierung Ramms zwischen dem Arbeitgeberverband und der Gewerkschaft. Wenn auch die Uneffektivität einer Durchsetzung schuldrechtlicher Abreden mittels der Durchführungspflicht oftmals zutage tritt — gerade deshalb sind die normativen Wirkungen geschaffen worden — so kann dieses Problem nicht einseitig zu Lasten der Arbeitgeberseite gelöst werden[28].

3. Privatrechtliche Rechtsgestaltung durch Unterwerfung (Bötticher)

Statt mittels einer verdrängenden Vollmacht kraft sozialer Vormundschaft versucht *Bötticher*[29] die zwingende Wirkung der Tarifnormen als privatrechtliche Rechtsgestaltung durch Dritte kraft Unterwerfung, welche in § 317 BGB ihren Ausdruck gefunden habe, zu deuten. Bötticher

---

[23] *Ramm*, JZ 1962, 78 (82).

[24] *Ramm*, JZ 1962, 78 (82 ff.); ders., JZ 1964, 548.

[25] Gegen *Ramm* treffend *Gamillscheg*, JZ 1965, 47; *Hueck-Nipperdey* II 1, S. 350 Fußn. 23; *Nikisch*, RdA 1962, 39 f.; *Zöllner*, RdA 1964, 443; ders., Die Rechtsnatur der Tarifnormen, S. 9; *Valerius*, Die Parteien des Tarifvertrages, Diss. Köln 1968 (durchgehend).

[26] So auch *Zöllner*, Die Rechtsnatur der Tarifnormen, S. 9.

[27] *Zöllner*, ebd.

[28] Vgl. dazu statt aller *Hueck-Nipperdey*, ebd.

[29] *Bötticher*, Gestaltungsrecht, S. 18 ff., insbes. S. 24.

sieht diesen Konstruktionsversuch jedoch ausdrücklich als nur unter der Herrschaft der Tarifvertragsordnung möglich an, da er — wie oben festgestellt zu Unrecht — den dogmatischen Streit durch die Festlegung des Gesetzgebers in § 1 Abs. 1 TVG für obsolet hält. Die bindende Wirkung einer solchen Leistungsbestimmung, die anders als es im Falle des § 317 BGB sein müßte, durch einverständliches Zusammenwirken der Arbeitsvertragsparteien nicht ausgeschaltet werden kann, versucht Bötticher durch das eigene Interesse der Tarifvertragsparteien an der Rechtsgestaltung zu rechtfertigen[30].

Aus welchem Grunde dieses Interesse der Tarifvertragsparteien zur Bindung der Arbeitsvertragsparteien führen soll, bleibt jedoch auch hier letztlich offen. So käme man doch z. B. im Kaufrecht niemals auf den Gedanken, die Bestimmung durch den Dritten entgegen dem übereinstimmenden Willen der Parteien als bindend anzusehen, nur weil dieser Dritte ein eigenes, theoretisch durchaus denkbares Interesse an der Leistungsbestimmung hat. Der eigentliche Geltungsgrund für die bindende Wirkung einer solchen Bestimmung kann nicht schon aus der Tatsache der Bestimmung selbst verbunden mit einem eigenen Interesse des Bestimmenden sondern nur aus einer speziellen Rechtsbeziehung der Vertragsparteien zu der bestimmenden Partei folgen[31].

4. Neuere rechtsgeschäftliche Deutungsversuche (Rehbinder, Richardi)

Nachdem sich die Deutung der „Tarifnormen“ im Sinne des § 1 Abs. 1 TVG als Rechtsnormen nach dem überwiegend abgelehnten Angriff von Ramm gegenüber allen privatautonom mandatarischen Deutungsversuchen schon durchgesetzt zu haben schien, wird die h. L. in der jüngeren Literatur von *Rehbinder* und *Richardi* in Frage gestellt, die beide für eine privatautonome Deutung des Tarifvertrages plädieren. Im Unterschied zu den älteren, rein rechtsgeschäftlichen Deutungsversuchen erkennen diese beiden Autoren den Rechtsnormcharakter der Tarifnormen durchaus an, nur soll die Befugnis zu normativer Gestaltung nicht auf Hoheitsgewalt beruhen sondern mit privatautonomem Instrumentarium zu erklären sein[32].

---

[30] *Bötticher*, Gestaltungsrecht, S. 24; vgl. dazu *Zöllner*, Die Rechtsnatur der Tarifnormen, S. 11, und *Mayer-Maly*, RdA 1965, 363.

[31] Ebenso *Zöllner*, ebd.

[32] Der Ausgangspunkt der Ansichten, den Tarifvertragsparteien stünde die Befugnis zur Normsetzung kraft eigenen Rechts zu, ist die genossenschaftliche Rechtstheorie *O. v. Gierkes* (Deutsches Privatrecht, Bd. 1, 1895, S. 151), der die Befugnis zur Gesetzgebung nicht nur dem Staat, sondern jeder organisierten Genossenschaft in Form der sog. autonomischen Satzung zusprechen wollte. Ganz im Sinne der genossenschaftlichen Rechtstheorie noch sah *Sinzheimer* (Arbeitstarifgesetz, S. 49 f., 188 f.; Grundzüge, S. 46 f., 48 f.; Festgabe für das Reichsgericht, Bd. IV, S. 1, 8 f.) im Tarifvertrag die Rechtsquelle, durch

Rehbinder[33] versucht seine normative Wirkung aus einer „Kombination von körperschaftlicher Satzungsgewalt des Einzelverbandes und Rechtsetzung durch Vertrag" zu erklären. Er knüpft damit zum Teil an *Dürigs*[34] und schon in der Arbeitsrechtslehre der Weimarer Zeit[35] vorhandene Versuche an, die Tarifnormen als Ausfluß privatrechtlicher Verbandsgewalt zu verstehen. Dabei will er allerdings nicht wie früher in den Tarifvertragsnormen die Satzung eines aus beiden Tarifvertragsparteien bestehenden Gesamtverbandes sehen, vielmehr hält er im Anschluß an die seiner Meinung nach herrschende rechtstheoretische Literatur, als die er die Stufenbaulehre ansieht[36], Rechtssetzungen durch Rechtsgeschäft für möglich. Er fügt damit den beiden anerkannten Entstehungsgründen von Recht, nämlich Richterrecht und Gesetzesrecht, eine dritte Rechtsquelle, das Parteienrecht, hinzu[37].

Auch *Richardi*[38] deutet den Tarifvertrag privatautonom-mandatarisch, und zwar im Sinne eines privatrechtlich begründeten Gestaltungsrechts. Ähnlich wie *Rehbinder* hält Richardi die durch den Tarifvertrag geschaffenen Normen nicht für hoheitlich gesetztes sondern für privates Recht, weil ihre Rechtsgeltung von einem privatrechtlichen Sanktionierungsakt abhänge. Das Tarifvertragsrecht zeige, daß sich die Vertragsfreiheit nicht in der individuellen Privatautonomie erschöpfe sondern auch das Recht zu regelnder Gestaltung umfasse[39]. Auch er knüpft an die Stufenbaulehre an, indem er die Antithese von objektivem Recht und Rechtsgeschäft leugnet[40]. Eine Relevanz soll diese Unterscheidung nur noch in einer funktio-

---

die objektives Recht geschaffen wird. Zum Begründer der heute herrschenden Auffassung vom kollektiven Normenvertrag wurde Sinzheimer nur dadurch, daß er neben der nach wie vor im Vordergrund stehenden Willensübereinstimmung der Tarifvertragsparteien zur Anerkennung des tarifvertraglichen Rechts die staatliche Beteiligung verlangte. Da beim Abschluß eines Tarifvertrages nicht eine, sondern zwei Parteien beteiligt waren, sah sich Sinzheimer gezwungen, neben der Verbandsautonomie noch die Vertragsautonomie den sozialen Kräften zur Verfügung zu stellen.

[33] *Rehbinder*, JR 1968, 167.

[34] *Maunz-Dürig-Herzog*, Art. 1 Abs. 3 Rdn. 115 - 116.

[35] Zum Beispiel *Kreller*, AcP 129 (1928), 111 ff. (117) (Besprechung des Lehrbuchs von *Jacobi*).

[36] *Rehbinder*, JR 1968, 170; demgegenüber sieht *Adomeit*, RdA 1967, 297 (299 f.), der selbst ebenfalls die Stufenbaulehre vertritt, seine Ansicht wohl noch als Mindermeinung an.

[37] *Rehbinder*, ebd.

[38] *Richardi*, S. 127 ff., 164 f.: Positive Reaktion bei *Thiele*, RdA 1968, 425, Fußn. 3: skeptisch *Tomandl*, ZAS 1969, 161 und 206.

[39] *Richardi*, S. 164 f.

[40] *Richardi*, S. 26 und 32: „Sie (die rechtsgeschäftliche Regelung) ist Norm. Da insoweit kein Unterschied zu den Rechtssätzen des objektiven Rechts besteht, kann eine Antithese von Rechtssatz und Rechtsgeschäft nicht zum Ausgangspunkt gewählt werden, um die Rechtsnatur der arbeitsrechtlichen Kollektivnormen zu bestimmen. Dogmatisch wesentlich ist vielmehr, ob deren Regelung auf hoheitlicher Gewalt oder im Bereich der Privatautonomie bleibt."

nellen Beziehung haben[41]. Sie ergebe sich, weil der Staat nicht selbst sämtliche Lebensverhältnisse mit hoheitlicher Wirkung regele, sondern neben ihm bestehende Sonderordnungen zulasse und anerkenne, welche der Kategorie des objektiven Rechts zugeordnet werden könnten. Das staatliche Recht entscheide auch über die Voraussetzungen, unter denen eine partikuläre Ordnung autonomes Recht schaffen könne. Sofern diese Rechtsgeltung von einem rechtsgeschäftlichen Unterwerfungstatbestand der Betroffenen abhänge, könne man diesen Rechtssetzungstatbestand dogmatisch als Rechtsgeschäft ansehen.

Rehbinders privatautonomer Deutungsversuch scheint nicht schlüssig[42]. Wenn er als autonomen Satzungsgeber nicht einen aus beiden Tarifvertragsparteien bestehenden Gesamtverband ansieht, so bleibt die gemeinsame Wirkungsweise von körperschaftlicher Satzungsgewalt des Einzelverbandes und vertraglicher Rechtssetzung unverständlich. Rehbinders vager Hinweis auf die Stufenbaulehre hätte zu einer Deutung der Normwirkung durch vertragliche Rechtssetzung führen müssen, des Hinweises auf die körperschaftliche Satzungsgewalt hätte es dann nicht bedurft. Daß die Verbindung der körperschaftlichen Satzungsgewalt zweier Verbände niemals die Unabdingbarkeit der Tarifnormen rechtfertigen kann, zeigt deutlich das Beispiel von *Säcker*[43]: Wenn Herstellerverband und Händlerorganisation die Konditionen aushandeln, die allen künftigen Verträgen der Verbandsmitglieder zugrunde gelegt werden sollen, so verstößt ein Verbandsmitglied, das diese Konditionen mißachtet, höchstens gegen seine Verbandspflicht. Es muß also außer den von Rehbinder angegebenen zwei Momenten noch ein weiteres hinzukommen, um die Unabdingbarkeit des Tarifvertrages zu rechtfertigen[44].

Schwierigkeiten bei der Erklärung der Überwirkung von Tarifvertragsnormen auf die Außenseiter (wenn auch in dem beschränkten Maße des § 3 Abs. 2 TVG) muß auch *Richardi* wie bei jedem privatautonomen Deutungsversuch auf sich nehmen. Auch bei der Nachwirkung der Tarifvertragsnormen tun sich schier unüberwindliche Schwierigkeiten auf. Es erscheint doch sehr fraglich, ob man wirklich der Willenserklärung des einzelnen Arbeitnehmers unterstellen kann, er unterwerfe sich allgemein der Regelungsbefugnis der Tarifvertragsparteien und sei mit einer eventuellen Abänderung der sein Arbeitsverhältnis gestaltenden Tarifbestimmungen durch neue (ungünstigere!) einverstanden. Hier scheint die zulässige Grenze der Auslegung einer Willenserklärung überschritten,

---

[41] *Richardi*, S. 33 f.

[42] Gegen ihn zutreffend *Säcker* in Nachtrag zu Hueck-Nipperdey II 2, S. 1650; ders., RdA 1969, 291 (295 Fußn. 52).

[43] *Säcker*, Nachtrag, ebd.

[44] Insofern kann Rehbinder aus den gleichen Gründen keine innere Rechtfertigung für die Unabdingbarkeit des Tarifvertrages finden wie *Bötticher* (vgl. oben § 4 B I 3).

das Gebiet der „Einlegung“[45] schon erreicht. Nachdem auf anderen Gebieten bequeme Fiktionen durch eine an die tatsächliche Interessenlage anknüpfende Wertung für eine methodisch offene Diskussion in den Hintergrund gedrängt worden sind, sollte gerade auf dem Gebiet des Arbeitsrechts diese Verfahrensweise nicht wieder hervorgeholt werden[46].

5. *Zusammenfassende Ablehnung der privatautonomen Deutungsversuche*

Da die Bedeutung einer Theorie nur an ihrem mehr oder weniger großen Erklärungswert gemessen werden kann[47], müssen die privatautonomen Deutungsversuche wegen der bei ihnen auftauchenden mannigfaltigen Widersprüche und Erklärungsschwierigkeiten abgelehnt werden[48]. Die Theorien, welche den beiderseitigen privatautonomen Erklärungen die Macht geben, objektives Recht zu setzen, verstoßen gegen die mittlerweile fast überall anerkannte Erkenntnis, daß in einem modernen Rechtsstaat im Gegensatz zum partikularen Ständestaat nur die pouvoir constitué der staatlichen Gemeinschaft originäre Gesetzgebungsbefugnis haben kann[49].

Auch mit dem Hinweis auf die Stufenbaulehre können die privatautonomen Theorien nicht gerettet werden. Daß die Berufung auf die normlogische Rechtsquellenlehre nicht zwingend zu einem privatautonom-mandatarischen Tarifvertragsmodell führen muß, zeigen die Untersuchungen von *Adomeit*[50] und *Zöllner*[51]. Die normlogische Rechtsquellenlehre[52] hält die Unterscheidung von Rechtssetzung und privatautonomer

---

[45] Hier kann die durch *Rüthers*, Die unbegrenzte Auslegung (s. Literaturverzeichnis), bekanntgewordene Unterscheidung zwischen Auslegung und Einlegung aufgenommen werden.

[46] Hingewiesen sei hier nur auf das Streben, im Interesse methodenehrlicher Diskussion den Zurechnungsgesichtspunkt des Vertrauensschutzes an die Stelle von Willenserklärungsfiktionen zu setzen; vgl. statt aller *Hübner*, S. 373 ff.

[47] Dies entspricht der wissenschaftstheoretischen Auffassung, daß mehrere Theorien denklogisch möglich sind, aus denen die vorzuziehende sich nur durch ihren denkökonomischen Wert unterscheidet; vgl. *Popper*, Logik der Forschung, S. 31 ff.; ders., Das Elend des Historizismus, S. 102 ff.; *Reichenbach*, S. 204; *Rothacker*, S. 139 ff.; *Leinfellner*, S. 268 ff.

[48] So auch *Säcker*, RdA 1969, 291 (295).

[49] Vgl. *Enneccerus-Nipperdey*, S. 207 und S. 651 ff.; *F. Klein*, Kraus-Festschrift, S. 205 ff.; *Krüger*, Allgem. Staatslehre, S. 102, 847 ff.; *Jacobi*, S. 78 ff.; *Peters*, HWdDSt II, S. 265 ff.; *Prost*, NJW 1955, 1463; *Sieg*, RdA 1955, 441; *Zöllner*, Die Rechtsnatur der Tarifnormen, S. 14.

[50] *Adomeit*, S. 121 ff., 155 ff.; ders., RdA 1967, 297; ders., Gestaltungsrechte, Rechtsgeschäfte, Ansprüche, S. 19 ff.

[51] *Zöllner*, Die Rechtsnatur der Tarifnormen, insbes. S. 24 ff.

[52] Diese Theorie wurde aus römisch-rechtlichen Ansätzen im deutschen Zivilrecht der Spätpandektistik begründet und von der sog. Wiener Schule

Gestaltung und den aus dieser Unterscheidung fließenden Zentralbegriff des Privatrechts, das subjektive Recht, für eine paratheoretische Zweckkonstruktion. Aus einer extrem weiten Definition der Norm als jedweder Tatbestand, der „ein Verhalten als gewollt statuiert“[53], folge zunächst, daß nicht nur abstrakt-generelle, sondern auch konkret-individuelle Regelungen als Norm angesehen werden könnten[54], des weiteren, daß das Rechtsgeschäft innerhalb des Stufenbaus der Rechtsordnung einen normerzeugenden Tatbestand darstelle[55, 56].

Wie *Adomeit*[57] nun überzeugend dargelegt hat, kann in Anwendung der normlogischen Rechtsquellenlehre der Tarifvertrag sowohl privatautonom als auch delegatarisch gedeutet werden. Dabei wird der mandatarische Weg jedoch als dem delegatarischen gegenüber subsidiär erachtet, falls die Verfassung den Gesetzgeber ermächtige, Gesetzgebungshoheit an private Verbände zu delegieren[58]. Der Vorteil des delegatarischen Modells, das die Rechtssetzungsbefugnis innerhalb des Stufenbaus auf einer höheren Stufe ansetzt, liegt darin, daß „der delegatarische Tarifvertrag im Rahmen der Delegation auch bindende Regeln setzen darf, die nicht aus der Privatautonomie herzuleiten sind, z. B. Abschlußnormen“[59]. Abgesehen von dieser auch nach der Stufenbaulehre möglichen Deutung des normativen Teils des Tarifvertrages als Zusammenfassung von echten Rechtsnormen, könnte eine aus der Stufenbaulehre abgeleitete privatautonome Deutung nur dann überzeugen, wenn damit gleichzeitig die überkommene Zweiteilung von öffentlichem und privatem Recht aufgegeben würde[60].

(*Kelsen*, *Merkl*) fortentwickelt. Vgl. z. B. *Merkl*, Allgemeines Verwaltungsrecht, S. 98 ff.; *Kelsen*, Hauptprobleme der Staatsrechtslehre, S. XII ff.; ders., Nipperdey-Festschrift, Bd. I, S. 57 ff.; ders., Reine Rechtslehre, S. 228 ff.; *Manigk*, Die Privatautonomie im Aufbau der Rechtsquellen, S. 54 ff.; weitere Nachweise zur Stufenbaulehre bei *Zöllner*, Die Rechtsnatur der Tarifnormen, S. 26, Fußn. 76 und 79, und *Adomeit*, RdA 1967, 297 (299, Fußn. 15a); gegen die Stufenbaulehre *Engisch*, Die Einheit der Rechtsordnung, S. 9 ff.

53 *Kelsen*, Begriff der Norm, S. 1467; ders., Reine Rechtslehre, S. 261 ff.

54 *Kelsen*, Begriff der Norm, S. 1464 ff.; ders., Reine Rechtslehre, ebd.

55 Vgl. dazu *Adomeit*, RdA 1967, 297 (299 f.).

56 Die Lehre Kelsens auf den Tarifvertrag anzuwenden versuchte erstmals schon Dechant, Der Kollektivvertrag nach österreichischem und deutschem Recht; vgl. dazu *Rehbinder*, JR 1968, 167 (169).

57 *Adomeit*, RdA 1967, ebd.

58 *Adomeit*, ebd., S. 303.

59 *Adomeit*, ebd., der folgerichtig den Begriff der Autonomie verwirft und den Tarifvertrag als heteronome Rechtssetzung begreift.

60 *Säcker*, RdA 1969, 291 (297), der auch ansonsten die übersteigerten Schlußfolgerungen, die aus der Stufenbaulehre für die privatautonomen Theorien gezogen werden, angreift: „Solange man ... die Unterscheidung von öffentlichem Recht und Privatrecht, von Rechtsgeschäften und Rechtsnorm nicht aufgibt, erscheint es ferner terminologisch nicht sinnvoll, rechtsgeschäftliche Regelungen zugleich auch als Rechtsnormen zu bezeichnen, weil damit lediglich eine verbale Harmonisierung zur herrschenden Normenvertragskonstruk-

Mit der Ablehnung privatautonomer Deutungsversuche muß auch über das Bild, welches zwischen normativen und schuldrechtlichen Abreden keinen wesensmäßigen sondern lediglich einen von dem betroffenen Adressaten kommenden Unterschied sieht, der Stab gebrochen werden. Zudem wird dieser Schluß von der wesensmäßigen Verwandtschaft der beiden Teile des Tarifvertrages nicht von allen Anhängern der privatautonomen Richtung gezogen[61].

II. Deutung des normativen Teils des Tarifvertrages als objektives Recht

Innerhalb der Auffassung, die in dem normativen Teil des Tarifvertrages eine echte Rechtssetzung kraft hoheitlichen Rechts sieht, stehen sich hauptsächlich zwei Meinungsgruppen in der Streitfrage gegenüber, woher denn dieses Recht seine Geltungskraft, seine Legitimation hernehme.

1. Vorstaatlicher Charakter der Tarifautonomie (Herschel)

Die Auffassung von dem vorstaatlichen Charakter der Tarifautonomie wird vor allem von *Herschel*[62] vertreten. Danach ist der Tarifvertrag „eine eigenständige und tief im organischen Denken verwurzelte, naturrechtlich begründete Lebensbetätigung und Lebensform der sozialen Autonomie“[63]. Als Beleg für diese These verweist Herschel auf die historische Entwicklung, wonach der Tarifvertrag nicht aufgrund staatlicher Initiative, sondern vielmehr aufgrund des faktischen Bedürfnisses und der Privatinitiative der Beteiligten entstanden sei.

2. Delegationstheorie

Demgegenüber vertritt die h. M.[64] die Auffassung, die Tarifautonomie lasse sich nur aus staatlicher Delegation herleiten, welche durch einfache

---

tion, die auf dem Delegationsmodell beruht, hergestellt wird, die in Wahrheit nicht besteht.“ Demgemäß wird die Unterscheidung von privatem und öffentlichem Recht von *Adomeit*, RdA 1967, 297 konsequent preisgegeben.

[61] *Richardi*, S. 202, z. B. stellt für die schuldrechtlichen Bestimmungen des Tarifvertrages recht differenzierte Regeln auf; vgl. oben § 2 C IV.

[62] *Herschel*, Bogs-Festschrift, S. 125 (129); ders., Verhandlungen, S. 33 unter 1.; ders., in Duvernell, S. 33 ff.; in die gleiche Richtung tendiert *H. Krüger*, Gutachten, S. 15 unten, 19 ff., der den Koalitionen die Stellung auch rechtlich zuweisen will, die sie sich in der Verfassungswirklichkeit erobert haben. Weiterhin treten noch mit genossenschaftlichen Argumenten für eine originäre Rechtssetzungsbefugnis der Tarifvertragsparteien ein: *Bogs*, Festschrift für J. v. Gierke, S. 39 (51); ders., RdA 1956, 1 (4 f.); *Molitor*, TarifVO, Einl. C, S. 12 f.; ders., Anm. AR-Blattei, Tarifvertrag I B Entscheidungen 1. Vgl. dazu auch *Söllner*, AuR 1966, 257 (260 f.), der jedoch differenziert: Originären Ursprung habe nur die Tarifautonomie an sich, die Rechtssetzungsbefugnis sei den Tarifvertragsparteien dagegen von staatlicher Seite verliehen worden.

[63] *Herschel*, Bogs-Festschrift, S. 130.

[64] Vgl. aus dem neueren Schrifttum: *Hueck-Nipperdey* II 1, S. 346 ff.; *Hueck-Nipperdey-Stahlhacke*, § 1 Rdn. 158, 181; *H. Huber*, NJW 1959, 425; *E. R. Huber*,

Gesetze (TVG) verwirklicht sei und den Tarifpartnern ebenso durch einfaches Gesetz wieder entzogen werden könne (Delegationstheorie). Die Tarifautonomie trägt damit keinen originären sondern lediglich derivativen Charakter. Die staatliche Gewalt sei also grundsätzlich befugt, die den sozialen Kräften übertragenen Aufgaben ohne Rücksicht auf eine etwaige Prärogative der Koalitionen selbst zu regeln. Die Übertragung der Befugnisse ist damit nur eine Frage der Zweckmäßigkeit, die Tarifvertragsnormen bilden vom Staat abgespaltenes, kraft staatlicher Delegation gesetztes objektives Recht, welches seine Begrenzung nach Inhalt und Adressatenkreis durch die gesetzliche Ermächtigung erfährt[65].

3. Lehre von der „verfassungsunmittelbaren Autonomie"

In der Mitte zwischen diesen beiden Auffassungen steht die „Lehre von der verfassungsunmittelbaren Autonomie" oder Integrationstheorie[66]. Danach wurzelt die Grundlage der Tarifautonomie nicht in der einfachgesetzlichen Bestimmung des § 1 TVG sondern unmittelbar in Art. 9 Abs. 3 GG. „Zwar handeln die Sozialpartner kraft verfassungsrechtlicher Ermächtigung, aber diese hat nicht die Überlassung einer staatlichen Regelungszuständigkeit, sondern die Anerkennung einer verbandseigenen Wirkungsmacht unter gleichzeitigem Verzicht staatlicher Ingerenz in einem Kernbereich der so geschaffenen staatsfreien Sphäre zum Inhalt[67]." Aus der unmittelbaren Verankerung der Tarifautonomie in Art. 9 Abs. 3 GG spricht die Besorgnis, daß bei einem reinen Delegationsmodell der Gesetzgeber den Regelungsauftrag mit Leichtigkeit zurückbeordern und damit einer dauerhaften und bewährten sozialen Entwicklung den Boden entziehen könnte[68].

Bd. II S. 431 ff.; *Küchenhoff*, RdA 1959, 201 (205); ders., AuR 1963, 321 (326); *Nikisch* II, S. 54 ff.; ders., JZ 1966, 778 (der allerdings einen öffentlich-rechtlichen Vertrag annimmt); *Prost*, NJW 1955, 1463; *Peters-Ossenbühl*, S. 9 ff., 23; *Scheuner*, VVDStRL 11, 31; *Martinek*, Schmitz-Festschrift, S. 149 ff.; i. E. auch *Adomeit*, RdA 1967, 297 ff.; ders., S. 136 f., 156; mit Einschränkungen *Zöllner*, RdA 1964, 443 (446); ders., Die Rechtsnatur der Tarifnormen, S. 37 f. (Zusammenfassung); ebenfalls das BAG in st. Rspr. vgl. BAGE 1, 258 (270); 4, 240 (251).

[65] *Hueck-Nipperdey* II 1, S. 347.

[66] Zu dieser Theorie dürften zu rechnen sein: *Biedenkopf*, Tarifautonomie, S. 102 ff.; ders., Gutachten, S. 111 ff.; *Galperin*, Festschrift für E. Molitor, S. 143 ff.; *Gamillscheg*, S. 24 ff., 97; Knopp, DB 1966, 1930; *Kunze*, BB 1964, 1311; *H. Kauffmann*, NJW 1966, 1681 (1682); *Martens*, S. 160 ff.; *Pernthaler*, ZAS 1966, 33 (37); ders., ÖZöffR XVII (1967), S. 52 f.; 68 f.; *Reuß*, S. 153 ff.; ders., DVBl. 1966, 422; *Schnorr*, S. 30 ff., 47 ff.; ders., JR 1966, 327 (329); *Söllner*, AuR 1966, 260 ff.; im Ergebnis auch *Strasser*, S. 25 ff., 35 ff. für das österreichische Recht.

[67] *Martens*, S. 164.

[68] Eine neue Variante der normativen Deutungsversuche schlägt neuerdings *Scholz*, S. 58 ff., vor (Fußn. 54). Danach sollen nicht die Tarifvertragsparteien sondern allein die von diesen privatautonom geschlossenen Tarifverträge mit

4. Eigene Entscheidung

Herschels Auffassung von der vorpositiven Verankerung der Tarifautonomie muß von vornherein abgelehnt werden; eine schlüssige Begründung seiner These ist ihr Urheber auch bis jetzt schuldig geblieben. Allein die Tatsache, daß der Gesetzgeber vor der Schaffung des Grundgesetzes und sogar vor der Weimarer Zeit die Koalitionen als geschichtlich gewordene Gebilde vorgefunden hat[69], kann nicht zur Anerkennung ihrer Rechtssetzungsmacht als vorpositiv führen, wenn man sich nicht der „normativen Kraft des Faktischen" beugen will. Zudem bleibt zu bedenken, daß das für den Tarifvertrag charakteristische Merkmal, nämlich die Unabdingbarkeit, wie sich aus ausländischen Tarifvertragssystemen und aus dem Werden einer deutschen Tarifvertragsordnung ergibt, gerade aus staatlicher Verleihung erfolgte und nicht schon im ursprünglichen Begriff der Tarifautonomie verankert war[70].

Wie die neueren Untersuchungen von Peters-*Ossenbühl*[71] und *Säcker*[72] gezeigt haben, wurde der Streit zwischen Integrations- und Delegationstheorie an Bedeutung lange Zeit überschätzt und beruht zum größten Teil auf Mißverständnissen[73]. Die Anhänger der Integrationstheorie werden dem Tarifvertragsgesetz neben Art. 9 Abs. 3 GG nicht jegliche Bedeutung absprechen wollen. Da Art. 9 Abs. 3 GG Tarifverträge mit keinem Wort erwähnt, dürften die Vorschriften des Tarifvertragsgesetzes zumindest,

---

normativer Wirkung ausgestattet sein. Die normative Verbindlichkeit des Tarifvertrages folge damit direkt aus dem TVG und nicht aus einer gesetzgeberischen Ermächtigung der Tarifvertragsparteien. Der privatautonome Tarifvertrag sei deshalb nur Tatbestandsmerkmal der Vorschriften des TVG.

Scholz führt damit bewußt (S. 60) die von *Schneider* (NJW 1964, 1297) anläßlich der rechtlichen Qualifizierung von Verbotszeichen i. S. d. §§ 3, 4 StVO geäußerten Gedanken fort. Schneider vertritt dort die Auffassung, die Verbotszeichen wiesen als Tatbestandsmerkmale nur darauf hin, auf welche Stelle des Straßenraumes sich das schon in der StVO enthaltene Gebot beziehe (ähnlich BGHSt 20, 125, 126). Hier wie dort stehen dieser Auffassung aber die gleichen Bedenken entgegen. Die Qualifizierung als Tatbestandsmerkmal ist für die rechtliche Einordnung vollkommen indifferent; Tatbestandsmerkmale können Verwaltungsakte, Rechtsverordnungen, ja sogar Gesetze sein. Die Tatsache, daß in einer höherrangigen Rechtsnorm (TVG) die Wirkungen der niedrigerrangigen schon vorbereitet sind, spricht nicht dagegen, daß die eigentliche rechtliche Anordnung die niedrigerrangige Norm trifft. Dies zeigt Art. 20 Abs. 3 GG, wo die Verbindlichkeit von Gesetzen ausgesprochen wird, ohne daß jemand auf den Gedanken käme, diese Gesetze seien nicht als Gesetze, sondern als Tatbestandsmerkmale des Art. 20 Abs. 3 GG zu qualifizieren. Vgl. zur Kritik an der Auffassung *Schneiders: Czermak*, NJW 1965, 93; *Fritz*, NJW 1965, 544; BayObLG JZ 1965, 445; JZ 1967, 504; OVG Koblenz, NJW 1965, 2170; VGH Mannheim, DVBl. 1965, 610. Vgl. jüngstens auch *Hinz*, S. 134 ff.

[69] Vgl. *Herschel*, in Duvernell, S. 34.

[70] Vgl. *H. Krüger*, Gutachten, S. 13; *Peters-Ossenbühl*, S. 12 ff.; *Zöllner*, Die Rechtsnatur der Tarifnormen, S. 14, 17.

[71] *Peters-Ossenbühl*, S. 13 ff.

[72] *Säcker*, S. 73 ff.; ders., Nachtrag zu Hueck-Nipperdey II 2, 1650 f.; Ansatzpunkte für diese Ansicht finden sich schon bei *W. Weber*, Koalitionsfreiheit, S. 24; ders., OLG-Celle-Festschrift, S. 266 ff.

[73] *Peters-Ossenbühl*, S. 13.

da sie die Vermutung der Verfassungsmäßigkeit[74] für sich haben, zur Auslegung herangezogen werden, wie sich der Grundgesetzgeber die Förderung der Arbeits- und Wirtschaftsbedingungen vorgestellt hat. Auf der anderen Seite sieht auch die Delegationstheorie in Art. 9 Abs. 3 GG letztlich die Grundlagenorm für das moderne Tarifvertragswesen. Ein Weg zur Lösung der Streitfrage ist durch das Bundesverfassungsgericht vorbereitet worden:

„Ausdrücklich spricht das Grundgesetz dabei allerdings weder von Tarifverträgen noch von Tariffähigkeit. Indes ist die Koalitionsfreiheit nur dann sinnvoll, wenn die Rechtsordnung den Koalitionen auch die Erreichung ihres in Art. 9 Abs. 3 GG bezeichneten Zweckes, nämlich die Arbeits- und Wirtschaftsbedingungen ihrer Mitglieder zu wahren und zu fördern, gewährleistet ... In der modernen Marktwirtschaft und für den zu ihr gehörigen freien Arbeitsvertrag hat sich im In- und Ausland (dafür) der Tarifvertrag als das rechtliche Mittel herausgebildet ...[75]."

Durchleuchtet man diese Rechtsprechung des Bundesverfassungsgerichts auf ihren dogmatisch-systematischen Gehalt, dann besteht neben der Koalitionsbestandsgarantie (institutionelle Garantie) auch noch eine „Koalitionsmittelgarantie" (instrumentelle Garantie). Ist nach Art. 9 Abs. 3 GG ein Tarifvertragssystem vom Gesetzgeber damit überhaupt bereitzustellen, so gibt Art. 9 Abs. 3 GG jedoch keinerlei Anhaltspunkte für die Frage, wie dieses Tarifvertragssystem im einzelnen auszusehen hat, ob bestimmte Verhaltensregeln mit der Auszeichnung der Unabdingbarkeit auszustatten sind, ob ggf. Außenseiter mit in die Verhaltensregeln einbezogen werden dürfen usw.[76]. Es bedurfte deshalb einer Ausführungsgesetzgebung, die letztlich die Betätigungsfreiheit der Koalitionen innerhalb des ihnen in Art. 9 Abs. 3 GG gesetzten Rahmens festlegte, ebenso wie durch Gesetz die Grenzen des Eigentums in Art. 14 GG bestimmt werden können, ebenso wie die allgemeine Vertragsfreiheit durch Art. 2 Abs. 1 GG zwar garantiert wird, ihre faktisch-reale Lebensbedeutung, ihre schillernde Vielfältigkeit und zugleich Begrenzung jedoch vor allem durch die Normen des BGB wie §§ 305, 138, 134, 242 usw. erfährt[77]. Aus dieser Sicht des Tarifvertrages als Ausführungsgesetzgebung zu Art. 9 Abs. 3 GG folgt, daß tarifvertragliche Vereinbarungen auch und vor allem an den Normen des Tarifvertragsgesetzes gemessen werden müssen, woraus die Mahnung *Zöllners*[78] ihren Sinn und ihre

---

[74] Ein formell ordnungsgemäß zustandegekommenes Gesetz hat die Vermutung der materiellen Verfassungsmäßigkeit für sich; vgl. BVerfGE 2, 282; vgl. auch 7, 412; 9, 350; a. A. *A. Arndt*, NJW 1961, 401; ders., BB 1959, 533; *Hamann*, NJW 1959, 1468; *Scheuner*, BB 1960, 1255; *Hamann-Lenz*, Einführung, S. 87.

[75] BVerfGE 18, 18 (26); vgl. auch BVerfGE 4, 108 und 20, 317.

[76] Vgl. dazu auch oben § 3 C.

[77] *Säcker*, S. 74; ders., RdA 1969, 291 (296 ff.).

[78] *Zöllner*, S. 21.

Berechtigung erhält, vor dem Glanz der hohen und hehren Verfassungsnormen nicht das Silber der einfachgesetzlichen Auslegung zu vernachlässigen.

Zu beachten bleibt jedoch, daß zwar die hauptsächliche und überwiegende Konkretisierung von Art. 9 Abs. 3 GG durch das Tarifvertragsgesetz erfolgt ist, Teilkonkretisierungen durch andere Gesetze jedoch nicht ausgeschlossen sind. Solche Teilkonkretisierungen sind in einfachen Gesetzen vorhanden, die ausdrücklich auf eine tarifvertragliche Regelungsbefugnis Bezug nehmen (z. B. § 78 PersVG). Diese das Grundrecht in der Lebenswirklichkeit prägende Ausführungsgesetzgebung kann zwar einfachgesetzlich jederzeit geändert werden, solange sie besteht, müssen sich aber tarifverträgliche Normen daran messen lassen. Einfache Gesetzesnormen und tarifvertragliche Regelungen stehen deshalb nicht auf einer Stufe der Normenleiter, auf der sie sich, abgesehen von überstaatlichen Normwerten, nur noch vor der Verfassung zu verneigen hätten[79]. Vielmehr schöpft der Gesetzgeber seine Befugnisse unmittelbar aus der Verfassung, während die Koalitionen ohne Tarifvertragsgesetz keine normsetzenden Vereinbarungen treffen könnten[80].

5. *Ausräumung von scheinbaren Ungereimtheiten*

Ist somit im Prinzip ein delegatarisches Tarifvertragsmodell aus der Norminterpretation des Art. 9 Abs. 3 GG vorzuziehen, so bedürfen einige scheinbare Ungereimtheiten noch der Klärung.

a) Autonomie und soziale Selbstverwaltung

Die Angriffe auf die Ansicht vom Rechtsnormcharakter des normativen Tarifvertragsteils entzünden sich häufig, wenn Begriffe wie Autonomie und soziale Selbstverwaltung ins Spiel gebracht werden. Sowohl von Anhängern der Integrationstheorie als auch von solchen der Delegationstheorie wird weitgehend behauptet, den Koalitionen sei in Art. 9 Abs. 3 GG ein Bereich autonomer Normsetzungsbefugnis garantiert[81], und das, obwohl im öffentlichrechtlichen Schrifttum vielfach eine starke Zäsur zwischen den Begriffen

---

[79] Das verkennt *Biedenkopf*, Tarifautonomie, S. 104, wenn er ausführt, Delegation könne nur dann vorliegen, wenn der Gesetzgeber die Regelungsbefugnis freiwillig übertrage.

[80] So auch *Säcker*, S. 75; ders., Nachtrag in Hueck-Nipperdey II 2, S. 1651; *Peters-Ossenbühl*, S. 15; *Adomeit*, S. 132, 137.

[81] Zum Beispiel *Biedenkopf*, Tarifautonomie, S. 9 ff.; *Bogs*, Festschrift für J. v. Gierke, S. 53 ff.; ders., RdA 1956, 1; *Herschel*, Festschrift für Molitor, S. 161; *Hueck-Nipperdey* II 2, S. 347 f. m. w. N.; *Hueck-Nipperdey-Stahlhacke*, § 1 Rdn. 181; *Kaskel-Dersch*, S. 47 ff.; *Maus*, Einl. S. 34 ff.; *Nikisch* II, S. 213 ff.; *Säcker*, Nachtrag zu Hueck-Nipperdey II 2, S. 1651; *Schnorr v. Carolsfeld*, S. 62; *Sieg*, AcP 151, 246 (247).

Delegation und Autonomieermächtigung gemacht wird[82]. Der Begriff der Autonomie wird in der juristischen Diskussion durchaus mehrdeutig gebrucht: Weithin versteht man Autonomie als Rechtsetzung, die ein bestimmter Verbandskörper unabhängig von einem staatlichen Regelungsauftrag aus sich heraus vornimmt[83]. Dies wird dann weitgehend mit dem Postulat verbunden, der legitimierende Auftrag zur Normsetzung müsse von denjenigen stammen, die später der Norm unterworfen seien. Erstere Art des Autonomieverständnisses, als Regelung der eigenen Angelegenheiten der Verbände bzw. ihrer Mitglieder, wird dann oft als soziale Selbstverwaltung (im engeren Sinne) bezeichnet[84]. Auf der anderen Seite läßt sich Autonomie begreifen als subjektiv öffentliches Recht, das einem Träger öffentlicher Verwaltung zur Regelung bestimmter Angelegenheiten verliehen worden ist[85]. Im Gegensatz zum zuerst dargestellten Begriff der Autonomie handelt es sich hier nicht um etwas von unten her Kommendes, sondern derivativ von oben Abgeleitetes.

Mit dem anfangs genannten Begriff der Autonomie ließe sich, wenn man die regelsetzenden Vereinbarungen der Koalitionen daran mißt, nicht vereinbaren, daß bis zu einem gewissen Maße auch Außenseiter den von den Koalitionen gesetzten Verhaltensregeln unterworfen sind (§ 3 Abs. 2 TVG)[86]. Zudem steht die Forderung nach der Unabhängigkeit von einem staatlichen Regelungsauftrag gerade im diametralen Gegensatz zu einer Delegation, wie sie oben als dereliktionsähnliche Hingabe ganz und gar staatlicher Funktionen definiert wurde. Versteht man Autonomie als subjektiv öffentliches Recht[87], so kann dies zu einer gewissen Annäherung von Autonomie und Delegation führen. So werden nach *H. J. Wolff*[88] autonome Satzungen aufgrund eines subjektiv öffentlichen Rechts, Verordnungen in Wahrnehmung einer auf Delegation beruhenden Befugnis erlassen.

Eng verknüpft mit der Deutung des Autonomiebegriffs ist die Frage (und nur daraus erhellt sich eine gewisse praktische Bedeutung der Begriffsklärung), welche Grenzen für die verfassungsmäßige Zulässigkeit eines Autonomieanerkenntnisses zu ziehen sind[89]. Diese Erörterung gipfelt zumeist in dem Streit, ob erstens der normative Teil des Tarifvertrages, wenn man seinen echten Rechtsnormcharakter anerkennt, nicht gegen das Postulat des Art. 80

---

[82] Vgl. z. B. *Fleiner*, S. 80; *Forsthoff*, S. 420; *H. Peters* in Anschütz-Thoma, HdbdDStR II, 1932, S. 264 ff.; *H. Schneider*, Möhring-Festschrift, S. 523; *H. J. Wolff* I, § 25 IX a 2; gegen die Unterscheidung *Hamann*, Autonome Satzungen und Verfassungsrecht, S. 34 ff.

[83] So etwa *A. Hueck*, Die Bedeutung des Art. 3 des Bonner GG, S. 29.

[84] So z. B. *Reuss*, HGR Bd. III, 1, S. 91 ff., 104, 116 ff.; ähnlich aus zivilrechtlicher Sicht *Lehmann-Hübner*, § 3 II 3, der Autonomie als Gesetzgebungsrecht der Verbände für ihre eigentümlichen Verhältnisse versteht.

[85] Diese Deutungsmöglichkeit findet sich vor allem im öffentlich-rechtlichen Schrifttum zur Autonomie; vgl. statt aller *H. J. Wolff* I, § 25 IX a 2. Vgl. zur Mehrdeutigkeit des Begriffs auch *Hinz*, S. 147 ff.

[86] Vgl. dazu *Zöllner*, Die Rechtsnatur der Tarifnormen, S. 20 ff., der aus diesem Grunde jede unmittelbare normative Wirkung der betrieblichen Normen für die Arbeitsverhältnisse der Außenseiter leugnet; ebenso ders., RdA 1962, 453 (459); *Lieb*, RdA 1967, 441; *Richardi*, S. 224 ff. Diese Autoren kommen damit jedoch zu einer unterschiedlichen Erklärung der Wirkung der Normen über betriebliche Fragen gegenüber Tarifgebundenen und Tarifaußenseitern; dagegen *Adomeit*, S. 157; ders., RdA 1967, 297 Anm. 40.

[87] Siehe Fußn. 85.

[88] *H. J. Wolff*, § 25 IX a 2.

[89] Dazu *Zöllner*, Die Rechtsnatur der Tarifnormen, S. 18.

GG verstößt, was von der überwiegenden Auffassung wiederum unter Hinweis auf die Andersartigkeit von autonomer und derivativer Rechtsetzung abgelehnt wird[90], und ob zweitens gegen die Sicht der Tarifnormen als echte Rechtsnormen nicht die mangelnde staatliche Aufsicht oder die fehlende Publikation anzuführen ist[91]. An Lösungsversuchen zur Entknüpfung dieses Problemgemenges hat es nicht gefehlt. So wird teilweise[92] eine Klärung des Problems mittels einer Unterscheidung von zwei Elementen versucht, der Erteilung des Regelungsauftrags und der Erteilung der Fähigkeit, den aufgrund des erhaltenen Auftrags geschaffenen Regelungen Verbindlichkeit zu verleihen. Bei der Delegation gingen beide Elemente vom Staat aus, bei autonomer Rechtsetzung hingegen entfalle der staatliche Regelungsauftrag, der Staat verleihe lediglich die Befugnis, den aus eigener Initiative erlassenen Regelungen Verbindlichkeit zu geben. Demgegenüber wird andererseits betont[93], zur Kennzeichnung einer Rechtsetzung als autonom könne es nicht ausreichen, daß der Regelungsauftrag nicht vom Staat ausgehe, vielmehr müsse dieser Auftrag entweder von den späteren Normunterworfenen selbst ausgehen oder es müßten „gewisse demokratische Mitwirkungsgarantien bei der Konstituierung des Normsetzungskörpers“[94] gegeben sein.

Die Definitionsversuche des Autonomiebegriffs werden teilweise mit einer Akribie unternommen, als ob man sich noch im Zeitalter der Begriffsjurisprudenz befände. Allzu leicht wird über juristischer Definitionskunst vergessen, daß Begriffe nur dienend, nicht aber herrschend sein sollen. So mag der Terminus Autonomie zwar bildhaften Erklärungswert für die tarifliche Rechtssetzung haben, konkreten Rechtsaussagewert hat er aber nicht. Es sei hier nur an die Ausführungen von *Nipperdey*[95] erinnert, der Staat bestimme heute, wer Träger der Autonomie sein könne sowie ihren sachlichen Umfang und ihren Geltungsbereich. Dementsprechend müsse man bezogen auf die tarifvertragliche Vereinbarungsbefugnis der Koalitionen die Autonomie in dem Sinne begreifen, daß zu ihr jede Rechtssetzung durch eine nichtstaatliche Stelle gehöre[96]. Mit einigem Recht wendet *Zöllner*[97] dagegen ein, der Begriff der Autonomie enthalte dann lediglich eine negative Aussage über die Beschaffenheit des Trägers der Rechtssetzungsgewalt, dagegen fehle in ihm eine Deskription der Beziehungen dieses Trägers zu den Normunterworfenen. Die Möglichkeit der Degradierung des Aussagegehalts der Autonomie zeigt aber gerade, daß jegliche begriffsjuristische Deutung nur tautologische Aussagen zuläßt. Als Quintessenz begrifflicher Analyse können nur immer die einzelnen Bausteine zum Vorschein kommen, mit denen man zuvor das Begriffsgebäude

---

[90] Gegen die Notwendigkeit des Vorliegens der in Art. 80 GG genannten Kriterien bei autonomer Normsetzung (auch nicht in analoger Anwendung) siehe statt aller *v. Mangoldt-Klein*, Art. 80 IV 4 und XIII 2. Bedenken wegen des seiner Ansicht nicht gegebenen Autonomiemerkmals bei *Zöllner*, RdA 1964, 443 (447).

[91] *Säcker*, Nachtrag zu Hueck-Nipperdey II 2, S. 1651. Vgl. auch *Hinz*, S. 141 ff.

[92] *Lieb*, Die Rechtsnatur der Allgemeinverbindlicherklärung von Tarifverträgen, S. 58 ff.

[93] *Zöllner*, Die Rechtsnatur der Tarifnormen, S. 19.

[94] *Zöllner*, ebd.

[95] *Hueck-Nipperdey* II 1, S. 347; ähnlich *Nikisch* II, S. 213 ff.; *Prost*, NJW 1955, 1464; *Sieg*, RdA 1955, 441; ders., AcP 151, 253; vgl. auch *Peters* in Anschütz-Thoma, HdbdDStR II, 1932, S. 264 ff.

[96] So *Nipperdey*, ebd.

[97] *Zöllner*, Die Rechtsnatur der Tarifnormen, S. 15.

errichtete. Wer Träger rechtssetzender Gewalt sein soll und welche Grenzen ihm gesetzt sind, kann damit allein die Verfassung bestimmen[98]. Insofern ist auch jedes Maßnehmen der tariflichen Regelungsbefugnis an Art. 80 GG, jede Auseinandersetzung mit der Publikationspflicht müßig. Weder in Art. 9 Abs. 3 GG noch im Tarifvertragsgesetz macht der Gesetzgeber eine entsprechende Aussage.

Auch das Fehlen einer Staatsaufsicht kann dem delegatarischen Tarifvertragsmodell nicht entgegengehalten werden. Geht die Verfassung in Art. 9 Abs. 3 GG von einer Regelungsbefugnis der Tarifvertragsparteien aus, ohne zugleich eine Staatsaufsicht zu statuieren, so muß der innere Gerechtigkeitswert dieser unanfechtbaren Entscheidung darin gesehen werden, daß der Verfassungsgesetzgeber wegen der bei starken Koalitionen entstehenden Gleichgewichtsmacht auf dem Arbeitsmarkt eine staatliche Aufsicht zur Verwirklichung des Gerechtigkeitsprinzips für unnötig hielt[99]. Ob damit den Koalitionen zugleich zur Auflage gemacht wird, „den Rechtsgedanken" zu verwirklichen, womit sie sich im Gegensatz zur privatautonomen Gestaltung, der „die materiale Qualifikation des Rechts als der Verwirklichung des Rechtsgedankens fehle"[100], stellten, mag hier dahingestellt bleiben[101]. Über die Schärfe dieses Kriteriums und über eine daraus folgende Gemeinwohlbindung läßt sich gewiß streiten[102].

Das gleiche, was soeben im Hinblick auf die Autonomie gesagt wurde, muß auch für den Versuch gelten, die tarifliche Rechtsetzungsbefugnis der Koalitionen unter dem Begriff der sozialen Selbstverwaltung zu beleuchten. Auch diese Kategorisierung mag von gewisser systematischer Bedeutung sein, erlaubt jedoch keine konkreten rechtlichen Schlußfolgerungen[103].

---

[98] Ebenso *Säcker* in Nachtrag zu Hueck-Nipperdey II 2, S. 1641 und 1651; *Richardi*, S. 2, der den Begriff der sozialen Selbstverwaltung zu Recht als eine rechtsdogmatisch wertlose „soziologisch-politische, nicht rechtlich bestimmte" Etikettierung verwirft, vgl. auch ders., AöR 93, 262.

[99] Vgl. § 3, Fußn. 76 sowie *Säcker*, S. 13 f.; ders., DB 1967, 1088; ders., BB 1967, 681 ff. m. w. N. über das wirtschafts- und sozialpolitische Schrifttum zu diesem Thema in Anm. 6; *Hueck-Nipperdey* II 2, S. 868 Anm. 4a und S. 928 Anm. 39; *Löwisch*, RdA 1969, 129 (131 ff.); *Mayer-Maly*, DB 1966, 823; *Wiedemann*, RdA 1969, 321 (325). Bedenken, ob dieses Kontrollprinzip aus dem Interessengegensatz der Koalitionen auch im Hinblick auf die Außenseiterwirkungen ausreicht, bei *Zöllner*, Rechtsnatur der Tarifnormen, S. 22 ff.; anders noch in RdA 1964, 443 (446).

[100] *Flume*, AT Bd. 2, S. 5; ders., DJT-Festschrift Bd. I, S. 141 f.; weitere Angaben bei *Zöllner*, Die Rechtsnatur der Tarifnormen, S. 35, Fußn. 101.

[101] *Zöllner*, ebd., S. 34, sieht unter Berufung auf *Flume*, ebd., in dieser intentionalen Bindung der Tarifpartner an den Rechtsgedanken das entscheidende Moment für den Rechtssatzcharakter der Tarifnormen.

[102] Vgl. zur Gemeinwohlbindung der Tarifpartner: *Biedenkopf*, Tarifautonomie, S. 65 ff.; *Bulla*, Nipperdey-Festschrift, Bd. II, S. 83;; *Galperin*, DB 1969, 704 (706); *Gamillscheg*, AcP 164, 389; ders., Koalitionsfreiheit und soziale Selbstverwaltung, S. 45; *Herschel*, AuR 1966, 197; *Hueck-Nipperdey* II 1, S. 391; *Lerche*, Verfassungsrechtliche Zentralfragen, S. 29 f.; *Kunze* in Duvernell, S. 113 ff.; *Mayer-Maly*, Peters-Gedächtnisschrift, S. 950; *Nipperdey* in HGR IV/2, S. 805 ff. mit Angaben über die Rechtsprechung in Anm. 306; *Radke*, in Brenner-Festgabe, S. 112, 124, 145 ff.; *Richardi*, S. 192; ders., RdA 1969, 149 f.; *Säcker*, S. 52 ff.; *Söllner*, AuR 1966, 263; *W. Weber*, Koalitionsfreiheit, S. 44 ff.; *Wertenbruch*, Peters-Gedächtnisschrift, S. 614; *Zöllner*, Die Rechtsnatur der Tarifnormen, S. 35.

[103] *Säcker*, S. 27: „Nach überkommenem staatsrechtlichen Verständnis ist

b) *Außenseiterberührung*

Auch die umstrittene Einordnung der Außenseiterwirkung tariflicher Rechtssetzung[104] könnte, soweit sie in § 3 Abs. 2 TVG einfachgesetzlich festgelegt ist, nicht wegen Verstoßes gegen den Autonomiebegriff, sondern nur wegen Verstoßes gegen Prinzipien der Verfassung, den Charakter des normativen Teils des Tarifvertrages als echte Rechtsnormen untergraben. Die Zulässigkeit dieser Außenseiterberührung ergibt sich wiederum aus einer Konkretisierung des Art. 9 Abs. 3 GG. Ob die Rechtsnormwirkung von § 3 Abs. 2 TVG deshalb verneint werden muß, weil es zum Grundprinzip demokratischer Rechtsstaatlichkeit gehöre, daß der einzelne nicht beliebigen Rechtssetzungsgewalten gegen seinen Willen ausgeliefert werden kann[105], mag hier dahingestellt bleiben. Falls die Rechtssetzungsbefugnisse des „beliebigen" Dritten so umfangreich sind, daß tatsächlich von einem Ausgeliefertsein gesprochen werden muß, spricht vieles dafür, diesen Satz zur Begrenzung der Delegationsbefugnis des Gesetzgebers heranzuziehen. Angesichts der verhältnismäßig geringen Möglichkeit der Tarifvertragspartner, die Außenseiter in ihre Rechtsnormsetzung miteinzubeziehen, spricht angesichts der Schutzfunktion und des innerbetrieblichen Gleichheitsgebots[106], wobei die bedeutungsmäßige Reihenfolge der Prinzipien offen bleiben soll, eine Vermutung für eine durch § 3 Abs. 2 TVG erfolgte verfassungsmäßige Ausgestaltung des Art. 9 Abs. 3 GG[107].

---

der Rechtsbegriff der Selbstverwaltung auf juristische Personen des öffentlichen Rechts beschränkt; er ist Ausdruck einer „spezifischen Form innerstaatlicher Gliederung". Geht man von diesem rechtsformorientierten „etatistischen" Selbstverwaltungsbegriff aus, so ist es in der Tat ausgeschlossen, den Funktionen der Koalitionen Selbstverwaltungscharakter zuzuerkennen. Wer dagegen um eine der Stellung der Koalitionen in der Verfassungswirklichkeit besser gerechtwerdende Deutung des rechtlichen Status der Koalitionen bemüht ist, wird eher bereit sein, die überkommene dogmatische Begriffsbildung zu modifizieren, den Selbstverwaltungsbegriff funktional zu interpretieren und durch die Dimension der sozialen, gesellschaftlich-öffentlichen Selbstverwaltung in privatrechtlicher Form (analog dem Verwaltungsprivatrecht *H. J. Wolffs*) zu erweitern." Ähnlich ders., in Nachtrag zu Hueck-Nipperdey II 2, S. 1641; *Pernthaler*, ÖZföffR XVII (1967), 45 (58); gegen einen solchen funktionellen Selbstverwaltungsbegriff *Salzwedel*, S. 37; vgl. auch S. 155 Fußn. 3. Demgegenüber wird die Nähe des Tätigkeitsbereichs der Koalitionen zu einer sozialen Selbstverwaltung betont von *Gamillscheg*, Koalitionsfreiheit und soziale Selbstverwaltung, S. 39 ff.; *R. Hoffmann*, AuR 1969, 73 (78); *H. Krüger*, Allgem. Staatslehre, S. 386 ff.; *Lerche*, Verfassungsrechtliche Zentralfragen, S. 26 ff.; *Preuß*, S. 166 ff., 197 ff., 211 ff.; *Rüthers*, Das Recht der Gewerkschaft, S. 31 ff.; *Schnorr*, S. 26 ff., 49; *W. Weber*, DVBl. 1969, 413 (417).

[104] Vgl. zur Problematik *Lieb*, RdA 1967, 441; *Richardi*, S. 224 ff.; *Zöllner*, RdA 1962, 453 (459); ders., Die Rechtsnatur der Tarifnormen, S. 21, die sämtlich eine Rechtsnormwirkung im Hinblick auf die Außenseiter verneinen; dagegen *Adomeit*, S. 157; ders., RdA 1967, 297 Anm. 40.

[105] *Zöllner*, Die Rechtsnatur der Tarifnormen, S. 21 f.

[106] Vgl. statt aller *Wiedemann*, RdA 1969, 321 (323).

[107] Siehe oben Fußn. 74.

C. Stellung und Funktion der Koalitionen

Einige Grundsatzfragen zur Stellung der Koalitionen sind oben in den Ausführungen zum Tarifvertrag schon angeschnitten worden: *Keine* rechtlichen Konsequenzen ergeben sich aus der Etikettierung der Koalitionen als soziale Selbstverwaltungsträger. Dieser Frage soll hier im einzelnen nicht mehr nachgegangen werden. Von größerer Bedeutsamkeit für die Problemstellung scheint mir vielmehr die Frage nach der Reichweite der Legitimation, des Repräsentationsauftrags der Koalitionen zu sein. Diese Fragestellung unterscheidet sich von der mit der sozialen Selbstverwaltung verbundenen insoweit, als hier nicht ein funktioneller Bereich im Wege systematisch-kategorisierender Betrachtung angesprochen wird, sondern die Frage des Verhältnisses der Koalitionen zu den Normunterworfenen bzw. lediglich Normbetroffenen gestellt wird[108].

Die in dieser Frage bestehende breite Meinungspalette wurde oben schon angesprochen[109]. *Wiedemann*[110] gliedert die Stellung der Gewerkschaften einprägsam in drei verschiedene Funktionsschichten: Der Funktion als Mitgliederverband, Berufsorgan und öffentlicher Interessenwalter der Arbeitnehmer, „als moderne Fürsprecher der armen Leut"[111]. Die allgemein mit der Diskussion um die Stellung der Koalitionen verbundene Frage nach den Grenzen der Tarifmacht muß hier verengt werden auf die Problemstellung, ob aus einem Öffentlichkeitsstatus[112] eine Begrenzung der Befugnisse hergeleitet werden kann, die sich für einen gewöhnlichen Mitgliederverband aus der Tatsache ergeben, daß er sich auf die in Art. 2 Abs. 1 GG niedergelegte allgemeine Vertragsfreiheit berufen kann. Als Problemumkreisung und gleichzeitig Antwort erheischende Fragestellung mag hier folgende Aussage von *Lerche*[113] dienen: „Die Sozialpartner sind also Mitträger der freiheitlich demokratischen Grundordnung. Sie sind in dieser Eigenschaft verfassungsrechtlich anerkannte öffentliche Verbände und erfahren aus dieser Eigenschaft Privileg und Grenze zugleich, denn eine mehr oder weniger definierte öffentliche Verantwortung ist jedem öffentlichen Status immanent." *Krüger*[114] führt

---

[108] Vgl. dazu *Wiedemann*, RdA 1969, 321 (327).

[109] Siehe oben Fußn. 6.

[110] *Wiedemann*, RdA 1969, 321.

[111] *Wiedemann*, ebd., S. 322.

[112] Für einen Öffentlichkeitsstatus der Koalitionen: *Bulla*, Nipperdey-Festschrift, Bd. II, S. 79; *Krüger*, Gutachten, S. 25; *Lerche*, Verfassungsrechtliche Zentralfragen, S. 26 ff.; *Martens*, S. 161 ff.; *Preuß*, S. 170 ff.; *Ridder*, Gutachten, S. 24 ff.; *W. Weber*, OLG-Celle-Festschrift, S. 239 (252); ders., DVBl. 1969, 413 (417); ders., Bogs-Festschrift, S. 211. *Lerche*, ebd., will die Koalitionen sogar in die Nähe der politischen Parteien stellen.

[113] *Lerche*, ebd., S. 28 f.

[114] *H. Krüger*, Verhandlungen, S. 150.

aus: „Mit der Mächtigkeit steigt die Verantwortlichkeit in geometrischer Progression." Folgte man diesen Aussagen, so könnte man summarisch fragen, ob die Koalitionen, *weil* sie durch Art. 9 Abs. 3 in Verbindung mit dem Tarifvertragsgesetz als Ausführungsgesetz dergestalt privilegiert worden sind, daß sie Rechtsnormen setzen dürfen, durch die wenigstens bis zu einem gewissen Grad auch Außenseiter berührt werden bzw. die Allgemeinheit betroffen wird, sich als Gegengabe quasi des Gebrauches der allgemeinen Vertragsfreiheit zumindest in einem Indifferenzbereich enthalten und jegliche Tätigkeitsformen an der privilegierenden Norm messen lassen müssen.

Ob eine gesamtgesellschaftliche Funktion schon den klassischen Koalitionen des vorigen Jahrhunderts, wobei hier der Schwerpunkt auf die Gewerkschaften gelegt werden muß[115], zustand oder ob sie ihnen erst mit ihrer allmählichen hart umkämpften Integrierung in die Gesellschaftsordnung zugewachsen ist, wird überwiegend im letzteren Sinne entschieden[116]. Dieses Ergebnis dürfte bei historisch-kognitiver Betrachtung auch richtig sein, da vor allem die Gewerkschaften in ihrem Gründungsstadium zu sehr mit ihrer Selbstbehauptung beschäftigt waren und sein mußten, um auf gesamtgesellschaftliche Implikationen Rücksicht nehmen zu können. Ideologisch verstanden sie sich zwar auch zu dieser Zeit als wirtschafts- und gesellschaftspolitische Vorkämpfer der sozial benachteiligten Arbeitnehmerschaft[117], ohne daß hier aber Kompetenzkonflikte aufgetaucht wären, da tatsächlich noch von einer Solidarität aller Arbeitnehmer im Hinblick auf das primäre Ziel, der Verbesserung der primitivsten und ursprünglichsten Lebensbedürfnisse gesprochen werden konnte. Differierende Interessen und damit Zielkonflikte konnten erst auftauchen, als es nicht mehr um primitive Bedarfssättigung, sondern um Verwirklichung eines gesellschaftlich-ökonomisch gerechten Verteilungssystems des Bruttosozialprodukts ging und damit um für „das wirtschaftliche und politische Schicksal der Gesamtnation"[118] wesentliche Fragen.

---

[115] Teilweise wird behauptet, Streitfragen aus dem Gebiete der Repräsentation bzw. sozialen Selbstverwaltung könnten nur bei den Arbeitnehmerkoalitionen auftauchen, so *Ramm*, JuS 1966, 223 (227); ders., RdA 1968, 412; *Preuß*, S. 169 ff.; *Abendroth*, S. 81; *Radke* in Brenner-Festgabe, S. 129, 136 ff.; ders., AuR 1964, 71 ff. Daran ist richtig, daß wegen des erheblich geringeren Organisationsgrades auf der Arbeitnehmerseite die Probleme dort in erheblich stärkerem Maße hervortreten. Auf Arbeitgeberseite wird die mit dem Repräsentationsbegriff zum Teil verbundene Außenseiterproblematik deshalb nicht relevant, weil auch der einzelne Arbeitgeber tariffähig ist. Aufgaben im Rahmen einer funktionell verstandenen Selbstverwaltung erfüllen neben den Arbeitnehmerkoalitionen aber auch die Arbeitgeberkoalitionen in gleichem Maße, da zur Bildung von gegengewichtiger Marktmacht insbes. der kleine und mittlere Arbeitgeber gegen eine starke Gewerkschaft einer Koalition bedarf. Theoretisch-dogmatisch ergibt sich somit für beide Seiten die gleiche Problemstellung, nur die praktische Relevanz ist unterschiedlich. Vgl. dazu *Säcker*, S. 29 ff.

[116] Vgl. dazu *Wiedemann*, RdA 1969, 321 (322). So meint z. B. *G. Briefs*, S. 32 ff., zwischen den klassischen Gewerkschaften des vorigen Jahrhunderts und der heutigen Gewerkschaftstradition herrsche ein Bruch; dagegen *L. Brentano*, Die Arbeitergilden der Gegenwart II, S. 26.

[117] Vgl. *L. Brentano*, ebd.

[118] *W. Weber*, OLG-Celle-Festschrift, S. 246 f.

Mit ihrer Integration in die Gesellschaftsordnung haben die Koalitionen bestimmte arbeits- und wirtschaftsgestaltende Funktionen übernommen. Dies kann aber nicht dazu führen, ihnen einen öffentlich-rechtlichen Status[119] zuzubilligen und die von ihnen abgeschlossenen Tarifverträge als öffentlich-rechtliche Verträge anzusehen[120]. Der aus der Integrierung der Gewerkschaften entstandene Konflikt zwischen Funktion und Status[121] muß als solcher akzeptiert werden. Selbst die politischen Parteien, die noch in viel stärkerem Maße als die Koalitionen zu integrierenden Bestandteilen des Verfassungsaufbaus geworden sind, wurzeln noch im gesellschaftlichen Bereich[122]. Auch bei einer Verwurzelung lediglich im gesellschaftlichen statt im staatlichen Bereich braucht die Tätigkeit der Gewerkschaften nicht in der bloßen Selbstdarstellung gesellschaftlicher Gruppeninteressen zu erstarren sondern ihre Interessen können in eine soziale Ordnung eingeordnet werden. Die Berücksichtigung außerverbandlicher Interessen kann ja auch ansonsten von privaten Personenvereinigungen verlangt werden. „Die häufig festgestellte Diskrepanz zwischen öffentlicher Aufgabe und privatrechtlicher Form entschärft sich bei einem materialen Verständnis des Privatrechts. Weite Bereiche des privaten Arbeits-, Gesellschafts- und Unternehmensrechts sind im Hinblick auf ihre gesamtwirtschaftlichen Funktionen geordnet oder sollten jedenfalls inhaltlich danach ausgerichtet sein. Grundsätze der Verantwortlichkeit und Haftung, der demokratischen Infrastruktur und verbandsinternen Öffentlichkeit bilden keinen Fremdkörper im Privatrecht[123].“ Teilweise wird versucht, dieses Phänomen dadurch zu begreifen, daß man die Koalitionen, obwohl im gesellschaftlich-privatrechtlichen Bereich beheimatet, „als Träger öffentlicher Funktionen im Bereich des Öffentlichen, jenem Zwischenbereich zwischen der staatlichen Orga-

---

[119] *J. Hirsch*, S. 30, 31, will den Koalitionen sogar eine „Art von Regierungsverantwortlichkeit“ zusprechen. Teilweise wird ihre Gewaltausübung als Ausübung von öffentlicher Gewalt i. S. d. Art. 19 IV GG bezeichnet (*Scheffler*, NJW 1965, 851), teilweise werden die Koalitionen sogar dem Amtshaftungsrecht unterworfen (*Siegfried*, NJW 1957, 738). In Anknüpfung an bekannte Figuren des öffentlichen Rechts werden sie als öffentliche Körperschaften (*Altmann*, ZfPol. NF 2, S. 211 ff., 217 ff.) oder als „beliehene“ Verbände gedeutet (*Drewes*, Die Gewerkschaften in der Verwaltungsordnung, S. 176 ff.; *E. R. Huber* II, S. 378, 380; *Scheuner*, Koalitionsfreiheit, S. 62, 67, Fußn. 109). Gegen eine solch weitgehende Auffassung auch *Martens*, S. 162 ff.

[120] So aber *E. R. Huber* II, S. 432; *Nikisch* II, S. 217 f., und schon *Sinzheimer*, Grundzüge, S. 273 ff.

[121] *Martens*, S. 163.

[122] So die h. M., BVerfGE 2, 40; 20, 130; 24, 263; BGH NJW 1965, 859; *Maunz-Dürig-Herzog*, Art. 21 Rdn. 44.

[123] *Wiedemann*, RdA 1969, 321 (327); i. E. ebenso *Brisch*, Die Rechtsstellung der Gewerkschaften, S. 58 ff.; *Martens*, S. 166; *Scheuner*, Der Staat und die Verbände, S. 15 f.; *W. Weber*, OLG-Celle-Festschrift, S. 261; *Wertenbruch*, H. Peters-Gedächtnisschrift, S. 639.

nisation und der gesellschaftlichen und privaten Freiheit"[124] ansieht. Auch dieser Begriff hat jedoch nur Verständniswert und keine konkrete Rechtsaussagekraft.

Wesentlich stärker faßbar als der soeben behandelte Funktionsbereich, der bezogen auf die Gewerkschaften im wesentlichen mit der Position eines öffentlichen Interessenwalters aller Arbeitnehmer bezeichnet werden kann, obwohl er z. T. noch darüber hinausgeht, wenn man eine Bindung an das Allgemeinwohl unterstellt, ist die Funktionsschicht als Berufsorgan. Auch hier liegt der Schwerpunkt der Diskussion bei der Frage, ob den Gewerkschaften diese Stellung nach den Grundsätzen der Legitimation und Repräsentation zusteht oder ob sie sich unter Berufung auf ihre Repräsentation aller Arbeitnehmer juristische Legitimation usurpiert haben. In diesem Streit soll nur betont werden, daß der Begriff der Repräsentanz keinen Zurechnungsgrund, sondern einen Legitimationsmodus bezeichnet[125]. Aus der tariflichen Arbeitsverfassung ergeben sich keine Anhaltspunkte dafür, daß die Gewerkschaften das Interesse der Nichtorganisierten zu vertreten gehalten sind. Sowohl in § 3 Abs. 3 TVG als auch im Falle der Allgemeinverbindlicherklärung handeln die Koalitionen nach der Vorstellung des Gesetzgebers nicht zugunsten der Nichtorganisierten, sondern aus verbandspolitischen Gründen[126]. Fehlt es an einem formell-gesetzlichen Auftrag für die Koalitionen, sich mit den Rechtsverhältnissen außerhalb ihres Mitgliederkreises stehender Personen zu beschäftigen, so darf doch nicht verkannt werden, daß die Tariflöhne heute faktisch Leitlöhne bilden und die Tarifbedingungen auf den gesamten Industriebereich abfärben[127]. Infolgedessen entwickelten sich die Gewerkschaften notwendig zu einem „Verband mit Außenwirkung". Es erscheint deshalb gerechtfertigt, sie mit *Wiedemann*[128] in Anlehnung an das französische Vorbild als mit Ordnungsaufgaben betraute Berufsorgane zu bezeichnen.

Nehmen die Koalitionen allgemein somit zumindest im faktischen Sinne die Interessen der Allgemeinheit wahr, die Gewerkschaften im besonderen die Interessen der gesamten Arbeitnehmerschaft bzw. der in ihrem Berufszweig beschäftigten Arbeitnehmer, so erscheint dennoch fraglich, ob ihnen unter Hinweis auf eine gesamtwirtschaftliche Verantwortlichkeit die Berufung auf die in Art. 2 Abs. 1 GG verankerte allgemeine Handlungsfreiheit genommen werden kann. Es taucht hier, bezogen auf die Gewerkschaften, wo die Sachfrage am problematischsten wird, ein Zielkonflikt zwischen ihrer Stellung als Mitgliederverband und ihrer Stellung als Berufsorgan bzw. Interessenvertreter der gesamten Arbeitnehmerschaft auf, den *Schnorr*[129] richtig dahingehend formuliert hat, daß

---

[124] *Scheuner* in Weber, Scheuner, Dietz, Koalitionsfreiheit, S. 31 (68); ähnlich auch *W. Weber*, OLG-Celle-Festschrift, S. 249, und *E. R. Huber* II, S. 356, 376 ff., 380.

[125] So *Wiedemann*, RdA 1969, 321 (324); dies räumt auch *W. Weber*, ebd., ein.

[126] *Gamillscheg*, BB 1967, 45; *Herschel*, AuR 1966, 193; *Wiedemann*, RdA 1969, 321 (324); *Zöllner*, S. 49; a. A. *Bötticher*, S. 111 ff.; ders., RdA 1966, 401 (404); *Mayer-Maly*, BB 1965, 829 (831); ders., ZAS 1969, 81 (89).

[127] Vgl. *Kunze* in Duvernell, S. 101 ff.

[128] *Wiedemann*, RdA 1969, 321 (328 f.)

[129] *Schnorr*, JR 1966, 327 (332).

in den Koalitionen Repräsentativ- und Interessenfunktionen vereinigt zu sehen seien. Dieser Zielkonflikt könnte dadurch gelöst werden, daß die unterschiedlichen Funktionsschichten in das oben durch die Grundrechtskonkretisierung gewonnene System, bei dem vor allem der Indifferenzbereich problematisch war, verortet werden.

Eine Privilegierung haben die Koalitionen, läßt man die hier nicht weiter interessierenden parakonstitutionellen Funktionen außer Acht, dort erfahren, wo es um die Vereinbarung der Arbeits- und Wirtschaftsbedingungen geht. Nur auf diesem Gebiete stehen typischerweise öffentliche Interessen auf dem Spiel, hier könnte der Satz eingreifen, eine gesteigerte Verantwortlichkeit sei jedem öffentlichen Status immanent[130]. Auch auf diesem Gebiet kann aber durchaus über das Verhältnis der Stellung als Mitgliederverband oder Berufsorgan bzw. Sachwalter der Allgemeinheit gestritten werden. Aus ihrem historischen Werdegang heraus scheint es unzulässig, die Verfolgung primär verbandspolitischer Ziele allgemein unter Hinweis auf die gesteigerte Verantwortung zurückzuweisen. Die richtige Lösung kann hier, wie auch auf so vielen Gebieten des nicht dezidiert durchnormierten Rechts nur durch eine umfassende Güter- und Interessenabwägung gefunden werden[131]. So stellt *Wiedemann*[132] im Hinblick auf die Schlußfolgerungen, die in der Differenzierungsdebatte aus der Repräsentationsstellung der Koalitionen gezogen wurden, fest: „Die Gewerkschaften befinden sich ... in einem ständigen Zielkonflikt. Sie sollen als Mitgliederverband die Interessen der Verbandsangehörigen, als Repräsentanten des Berufsstandes die Interessen der Berufsangehörigen und möglichst auch das Gemeinwohl berücksichtigen. Gewiß dürfen sie ... keinesfalls krassem Gruppenegoismus nachhängen. Aber umgekehrt besteht keine Regel, daß ein derartiger Konflikt nie zugunsten der Mitglieder aufgelöst werden dürfe."

Kann somit innerhalb des Bereichs der Arbeits- und Wirtschaftsbedingungen der oben angesprochene Zielkonflikt nur mittels einer Güter- und Interessenabwägung gelöst werden, so ist außerhalb des Bereichs

---

[130] Siehe oben Fußn. 113.

[131] Beispiel für die Bedeutung einer solchen Interessenabwägung ist die vom BVerfG zu Art. 5 Abs. 1 GG entwickelte „Schaukeltheorie"; vgl. BVerfGE 7, 198 (Lüth-Urteil); BVerfG NJW 1969, 1163 (Blinkfüer); BVerfGE 20, 162 (Spiegel-Urteil); BGH NJW 1964, 32; *Maunz-Dürig-Herzog*, Art. 5 Rdn. 249 ff. Erwähnt sei auch die Rechtsprechung des BGH zur Frage, wann im Rahmen des § 823 Abs. 1 BGB eine rechtswidrige Verletzung des allgemeinen Persönlichkeitsrechts bzw. des Rechts am eingerichteten und ausgeübten Gewerbebetrieb vorliegt. Vgl. zum allgemeinen Persönlichkeitsrecht BGHZ 13, 334; 24, 72 (77); 26, 349 (354); 27, 284 (286); 30, 7 (11); 50, 133 (143) sowie die Darstellung bei *Soergel-Siebert-Zeuner*, § 823 Rdn. 55 ff. mit vielen Schrifttumsnachweisen; zum Recht am eingerichteten und ausgeübten Gewerbebetrieb vgl. ebenfalls *Soergel-Siebert-Zeuner*, ebd., Rdn. 68 ff. mit vielen Rechtsprechungs- und Schrifttumshinweisen.

[132] *Wiedemann*, ebd., S. 328.

kein Grund für die Zurückdrängung der einem normalen Mitgliederverband zustehenden Befugnisse ersichtlich. In diesem Bereich sind die Koalitionen gegenüber normalen Mitgliederverbänden gerade nicht privilegiert. So können die Koalitionen beliebige die Zwecke ihrer Mitglieder fördernde Einrichtungen schaffen, ohne die Funktionsschicht als Berufsorgan oder gar als Interessenwalter der Allgemeinheit zu tangieren. W. *Weber*[133] leitet das Fehlen solcher Legitimitätsgrenzen richtig aus dem Kriterium der freien Bildung des Berufsverbandes im Gegensatz zu den Zwangskorporationen ab. Gerade weil die Koalitionen keine Zwangsgewalt haben, kann man sie frei schalten und walten lassen. So bleibt „legitime und notwendige Aufgabe der Berufsverbände ... bei allem die Interessenwahrnehmung". Ließe man den Gewerkschaften nicht die Möglichkeit der freien Interessenwahrnehmung und degradierte man sie im Rahmen eines rein funktionalen Systems zu Instrumenten eines wohlgeordneten Arbeitsablaufs, bestünde die zunehmende Gefahr, daß die Arbeitnehmer sich nicht mehr mit ihrer Organisation identifizierten und andere, volkswirtschaftlich unerwünschte Kanäle des Ausdrucks von Konflikten gesucht würden.

Ein Indifferenzbereich, d. h. ein Bereich außerhalb der Arbeits- und Wirtschaftsbedingungen, in dem die Koalitionen gegenüber ihrer vollkommen freien Entfaltung zum Wohle ihrer Mitglieder stärkere gesamtwirtschaftliche Verantwortung aufbringen müßten, läßt sich hier nicht konstruieren und wäre auch wenig sinnvoll. Es würden zunächst Abgrenzungsschwierigkeiten nicht nur zwischen zwei sondern drei Tätigkeitsbereichen entstehen, sodann könnte man abgesehen von dieser Schwierigkeit dort nur zu einem dem Ergebnis innerhalb des Bereichs der Arbeits- und Wirtschaftsbedingungen angenähertem Ergebnis kommen, nämlich einer Interessenabwägung zwischen den einzelnen Funktionsschichten der Gewerkschaft im Einzelfall[134].

D. Zusammenfassung und Ergebnis der bisherigen Untersuchung

Faßt man die aus der Betrachtung der Rechtsnatur des Tarifvertrages und der damit eng zusammenhängenden Stellung der Koalitionen gewonnenen Ergebnisse zusammen, so ergibt sich folgendes:

(1) Die allgemein anerkannte Sicht des Tarifvertrages in seinem normativen und obligatorischen Teil als einheitliches Ganzes darf nicht über-

[133] W. *Weber*, Bogs-Festschrift, S. 218.

[134] Vgl. auch *Salzwedel*, S. 23 f.: „Die Betätigung von Interessenverbänden, die als Vereine gebildet sind, steht rechtlich derjenigen der repräsentierten Privaten gleich; sie verfolgen private Interessen und nur soweit damit zugleich dringende öffentliche Interessen auf dem Spiele stehen, wird ihre gewissermaßen natürliche Handlungsfreiheit gesetzlich eingegrenzt."

betont werden[135]. Von einer Einheit zu sprechen ist letztlich nur noch insoweit sinnvoll als beide Teile in einem äußerlich einheitlichen Vertrag zusammengefaßt werden können. Ein innerer Zusammenhang beider Teile besteht deshalb noch, weil gewisse schuldrechtliche Pflichten den normativen Teil stets begleiten werden, wie die Durchführungspflicht und die Friedenspflicht[136].

(2) Der normative Teil des Tarifvertrages ist mit der herrschenden Meinung als korporativer Normenvertrag anzusehen, dessen Reichweite und Grenzen sich aus Art. 9 Abs. 3 GG und dem diese Grundrechtsnorm konkretisierenden Tarifvertragsgesetz ergeben. Bei dem schuldrechtlichen Teil des Tarifvertrages muß differenziert werden. Soweit diese schuldrechtlichen Abreden die Regelung der Arbeits- und Wirtschaftsbedingungen betreffen, sind sie dem in Art. 9 Abs. 3 GG niedergelegten sozialen Handlungssystem funktionell zuzuordnen und erfahren ihren Umfang und ihre Begrenzung aus dieser Grundgesetznorm. Dies entspricht der Rechtsprechung des Bundesverfassungsgerichts, wonach die normalerweise in Art. 2 Abs. 1 GG als Bestandteil der allgemeinen Handlungsfreiheit enthaltene allgemeine Vertragsfreiheit nur dann aus diesem Auffanggrundrecht abzuleiten ist, wenn sie nicht als Annex einem Sachkomplex zuzurechnen ist, der in einer speziellen Grundgesetznorm seine Verankerung gefunden hat. Es wird hierdurch die Doppelnatur des Tarifvertrags bestätigt, allerdings zieht sich die Grenze nur bei formaler Betrachtung zwischen schuldrechtlichem und normativem Teil, bei materieller Problembetrachtung muß als Folge einer Grundrechtskonkretisierung die Grenze zwischen dem funktional-institutionellen Handlungssystem der Ausgestaltung der Arbeits- und Wirtschaftsbedingungen und der anderweitigen Tätigkeit der Koalitionen gezogen werden. Insoweit ist der Hinweis, man müsse von einem materialen Verständnis des Normativen ausgehen, höchstens verengt auf das soziale Handlungssystem richtig, in dem es um die Vereinbarung der Arbeits- und Wirtschaftsbedingungen geht. Für die Grenzen der außerhalb dieses Bereichs weiterhin verbleibenden schuldrechtlichen Befugnisse der Koalitionen können daraus keine Schlüsse gezogen werden.

(3) Auch innerhalb des Funktionsbereichs der Arbeits- und Wirtschaftsbedingungen besteht zwischen normativen und schuldrechtlichen

---

[135] Gegen die Betonung des Einheitsgedankens wandte sich schon *Kaskel*, Arbeitsrecht, S. 15: „Der Tarifvertrag ist ... juristisch überhaupt kein einheitliches Geschäft, auch kein einheitliches Geschäft mit verschiedenen Wirkungen und Funktionen, sondern setzt sich aus zwei verschiedenen Bestandteilen zusammen, die zwar (wie etwa beim Barkauf, Kaufvertrag und Übereignung) uno actu vorgenommen werden, wirtschaftlich zusammengehören und von denen keiner jemals fehlen darf, die aber begrifflich voneinander zu trennen, ihrem Wesen nach unterschieden und verschiedenartigen Rechtsgrundsätzen unterstellt sind." Ähnlich ders., NZfAR 1922, Sp. 397 ff.

[136] Vgl. dazu statt aller *Hueck-Nipperdey-Stahlhacke*, § 1 Rdn. 9 und 96.

Abreden noch ein nicht zu übersehender Unterschied. In verfassungskonformer Ausführungsgesetzgebung hat der einfache Gesetzgeber speziell im Tarifvertragsgesetz sowie in einigen anderen Gesetzen die *momentane* Ausprägung der in Art. 9 Abs. 3 GG neben der Koalitionsbestands- und der funktionellen Garantie enthaltenen Koalitionsmittelgarantie festgelegt. Die im Tarifvertragsgesetz enthaltenen Konkretisierungen beziehen sich jedoch sämtlich auf den normativen Teil des Tarifvertrages. Schuldrechtliche Abreden sind in § 1 Abs. 1 TVG nur insoweit erwähnt, als beiläufig auf ihre Existenz hingewiesen wird. Die Rechtmäßigkeitsprüfung von schuldrechtlichen Abreden hat also, da es an einer Konkretisierung durch eine Ausführungsgesetzgebung fehlt, unter direkter Heranziehung von Art. 9 Abs. 3 GG zu erfolgen, wobei die Ausgestaltung der normativen Möglichkeiten durch das Tarifvertragsgesetz lediglich als Orientierungshilfe dienen kann. Ein materiales Verständnis des Normativen trifft also auch in dem den Kern des Tätigkeitskreises der Koalitionen bildenden Feld der Arbeits- und Wirtschaftsbedingungen nur unter Vorbehalt zu.

(4) Außerhalb des funktionalen Handlungssystems, das sich aus der Tätigkeit der Koalitionen zur Förderung der Arbeits- und Wirtschaftsbedingungen ergibt, steht den Koalitionen grundsätzlich die Berufung auf die in Art. 2 Abs. 1 GG niedergelegte allgemeine Handlungsfreiheit und damit auch auf die privatautonome Vereinbarungsfreiheit offen. Sie unterscheiden sich hier durch nichts von sonstigen Verbänden. Dies ergibt sich daraus, daß die drei überlieferten Funktionsschichten, in denen sich die Tätigkeit der Koalitionen in unserem gesellschaftlichen System exemplifiziert, ihrerseits wiederum den durch Grundrechtskonkretisierung gewonnenen unterschiedlichen sozialen Handlungssystemen zugeordnet werden könne. Innerhalb des durch die Regelung der Arbeits- und Wirtschaftsbedingungen umgrenzten Bereichs werden die Gewerkschaften, bei denen der Zielkonflikt, der sich aus ihrer umstrittenen Stellung ergibt, weit deutlicher hervortritt als bei den Arbeitgeberverbänden, als mit Ordnungsaufgaben betraute Berufsorgane tätig. Weiterhin ist die Tätigkeit der Koalitionen in diesem Bereich auf ihre gesamtwirtschaftlichen Funktionen hin geordnet und sollte danach ausgerichtet sein. Ob und in welcher Weise eine solche gesamtwirtschaftliche Verantwortung der Koalitionen justitiabel ist, kann nicht Gegenstand dieser Untersuchung sein. Die Koalitionen nehmen hier öffentliche Aufgaben dadurch wahr, daß sie in der Gestalt von Arbeitnehmerkoalitionen als Interessenwalter der Arbeitnehmer, in der Gestalt von Arbeitgeberkoalitionen als Interessenwalter der Arbeitgeber eine abstrakte Gleichgewichtslage herstellen und damit das klassische Modell der Vertragsgerechtigkeit für Lohn- und Arbeitsbedingungen zu verwirklichen suchen. Interessenwiderstreite, die sich durch Aufgabenwahrnehmung innerhalb dieser

Funktionsschichten und der auch bei der Vereinbarung der Arbeits- und Wirtschaftsbedingungen bestehenbleibenden Rolle der Koalitionen als Hüter der Interessen ihrer Mitglieder auftreten, müssen mittels einer umfassenden Güter- und Interessenabwägung gelöst werden.

Außerhalb dieses funktionellen Systems hingegen wird die Stellung der Koalitionen als Interessenvertreter nicht durch eine gesamtwirtschaftliche Verantwortung getrübt. Nur *soweit* wie die Koalitionen mit ihren privaten Interessen zugleich auch die oben beschriebenen öffentlichen Interessen verfolgen, wird ihre gewissermaßen natürliche Handlungsfreiheit gesetzlich eingegrenzt.

(5) Eine gesonderte rechtliche Behandlung eines Indifferenzbereichs, der weder dem Komplex der Arbeits- und Wirtschaftsbedingungen angehört noch dem der ungetrübten natürlichen Handlungsfreiheit der Koalitionen, ist abzulehnen. Abgesehen von den Definitionsschwierigkeiten, die sich beim Versuch der Umgrenzung eines solchen Bereichs ergäben, müßte eine solche Begrenzung der Befugnisse der Koalitionen als Widerspruch zu ihrem historischen Auftrag angesehen werden. Notwendige Eingrenzungen der „Allmacht" der Koalition können auch bei Zugeständnis der allgemeinen Vertragsfreiheit aus der Zuordnung zu Art. 2 Abs. 1 GG gewonnen werden. Auf diese Grenzen wird später noch näher einzugehen sein.

§ 5 Harmonie normativer und schuldrechtlicher Abreden als Umgehungsproblem

Nach den grundsätzlichen grundrechtssystematischen und das Wesen der Kollektivautonomie erörternden Überlegungen kann nun untersucht werden, ob und inwieweit es sich bei dem Verhältnis von normativen und schuldrechtlichen Abreden in Tarifverträgen auf die Grenzen der Tarifmacht bezogen um ein Problem der Umgehung[1], genauer gesagt um ein solches der Gesetzesumgehung handelt[2].

In der neueren allgemeinen zivilrechtlichen Lehre wird ein Umgehungsproblem als solches nicht mehr anerkannt. Wie vor allem Flume[3] festgestellt hat, handelt es sich vielmehr um ein solches auslegungsteleologischer Art[4]. Für eine besondere Lehre vom Umgehungsgeschäft ist deshalb kein Raum mehr, da im Zeitalter der Interessenjurisprudenz nicht mehr zwischen verba legis und sententia legis unterschieden wird, sondern der Inhalt eines Gesetzes nach der sententia legis bestimmt wird, sofern die verba legis dies zuläßt[5, 6]. Damit ist schon ausgesprochen, daß ein Verstoß gegen den betreffenden zwingenden Rechtssatz dann vorliegt, wenn durch ihn ein bestimmter Erfolg schlechthin verhindert werden und nicht nur ein bestimmter unter mehreren zu diesem Erfolg führenden Wegen verbaut werden soll[7].

Allein diese Rückbesinnung auf die dogmatische Provenienz des Rechtsinstituts der Umgehung läßt es schon fragwürdig erscheinen, bei einem bunten Strauß von verschiedensten sachlichen Problemkreisen, wie sie bei der Frage nach dem Verhältnis normativer zu schuldrechtlichen Abreden auftauchen, in kühner Allgemeinheit zu behaupten, in all diesen

---

[1] Vgl. dazu oben § 2 A I und II.

[2] Nach dem Wortlaut des § 134 BGB kommt eine Umgehung nur bei Verbotsgesetzen in Betracht. Richtigerweise kann aber jeder zwingende Rechtssatz „umgangen" werden; vgl. *Enneccerus-Nipperdey*, 2. Halbbd., S. 1162.

[3] *Flume*, AT § 17, 5 und 20, 2 b, cc; weiterhin *Lehmann-Hübner*, S. 195, und *Soergel-Siebert-Hefermehl*, § 134 Rdn. 38 ff.

[4] *Flume*, AT, § 17, 5.

[5] *Flume*, AT, § 20, 2 b, cc.

[6] Daß die Umgehung ein Auslegungsproblem ist, geht schon aus der Entstehungsgeschichte des BGB hervor, da der Antrag, eine besondere Umgehungsbestimmung (wie sie heute etwa in § 6 SteueranpG enthalten ist) in den Gesetzestext aufzunehmen, abgelehnt wurde; vgl. Protokolle I, 257.

[7] Siehe statt aller BGH LM Nr. 19 zu § 134 BGB; BGH DB 1957, 554; BGH NJW 1959, 234; BAGE 3, 311; *Soergel-Siebert-Hefermehl*, § 134 Rdn. 40.

Fällen stellten schuldrechtliche Abreden, soweit sie über das normativ zulässige Maß hinausgingen, eine Umgehung der normativen Bestimmungen dar. Handelt es sich bei der Umgehung um ein auslegungsteleologisches Problem, so kann bei rein zivilrechtlicher Betrachtung die richtige Entscheidung nur einzelfallbezogen und zwar an einem bestimmten sachlichen Problemkreis orientiert sein. Ähnlich stellt auch *Zöllner*[8] richtig fest, daß „ein vom Gesetzgeber mißbilligtes Ergebnis weder auf normativem noch auf schuldrechtlichem Wege erreicht werden darf. Eine solche Mißbilligung kann aber nicht schon generell aus der (zwangsläufigen) Beschränkung der normativen Wirkung auf Tarifgebundene entnommen werden, sondern muß von Fall zu Fall sorgfältig aus der ratio der jeweiligen Beschränkung, etwa dem Verbot des Eingriffs in die Individualsphäre, abgeleitet werden"[9].

Im Hinblick auf die oben durch Grundrechtskonkretisierung gewonnenen Ergebnisse wird man deshalb zur Durchleuchtung der undifferenzierten Umgehungsaussage auch bei der Umgehungsproblematik in zwei Bezugssysteme aufspalten müssen: Zum einen in das soziale Handlungssystem der Vereinbarung von Arbeits- und Wirtschaftsbedingungen, zum anderen in den Bereich freier Verbandstätigkeit.

Außerhalb des Handlungskomplexes der Arbeits- und Wirtschaftsbedingungen sind keine normativen Klauseln zulässig. Hier fehlt es den Tarifvertragsparteien an einem durch das Tarifvertragsgesetz vermittelten delegatarischen von Art. 9 Abs. 3 GG ausgehenden Regelungsauftrag. Herrscht auf diesem Feld, das die Ordnung der abhängigen Arbeit überhaupt nicht berührt, die allgemeine, durch Art. 2 Abs. 1 GG garantierte Vertragsfreiheit, so können für die Vereinbarungen der Tarifvertragsparteien auch nur die Grenzen gelten, die dem allgemeinen Schuldrecht immanent sind. Für die Frage der Umgehung besteht kein Raum.

Innerhalb des funktionellen Systems zur Erzielung arbeitsökonomischer Marktgerechtigkeit sind grundsätzlich die Schranken sowohl der schuldrechtlichen als auch der normativen Bestimmungen aus dem Begriffspaar der Arbeits- und Wirtschaftsbedingungen zu entwickeln, mit dem Unterschied, daß hinsichtlich der normativen Gestaltungsmöglichkeiten durch das Tarifvertragsgesetz eine verbindliche Konkretisierung

---

[8] *Zöllner*, S. 41.

[9] *Biedenkopf*, Sondervorteile, S. 19, bemerkt mit Recht, man möge sich doch davor hüten, die Bejahung einer Gesetzesumgehung im kollektiven Arbeitsrecht von anderen, weniger strengen Voraussetzungen abhängig zu machen als in anderen Rechtsgebieten. Er selbst verhält sich jedoch widersprüchlich, wenn er (Gutachten, S. 125) für den Fall, daß die Tarifvertragsparteien den in Frage stehenden Sachverhalt nicht normativ regeln dürfen, dieses Problem als ein solches der Umgehung bezeichnet, an anderer Stelle jedoch (Tarifautonomie, S. 21) der Behandlung dieses Sachbereichs unter dem Stichwort Umgehung wesentlich reservierter gegenübersteht.

stattgefunden hat, welche für die schuldrechtlichen Abreden unterblieben ist. Auch hier ist deshalb kein eigenständiger Raum für die Umgehungsproblematik, wenn man ihre Reduzierung auf eine bloße Auslegungsfrage mitvollzieht. Die durch das Tarifvertragsgesetz erfolgte Konkretisierung der normativen Gestaltungsmöglichkeit kann bei jeder zu entscheidenden Sachfrage im schuldrechtlichen Teil nur ein Hilfsmittel bei der Auslegung sein. Von den vier verschiedenen Auslegungsprinzipien[10] wird hierbei zunächst die historische Methode dadurch betroffen, daß der normative Teil des Tarifvertrages Anhaltspunkte für jene Sachgebiete geben kann, die nach der Auffassung des damaligen Gesetzgebers zum historisch gewachsenen Problemkreis, mit dem sich der Tarifvertrag beschäftigen darf, gehören. Nach der herrschenden objektiven Auslegungsmethode[11] ist jedoch letztlich entscheidend für das Auslegungsergebnis die teleologische Auslegung[12]. Auch hier können die Normen des Tarifvertragsgesetzes den richtigen Weg weisen, indem sie die objektiv-gesetzliche Interessenbewertung aufzeigen. Um hinsichtlich der schuldrechtlichen Abreden zu einem von dem normativ zulässigen abweichenden Ergebnis zu kommen, müssen deshalb schon deutliche Argumente für eine objektiv anders gelagerte Interessensituation vorhanden sein.

---

[10] Zu den Prinzipien der Auslegung: *Larenz*, Methodenlehre, S. 301 ff.

[11] Siehe BVerfGE 1, 299; 8 307; 10, 244; 11, 130; 19, 362.

[12] *Larenz*, Methodenlehre, S. 321.

§ 6 Normative und schuldrechtliche Abreden in ihrer Bindung an Grundrechte und einfaches Gesetzesrecht

A. Bindung an die Grundrechte

I. Bindung des normativen Teils an die Grundrechte

Die Begründung der herrschend vertretenen Grundrechtsbindung des Tarifvertrages ist weitgehend auf seinen normativen Teil zugeschnitten[1]. So muß nach der Rechtsprechung des Bundesarbeitsgerichts die Frage nach der Geltung der Grundrechte für den Tarifvertrag von der allgemeinen Frage einer „Drittwirkung" der Grundrechte getrennt werden[2]. Nach der Delegationstheorie erhalten die Tarifparteien „aus dem in der Erteilung der Ermächtigung (durch das Tarifvertragsgesetz) zum Ausdruck gekommenen Willen des staatlichen Gesetzgebers, die normative Regelung der Arbeitsverhältnisse der Tarifgebundenen den Tarifvertragsparteien in der Form der tariflichen Rechtsetzung zu überlassen"[3] Privileg und Grenze zugleich. Da es sich bei dieser Rechtsetzung um Gesetzgebung im materiellen Sinne handele, müsse sie als solche den in Art. 1 Abs. 3 GG genannten Schranken unterliegen. An sich habe der Gesetzgeber die Aufgaben, die er den Tarifvertragsparteien übertragen habe, in eigener Zuständigkeit regeln dürfen. Wenn er sie delegiere, seien sie mit den gleichen Schranken belastet wie jede normale andere Gesetzgebung[4].

Diese Meinung ist vom Standpunkt der Delegationstheorie aus in sich konsequent und geschlossen[5]. Auch wenn man wie hier die Gewährleistung eines verfassungskonformen Tarifvertragssystems schon in Art. 9 Abs. 3 GG sieht und das Tarifvertragsgesetz nur als konkretisierende Ausführungsgesetzgebung betrachtet, kann das Ergebnis kein wesentlich

---

[1] Vgl. *Misera*, S. 67, Fußn. 397.

[2] Zur Grundrechtsgeltung in Tarifverträgen: BAG AP Nr. 16 zu Art. 3 GG; AP Nr. 17 zu Art. 3 GG; AP Nr. 4 und 6 zu Art. 3 GG; AP Nr. 2 zu § 13 KSchG; AP Nr. 25, 26 zu Art. 12 GG; AP Nr. 1 zu Art. 6 Abs. 1 GG Familie und Ehe; *Biedenkopf*, Tarifautonomie, S. 70 ff.; *Galperin*, Molitor-Festschrift, S. 143 ff., 153 ff.; *Gamillscheg*, AcP 164, 385, 399, 404, 407 ff. m. w. N. S. 399, Fußn. 37; *Hueck-Nipperdey* II 1, S. 373 ff.; *H. Krüger*, RdA 1957, 201 (205).

[3] BAG AP Nr. 16 zu Art. 3 GG = BAGE 4, 240 (251).

[4] BAG, ebd.

[5] Ebenso *Zöllner*, RdA 1964, 447 (448).

anderes sein. Auch dann bleiben nämlich die tarifvertraglichen Normen materielle Rechtsetzung und damit grundrechtswertgebunden[6].

Gegen die absolute Gleichsetzung tarifvertraglicher mit staatlicher Gesetzgebung wendet sich *Zöllner*[7] mit Argumenten, die aus der beifallswürdigen Klarstellung Nipperdeys geboren wurden, die Dynamik und Wirkungskraft der Grundrechte sei im Verhältnis des einzelnen zum Staat stärker als im Verhältnis der einzelnen Privatrechtssubjekte zueinander[8]. Zöllner will diese Erkenntnis auf das Verhältnis tarifvertraglicher und staatlicher Gesetzgebung übertragen, da es sich bei den Tarifnormen um Rechtsnormen minderer Qualität handele. Er begründet diese Abschwächung der Grundrechtsgeltung mit dem Charakter der Tarifnormen „als sachgemäß von gleichwertigen Partnern und unter privatrechtlicher Sanktionierung durch die Betroffenen ausgehandeltes" und nicht als „einseitig von hoheitlichen Instanzen aufoktroyierten Rechts"[9].

Die Heranziehung von Gedanken einer durch den Marktautomatismus bedingten Gerechtigkeit auf dem Arbeitssektor muß jedoch für die Eindämmung der Wirkungsbereitschaft von Grundrechten erheblichen Bedenken unterliegen. Sicherlich verwirklicht das Gegengewichtsprinzip die Idee der gerechten Verteilung von Lohn und Einkommen bis zu einem gewissen Maße[10]. Die Grundrechtsgeltung betrifft jedoch nicht diese globale Sphäre der ökonomischen Verteilungsgerechtigkeit, für die man dem von *Zöllner* aufgestellten Grundsatz leichten Herzens zustimmen könnte. Stattdessen geht es um die Stellung des den Rechtsnormen unterworfenen einzelnen Subjekts. Wie *Nipperdey*[11] treffend ausgeführt hat, ist in dem über Jahrhunderte währenden Streit, ob das einzelne Individuum oder der Staat als Zusammenfassung aller im Mittelpunkt des Rechts steht, die Entscheidung zugunsten der Würde und Freiheit des einzelnen Individuums ausgefallen, wenn auch andererseits das „Menschenbild des Grundgesetzes" nicht das eines isolierten souveränen Individuums ist. Obwohl auch in der Staatssphäre ein theoretisches Gerechtigkeitsideal dadurch verwirklicht wird, daß alle Gesetze vom Parlament als demokratisch legitimierter Repräsentationskörperschaft erlassen werden, sah man sich gezwungen, der Präponderanz des Wertes der Einzelpersönlichkeit entsprechend gewisse Grundrechte gegenüber der Staatsgewalt einzuführen. Ein ähnlicher und ganz vergleichbarer Widerstreit der Interessen des einzelnen besteht auch gegenüber der Normsetzung der Tarifparteien. Obwohl deren Gesetzgebung wie die staatliche durch den gegengewichtigen Interessenwider-

---

[6] Die dagegen gerichtete Polemik *Dürigs* (*Maunz-Dürig-Herzog*, Art. 1 Anm. 116; *Dürig*, Nawiasky-Festschrift, S. 157; vgl. dazu *G. Hueck*, S. 105 m. Anm. 20 und *Biedenkopf*, Tarifautonomie, S. 71) ist nur aus seiner abweichenden Grundvorstellung von der Tarifautonomie verständlich. Sein Zwischenergebnis lautet, bei der Frage der Grundrechtsbindung normativer Abreden in Tarifverträgen handele es sich „trotz allen sozialrechtlichen Einschlags im kollektiven Arbeitsrecht" (*Maunz-Dürig-Herzog*, ebd.) um eine Frage der Grundrechtsbindung im Privatrecht überhaupt.

[7] *Zöllner*, RdA 1964, 443 (448); daran anknüpfend *Misera*, S. 82 ff.

[8] *Nipperdey*, Molitor-Festschrift, S. 27.

[9] *Zöllner*, ebd.

[10] Vgl. dazu die Angaben oben § 3.

[11] *Nipperdey*, Molitor-Festschrift, S. 17 f.; bejahend *Biedenkopf*, Tarifautonomie, S. 45.

streit an der Gerechtigkeitsidee ausgerichtet ist, besteht das Bedürfnis nach Anerkennung des Eigenwertes der Person bei ihnen im gleichen Maße[12].

Das Bild der arbeitsmarktökonomischen Austauschgerechtigkeit hat deshalb keine Argumentationskraft für eine schwächere Wirkung der Grundrechte innerhalb tarifvertraglicher Normsetzung gegenüber staatlicher Normsetzung. Der normative Teil des Tarifvertrages unterliegt in gleichem Maße grundrechtlichen Schranken wie die staatliche Gesetzgebung[13].

II. Bindung schuldrechtlicher Abreden innerhalb des sozialen Handlungssystems der Arbeits- und Wirtschaftsbedingungen

Innerhalb des sozialen Handlungssystems zur Vereinbarung der Arbeits- und Wirtschaftsbedingungen unterscheiden sich normative und schuldrechtliche Abreden zwar in ihrer Gestalt, nicht jedoch in ihrer Zielsetzung, ihrer funktionellen Zweckgerichtetheit. Deshalb müssen für sie, wie oben dargestellt[14], die gleichen an Art. 9 Abs. 3 GG orientierten Grenzen gelten, deshalb muß auch, eben weil die Koalitionen hier ein vom Staat verliehenes Privileg innehaben, ihre Verantwortung der des Staates entsprechen. Einer z. B. von *Gamillscheg*[15] befürworteten Feststellung, ob im Einzelfall eine soziale Macht ausgeübt wird, bedarf es hier also nicht, um die Grundrechte mit der gleichen Stringenz und Dynamik wirken zu lassen, als wenn es sich um eine vertragliche Normsetzung handelte. Das eigentlich problematische Feld einer „Drittwirkung der Grundrechte" wird bei diesen schuldrechtlichen Abreden noch nicht beschritten.

III. Bindung schuldrechtlicher Abreden an Grundrechte außerhalb des sozialen Handlungssystems der Vereinbarung der Arbeits- und Wirtschaftsbedingungen

Auch in dem lediglich durch Art. 2 Abs. 1 GG gedeckten Raum, in dem sich die Koalitionen als reine Interessenverbände gegenüberstehen, könn-

[12] Vgl. zum ganzen *Nipperdey*, ebd., S. 18.

[13] Zu einem differenzierenden Ergebnis kommt *Hanau* (RdA 1970, 92) in einer Besprechung der Schrift von *Misera* (a.a.O.). Hanau bekämpft zwar die generelle Aussage, daß die Grundrechtsbindung von Gesetz und Tarifvertrag verschieden sei mit dem Argument, die Gesetzgebung stehe viel stärker im Licht der Öffentlichkeit als das Aushandeln der Tarifverträge, so daß beim Tarifvertrag ein erhöhtes Schutzbedürfnis gegeben sein könnte. Andererseits hält er es für möglich, daß die Beurteilung im Einzelfall unterschiedlich ausfallen könnte, wofür er jedoch keine Beispiele anführt. Im Ergebnis läuft die Ansicht Hanaus m. E. doch auf die Stellungnahme Zöllners und Miseras hinaus. Diese werden wohl, da sie jedenfalls, wie Hanau im Hinblick auf Misera mit Recht bemängelt, keine näheren Kriterien für eine generell eingeschränkte Grundrechtsbindung angeben, diese ebenfalls nur im Einzelfall ausloten wollen.

[14] Vgl. § 3 E.

[15] *Gamillscheg*, AcP 164, 385 (406 und 412).

ten die Grundrechte unabhängig von dem Problemkreis der Drittwirkung der Grundrechte in den Privatrechtsbereich eingreifen, nämlich als Institutsgarantien. Institutsgarantien sind ex definitione sowohl für die Gesetzgebung des Staates als auch unmittelbar für den Privatrechtsverkehr verbindlich. Wie der Gesetzgeber gehindert ist, Rechtssätze zu erlassen, die ein verfassungsrechtlich geschütztes Rechtsinstitut in seinem Bestand aushöhlen könnten, so dürfen gleichermaßen auch die Rechtsgeschäfte einzelner Privater nicht in Bestand und Inhalt einer Institutsgarantie eingreifen[16].

Auch bei einem institutionellen Grundrechtsverständnis können jedoch nicht *alle* im Grundrechtskatalog enthaltenen Normen mit entsprechendem Gehalt gefüllt werden. Diejenigen Grundrechtsnormen, bei denen dies ohne weiteres möglich erscheint und zum Teil auch anerkannt wird, sind Art. 6 Abs. 1 GG[17] (Ehe und Familie), Art. 14 GG[18] (Eigentum und Erbrecht), Art. 5 GG (Wissenschaft, Lehre und Presse) und vielleicht auch die in Art. 5 Abs. 1 GG enthaltene individuelle Meinungsfreiheit als funktionales System zur Herstellung eines offenen, demokratischen Kommunikations- und Meinungsbildungsprozesses. Auch die kollektive Koalitionsfreiheit des Art. 9 Abs. 3 GG kann in dem hier verstandenen Sinne institutionell interpretiert werden, während dies bei Art. 2 Abs. 1 GG höchstens im Hinblick auf Teilinhalte möglich ist. Nicht mit institutionellem Gehalt füllen lassen sich jedoch z. B. die positive individuelle Koalitionsfreiheit (Art. 9 Abs. 3 GG) und die sogenannte negative Koalitonsfreiheit, zwei Grundrechtsverbürgungen, die gerade bei schuldrechtlichen Abreden in Tarifverträgen, wie sich in der Diskussion zur Außenseiterproblematik gezeigt hat, die Frage nach der Grundrechtsbindung auftauchen lassen. Sie haben, betrachtet man ihre zur Staatsgewalt ausgerichtete Komponente, noch wesentlich stärker den Charakter von subjektiv öffentlichen Abwehrrechten[19]. Für diese letzteren Grundrechte bleibt also die Frage der Drittwirkung nach wie vor akut[20].

Die Drittwirkung der Grundrechte[21] wird aus der der Stellung gegenüber dem Staat vergleichbaren Lage des einzelnen Subjekts gegenüber

---

[16] *Nipperdey,* Molitor-Festschrift, S. 23.

[17] *Maunz-Dürig-Herzog,* Art. 6 Rdn. 1.

[18] *Maunz-Dürig-Herzog,* Art. 14 Rdn. 4.

[19] In dieser ihrer Eigenschaft als subjektiv-öffentliche Rechte sind die Grundrechte natürlich nicht für den Privatrechtsverkehr bestimmt; vgl. *Nipperdey,* Molitor-Festschrift, S. 23.

[20] Sieht man die negative Koalitionsfreiheit ebenso wie die positive in Art. 9 Abs. 3 GG verankert, so ist damit die Frage ihrer Drittwirkung im Privatrechtsbereich schon aus Art. 9 Abs. 3 Satz 2 entschieden. Sieht man den Stellenwert der negativen Koalitionsfreiheit geringer und ordnet sie nur dem Art. 2 Abs. 1 GG zu, so wird auch hier die Drittwirkungsfrage interessant.

[21] Eine unmittelbare Drittwirkung der Grundrechte wird bejaht von: *Bydlinski,* ÖZöffR XII, S. 424 ff.; *Enneccerus-Nipperdey,* § 15 II 4c; *Gamillscheg,* AcP 164, 385; *G. Müller,* RdA 1964, 121; *Hueck-Nipperdey* II 1, S. 373; *Nipperdey,* Molitor-Festschrift S. 17; *Küchenhoff,* Nipperdey-Festschrift 1965, Bd. II S. 317; *Misera,* S. 67. Eine Einwirkung der Grundrechte über die Generalklauseln des Zivilrechts wird vor allem vertreten von Dürig in *Maunz-Dürig-Herzog,* Art. 1 Rdn. 116 ff. und in Nawiasky-Festschrift, S. 167; ähnlich *Söllner,*

den sozialen Mächten hergeleitet[22]. „Der Begriff soziale Macht, soziale Gewalt ist der Schlüssel des Problems der Drittwirkung[23]." Diese soziale Machtstellung wird gemeinhin im Verhältnis des einzelnen Arbeitnehmers zum wirtschaftlich stärkeren Arbeitgeber gesehen. Der Präponderanz der Entfaltung des Individuums entspricht es aber, das einzelne Verbandsmitglied auch vor der den Korporationen anvertrauten Machtfülle zu schützen, obwohl diese innerverbandlich demokratisch strukturiert sein müssen[24]. Erst recht muß dieser Schutz dem Außenseiter zugute kommen, der an dem demokratischen Willensbildungsprozeß innerhalb des Verbandes nicht teilhat.

Die grundsätzliche Ablehnung einer absoluten Drittwirkung einzelner Grundrechtsbestimmungen als objektives Verfassungsrecht, das Bestimmungen des Privatrechts aufheben, modifizieren, ergänzen oder neu schaffen kann, beruht weitgehend auf einem doppelten Mißverständnis dieser Wirkung. Das erste Mißverständnis ist ein historisches, die Bedeutung der Grundrechte wird „nur aus der historischen Perspektive des 19. Jahrhunderts"[25] gesehen. Bei der damaligen Rechts- und Staatsauffassung war tatsächlich der Schutz des einzelnen vor der überragenden Allmacht des Staates das zu lösende und mit der Verankerung von liberalen Freiheitsrechten auch tatsächlich bis zu einem gewissen Grade gelöste Problem des Verhältnisses zwischen Staat und Gesellschaft[26]. In der Verbandsdemokratie des spätkapitalistischen Systems der 2. Hälfte des 20. Jahrhunderts trat der Schutz des einzelnen vor der Macht des Staates jedoch bei weitem hinter der Notwendigkeit, den einzelnen vor den „intermediären Mächten", vor Gruppen, Verbänden, großen Unternehmen usw., die de facto aufgrund der unterschiedlichen Machtverhältnisse obrigkeitliche Funktionen ausüben, zu schützen, zurück[27]. Bei einer am verobjek-

---

Einseitige Leistungsbestimmung, S. 132 f. und wohl auch BVerfGE 7, 204. Gegen eine Drittwirkung der Grundrechte überhaupt: *Forsthoff*, Carl-Schmitt-Festschreift, S. 35 ff.; ders., Der Staat 1963, S. 385 ff.; *v. Mangoldt-Klein*, Vorbem. A II 4 d, der jedoch zugeben muß, daß eine „bestimmte Art von Drittwirkung" außerhalb des Verfassungsrechts bei den „Grundrechtsbestimmungen" (Vorbem. IV vor Ziff. 1) als Einrichtungsgarantien und Grundsatznormen (Vorbem. VI 4) besteht. Weitere Nachweise zur höchst umfangreichen Literatur und Rechtsprechung zur Drittwirkungsproblematik bei *Hueck-Nipperdey* II 1, § 3 Anm. 1; *Leisner*, S. 310 ff. und S. 338 f., Fußn. 123 und 124; *Maunz-Dürig-Herzog*, Art. 1 Rdn. 127 ff.

[22] Dazu vor allem *Nipperdey*, Molitor-Festschrift, a.a.O., und *Gamillscheg*, AcP 164, S. 407. Unzutreffend ist dagegen die früher als tragend angesehene Begründung, was dem Staat nicht erlaubt sei, sei erst recht dem Privaten verwehrt, vgl. etwa *Nipperdey*, RdA 1950, 121 (125); dagegen zuerst Dürig in *Maunz-Dürig-Herzog*, a.a.O., Rdn. 130; Nawiasky-Festschrift, S. 158; DÖV 1958, 194 (196); dann auch die Anhänger der unmittelbaren Grundrechtswirkung wie *Nikisch* I, S. 499 f.; *Gamillscheg*, AcP 164, 385 (406) und gegen seine frühere Auffassung Nipperdey in *Enneccerus-Nipperdey* I, S. 97 und II, S. 1152.

[23] *Gamillscheg*, ebd., S. 407.

[24] Vgl. *Hueck-Nipperdey* II 1, S. 102 m. w. N. in Fußn. 40a sowie *Ridder*, S. 32 f. und *Reuß*, S. 213 ff.

[25] *Nipperdey*, Molitor-Festschrift, S. 23.

[26] *Nipperdey*, ebd., S. 25; *Gamillscheg*, AcP 164, 385 (405).

[27] Vgl. *W. Weber*, OLG-Celle-Festschrift, S. 242.

tivierten Willen des Verfassungsgesetzgebers orientierten Auslegung muß also eine Überwirkung der Grundrechte in den gesellschaftlich-sozialen Bereich grundsätzlich bejaht werden[28].

Das zweite Mißverständnis, dem *Nipperdey* und *Gamillscheg*[29] entgegenzutreten versuchten, besteht darin, daß vielfach geglaubt wird, die Grundrechte wirkten auf den Privatrechtsbereich mit der gleichen Intensität ein, die sie im Verhältnis Bürger — Staatsgewalt besitzen. Dem ist jedoch entgegenzuhalten, daß „die Wirkungsstärke der Grundrechte im Verhältnis des einzelnen zum Staat eine etwas andere ist als im Verhältnis der Privatsubjekte zueinander", wie Nipperdey[30] es ausdrückt. Zum anderen reicht die Analogie zur Lage des Staates selbstverständlich nur soweit, wie vergleichbare Machtlagen gegeben sind[31]. So kann gegenüber einem kleinen Arbeitgeber die Grundrechtsbedürftigkeit der zusammengeschlossenen Arbeitnehmer ohne weiteres zurücktreten und sogar der Grundrechtsschutz des Arbeitgebers nach stärkerer Betonung verlangen.

Gemeinhin stehen sich die Tarifvertragsparteien in einem Zustand gegengewichtiger Spannung[32] gegenüber, weshalb kein Anlaß zur Anwendung der Grundrechte in ihrem Verhältnis besteht. Notwendig bleibt jedoch die Grundrechtsgeltung, wie schon oben für den Bereich der Arbeits- und Wirtschaftsbedingungen ausgesprochen wurde und wie es im Bereich freiverbandlicher Tätigkeit erst recht gelten muß, für die eigenen Verbandsangehörigen und vor allem für die Außenseiter. Aus der Vergleichbarkeit der Machtsituation gegenüber dem Staat einerseits und den intermediären Mächten andererseits scheint auch eine unmittelbare derogierende Wirkung gegenüber der Umwegwirkung über die Generalklauseln des Zivilrechts, die zudem auf andere Problemlagen zugeschnitten sind[33], angebracht. Hierbei bleibt jedoch — und darin besteht der Unterschied zur Grundrechtsgeltung gegenüber der Staatsgewalt — zu beachten, daß auch die Koalitionen in ihrer Stellung als private Interessenverbände, die sie auf dem Sektor des Art. 2 Abs. 1 GG einnehmen, Grundrechtsträger sind und sich auf ihre Freiheitsrechte berufen können, was einer staatlichen Organisation verwehrt wäre. So besteht also im Einzelfall die Notwendigkeit, zwischen der behaupteten Grundrechtsverletzung des einzelnen Individuums als Grundrechtsträger und der in

---

[28] Eine Zusammenfassung der geläufigen Argumente für eine Drittwirkung bringt *Leisner*, S. 332 ff.

[29] *Gamillscheg*, AcP 164, S. 405; *Nipperdey*, ebd.

[30] *Nipperdey*, ebd., S. 27.

[31] *Gamillscheg*, ebd., S. 408; vgl. auch *Pernthaler*, ÖZöffR XVII, 45 (63).

[32] Vgl. dazu § 3 Fußn. 76.

[33] Dies wird insbes. von *Leisner*, S. 361 ff., betont.

Art. 2 Abs. 1 GG garantierten allgemeinen Handlungsfreiheit der Koalitionen abzuwägen[34, 35].

B. Bindung des schuldrechtlichen und normativen Teils des Tarifvertrages an einfaches Gesetzesrecht

Die Bindung des schuldrechtlichen Teils des Tarifvertrages an einfaches Gesetzesrecht[36] kann hier verhältnismäßig kurz behandelt werden. Sie braucht nicht erst wie beim normativen Teil mit dem Argument begründet zu werden, daß die tarifvertragliche Normsetzung auf einer niedrigeren Stufe der Rechtsquellen stehe als die gesetzliche, sondern ergibt sich schon aus der allgemein gültigen Tatsache, daß dem privatautonomen rechtlichen Gestaltungswillen durch die Rechtsordnung in der Figur des zwingenden Rechts Schranken gesetzt sind[37]. Die zwingenden Gesetzesnormen bilden einen Teil des ordre public und sind deshalb der Herrschaft des Privatwillens entzogen. Ob man für die schuldrechtlichen Bestimmungen, die sich innerhalb des Sektors der Arbeits- und Wirtschaftsbedingungen ansiedeln lassen, die vorgenannte Begründung wählt oder ihre Verwandtschaft zu den normativen Klauseln betont und ihnen gleichstellt, kann letzten Endes offen bleiben.

Dispositives Gesetzesrecht[38] können die schuldrechtlichen Abreden des Tarifvertrages grundsätzlich modifizieren. Dabei kann der teilweise geäußerten Ansicht[39], für eine Abweichung von den nachgiebigen gesetzlichen Vorschriften müßten die Tarifvertragsparteien vernünftige Gründe darlegen, nicht gefolgt werden. Wegen der gleichgewichtigen Machtlage beim Abschluß des Tarifvertrages und der größeren Sachnähe der Tarifvertragsparteien gegenüber dem Gesetzgeber ist eine solche zusätzliche Kontrolle überflüssig, wo die Arbeitnehmer doch in ihren elementaren Lebensbereichen durch die Drittwirkung der Grundrechte genügend geschützt sind[40].

---

[34] Ebenso *Nipperdey*, Molitor-Festschrift, S. 27.

[35] *Leisner*, S. 310 ff. und S. 378 ff., versucht, die Drittwirkungsproblematik systematisch in eine vertragliche und außervertragliche zu trennen. Dies ist m. E. in Anblick der oben befürworteten Abwägung, die natürlich im vertraglichen Bereich anders ausfallen kann als im außervertraglichen, überflüssig.

[36] Ausführlicher *Hueck-Nipperdey* II 1, S. 392 ff.

[37] BVerfGE 7, 206; *Soergel-Siebert-Hefermehl*, § 134 Rdn. 2.

[38] Zum Verhältnis des Tarifvertrages zum dispositiven Gesetzesrecht: *Enneccerus-Nipperdey*, § 49; *Hueck-Nipperdey* II 1, S. 397 ff.; *Nikisch* II, S. 229 ff., 413; *Kaskel-Dersch*, S. 93 f.; *Kunze*, Das Arbeitsrecht der Gegenwart, Bd. 1, S. 119; *Maus*, § 1 Anm. 106, 107.

[39] Siehe die Angaben bei *Enneccerus-Nipperdey*, ebd., Anm. 11; *Kunze*, ebd., S. 140 f.

[40] So im Ergebnis auch *Hueck-Nipperdey* II 1, S. 397 ff., im Unterschied zur Vorauflage.

C. Zusammenfassung

(1) Für den normativen Teil des Tarifvertrages ergibt sich eine Bindung an die Grundrechte schon aus seiner gesetzesgleichen Wirkung. Diese Grundrechtsbindung hat die gleiche Intensität wie bei der staatlichen Gesetzgebung.

(2) Bei den schuldrechtlichen Abreden muß differenziert werden: Diejenigen schuldrechtlichen Abreden, die den Tarifvertragsparteien dazu dienen, den sozialen Handlungskomplex der Arbeits- und Wirtschaftsbedingungen auszufüllen und zu ergänzen, unterliegen den gleichen Schranken wie die entsprechenden normativen Vereinbarungen. Im durch Art. 2 Abs. 1 GG geschützten Bereich, in dem die Koalitionen als reine Interessenverbände auftreten, ist der Wirkungsgrad der Grundrechte ein geringerer. Sie kommen zum einen nur dort zur Geltung, wo tatsächlich ein Machtungleichgewicht besteht, zum anderen stehen sie mit der allgemeinen Handlungsfreiheit der Tarifvertragsparteien, die gleichfalls in Art. 2 Abs. 1 GG verankert ist, in Widerstreit.

(3) Die schuldrechtlichen Abreden sind an zwingendem Gesetzesrecht zu messen, von dispositivem Gesetzesrecht dürfen sie bis zu der Grenze, hinter der sie mit grundrechtlichen Normen und sonstigen zwingenden Grundsätzen in Konflikt kommen, abweichen.

§ 7 Erstreikbarkeit schuldrechtlicher Abreden

A. Meinungsdarstellung

Nach der herrschenden Auffassung gehört es zu den Voraussetzungen der Sozialadäquanz und damit der Rechtmäßigkeit von Arbeitskämpfen, daß ein unter den konkreten Gegebenheiten potentiell tariflich regelbares Ziel angestrebt wird[1]. Von dieser durch richterrechtliche Lückenausfüllung gewonnenen Prämisse wird dann weiterhin die spiegelbildliche Schlußfolgerung gezogen, soweit ein Ziel rechtswirksam tarifvertraglich geregelt werden könne, sei es auch mittels des Arbeitskampfes erzwingbar, sofern nicht aufgrund sonstiger Umstände dieser im Einzelfall ausgeschlossen sei[2].

Von diesem über lange Zeit als Dogma geltenden Grundsatz, der als selbstverständlich hingenommen wurde, werden jedoch seit längerem starke Abstriche gemacht. So fragte man sich zunächst anläßlich der Diskussion, ob eine tarifvertragliche Vermögensbildung nicht zu stark in den Individualbereich des Arbeitnehmers eingreife, aus weitgehend pragmatischen Gründen, ob man die gesellschaftspolitisch so sehr erwünschte Vermögensbildung[3] nicht dadurch ermöglichen könnte, daß man sie zwar als freiwillige Regelung zuließe, jedoch einen Arbeitskampf zur Erreichung ihres Ziels den Tarifvertragparteien nicht zubilligte[4]. *Biedenkopf*[5] will ausgehend von seiner These, die Zuständigkeit der Tarifparteien nach § 3 Abs. 2 TVG sei sowohl inhaltlich als auch im Geltungsgrund von

---

[1] *Boldt*, S. 113; *Brox-Rüthers*, S. 125 ff.; *Dietz*, JuS 1968, 6; ders., Herschel-Festschrift, S. 47 f.; *Galperin*, Nipperdey-Festschrift 1965 Bd. II, S. 197, 211; *Hessel*, BB 1951, 85 (86); *Hoeniger*, RdA 1953, 206; *Hueck-Nipperdey* II 1, S. 270 und II 2, S. 890 f. und 1010; *Nipperdey*, DB 1963, 1615; *Mayer-Maly*, RdA 1965, 433; *G. Müller*, RdA 1951, 247; *Promberger*, S. 19, 72 ff., 76; *Rüthers*, AuR 1967, 133; *Säcker*, DB 1967, 1087; weitergehend *Bydlinski* in Floretta-Strasser, S. 79 (81); ders., ÖZöffR IX (1959), S. 546; *A. Hueck*, RdA 1956, 201 (205); *Nikisch* II, S. 120 f., 130; *Reuß*, Juristen-Jahrbuch, Bd. 4 (1963/64), S. 177; *Weidner*, AcP 160, 450.

[2] *Adomeit*, RdA 1964, 309 (313); ;*Brox-Rüthers*, S. 133; *Gamillscheg*, BB 1967, 51; *A. Hueck*, S. 52; *Hueck-Nipperdey* II 1, S. 1010; *Zöllner*, S. 36; ArbG Neunkirchen, BB 1966, 738; so auch schon RGZ 111, 166 (171).

[3] Vgl. dazu oben § 1 C I.

[4] *Müller*, DB 1961, 1225 (1226); später dann für eine Trennung in dieser Hinsicht *Reuß*, AuR 1968, 161 (164 f.), der seine zuvor in AuR 1958, 330 und Juristen-Jahrbuch IV, S. 179, geäußerte gegenläufige Ansicht als lediglich referierend bezeichnet.

[5] *Biedenkopf*, Tarifautonomie, S. 312 ff.

ihrer übrigen Normsetzungsbefugnis verschieden und vergleichbar mit den Zuständigkeiten der Tarifparteien nach dem Betriebsverfassungsgesetz als „betriebsverfassungsrechtliche Zuständigkeit" anzusehen[6], im „Zusammenhang mit dem Streik um betriebliche und betriebsverfassungsrechtliche Tarifnormen die Konsequenzen des unterschiedlichen rechtlichen Gehalts der tarifvertraglichen Befugnis zur Regelung der Arbeits- und Wirtschaftsbedingungen gemäß Art. 9 Abs. 3 GG und der betrieblichen Normsetzung im Sinne des § 3 Abs. 2 TVG und des Betriebsverfassungsgesetzes" ziehen[7]. Obwohl er sich selbst der Praktikabilitätsbedenken bewußt ist, neigt er einer Ausdehnung der betriebsverfassungsrechtlichen Friedenspflicht auf die betriebsverfassungsrechtliche Zuständigkeit der Tarifparteien und damit einer Eindämmung der Streikfreiheit auf diesem Teilgebiet zu[8]. *H. Krüger*[9] wiederum sieht Arbeitskämpfe als verfassungswidrig an, soweit sie der Durchsetzung gesellschafts-, wirtschafts- und organisationspolitischer Forderungen dienen, selbst wenn ihre tarifvertragliche Vereinbarung zulässig sein sollte.

Mayer-Maly[10] versucht diese vereinzelt gewagten Ansätze, die Kreise tarifvertraglicher Regelungsbefugnis und arbeitskampfmäßig erreichbarer Ziele zu trennen, erstmals für den Problemkomplex normativer und schuldrechtlicher Abreden fruchtbar zu machen. Er behauptet, der sozialadäquate Arbeitskampf sei ein Instrument zur tariflichen Normsetzung, nicht tariflicher Vereinbarung schlechthin und verneint damit die Sozialadäquanz von Arbeitskämpfen, mit denen nur rein schuldrechtliche Bestimmungen gefordert werden[11]. Tendenziell liegt darin eine Abwertung schuldrechtlicher Abreden, weil sie nicht durch adäquaten Druck — zumindest nicht unter Offenlegung des Kampfziels — erzwungen werden könnten[12, 13].

---

[6] *Biedenkopf*, ebd., S. 310.

[7] *Biedenkopf*, ebd., S. 313.

[8] *Biedenkopf*, ebd., S. 316.

[9] *H. Krüger*, Gutachten, S. 75 f.

[10] *Mayer-Maly*, BB 1965, 829 (833) unter Berufung auf *Brox-Rüthers*, S. 133, die jedoch selbst auf S. 137 f. den Kampf um die auch schuldrechtlich vorstellbare Tarifausschlußklausel als sozialadäquat bezeichnen.

[11] Ein gewisser Widerspruch scheint mir in dieser Forderung *Mayer-Malys* zu seinem materialen Verständnis des Normativen (s. dazu oben § 2 A II) zu liegen. Sind schuldrechtliche Abreden, die einen Sachverhalt mit „materiell normativer" Wirkung regeln, den normativen gleichzustellen, so muß dies doch auch in der Gewerkschaft günstigerer Hinsicht, nämlich für die Erstreikbarkeit gelten.

[12] Gegen *Mayer-Maly* ausdrücklich *Zöllner* und *Gamillscheg* (s. Fußn. 2); *Hueck-Nipperdey* II 2, S. 1010, Fußn. 35 b; *Säcker*. S. 85.

[13] Auch *Bötticher* (S. 123) tendiert zu einer Einschränkung, ohne jedoch nähere Kriterien für die Einschränkbarkeit anzugeben.

B. Verfassungsrechtliche Grundlage des Streikrechts

Eng mit der zulässigen Zielsetzung eines Arbeitskampfes zusammen hängt die verfassungsrechtliche Verankerung des Streikrechts. Ordnet man die Kampfmittel des Streiks und der Aussperrung nicht der kollektiven Koalitionsfreiheit (Art. 9 Abs. 3 GG) sondern der allgemeinen Freiheitsgewährleistung zu (Art. 2 Abs. 1 GG)[14], so wird man einer weiten Spannbreite der Arbeitskampfziele zuneigen müssen. Diese Auffassung, welche in der Weimarer Zeit als die herrschende bezeichnet werden konnte[15], stützt sich weitgehend auf entstehungsgeschichtliche Argumente. Der ursprünglich noch vom Grundsatzausschuß bei der Beratung des Grundgesetzes gebildete Art. 9 Abs. 4 GG mit dem Inhalt „das Recht der gemeinschaftlichen Arbeitseinstellung zur Förderung und Wahrnehmung der Arbeits- und Wirtschaftsbedingungen wird anerkannt. Ihre Ausübung wird durch Gesetze geregelt“[16] wurde nämlich später durch den Hauptausschuß wieder gestrichen[17].

Diese Streichung wurde jedoch vorgenommen, weil sich die Einsicht durchsetzte, daß auf dieser Ebene eine Abgrenzung von verfassungsrechtlich geschütztem und verfassungsrechtlich ungeschütztem Streik, wolle man nicht von der vom Gesetzgeber erwarteten Knappheit und Eindeutigkeit abgehen, nicht möglich sei. Man verzichtete somit auf eine wörtliche Verankerung im Grundgesetz unter der Prämisse, diesen Bereich einer grundrechtskonkretisierenden Gesetzgebung offen zu lassen[18].

Der Schutz der Streikfreiheit lediglich durch die allgemeine Handlungsfreiheit des Art. 2 Abs. 1 GG vernachlässigte die in Art. 9 Abs. 3 GG enthaltene kollektive Komponente in Gestalt eines funktionalen sozialen Handlungssystems. In seiner kollektiven Komponente schafft Art. 9 Abs. 3 GG die Funktionsbedingung für einen im Sinne substantieller Einigung über die Arbeitsbedingungen real freien Arbeitsvertragsschluß. Art. 9 Abs. 3 GG enthält damit neben der institutionellen Koalitionsbestandsgarantie zunächst eine funktionelle Koalitionszweckgarantie, nämlich den Kernbereich einer „spezifisch koalitionsgemäßen Betätigung“[19]. Die-

---

[14] *Bulla*, Nipperdey-Festschrift 1955, S. 166; ders., AR-Blattei D, Arbeitskampf II B; *Bückling*, S. 5; *Cornelssen*, AuR 1955, 45; *Erdsiek*, NJW 1959, 2198; *Nikisch* II, S. 101 ff., 105; *Richardi*, RdA 1966, 247; weitere Angaben bei *Hueck-Nipperdey* II 2, S. 915, Fußn. 36e.

[15] Vgl. *Nipperdey*, Die Grundrechte und Grundpflichten der Reichsverfassung, Bd. 3, S. 415 ff. m. w. N.; anders schon damals *Potthoff*, ArbR 1925, 987 ff.; *Katzenstein*, JW 1928, 274.

[16] Fassung des Grundsatzausschusses in der 6. Sitzung vom 5. 10. 1948 (Stenogr. Protokolle 12/24; Drucks. 143).

[17] Vgl. die 17. Sitzung des Hauptausschusses vom 3. 12. 1948 (Stenogr. Protokolle 210 - 215).

[18] *Hueck-Nipperdey* II 2, S. 914.

[19] Siehe dazu oben § 3 C, Fußn. 48.

ser Funktionsmechanismus, mit dem unsere marktwirtschaftlich verfaßte Wirtschaftsordnung auf dem Arbeitsmarktsektor steht und fällt, kann nur dann lebensfähig erhalten werden, wenn auch die Möglichkeit besteht, die Durchsetzung von Maßnahmen zur Förderung der Arbeits- und Wirtschaftsbedingungen zwangsweise zu verlangen. Andernfalls würde der im marktwirtschaftlich-kapitalistischen System sicherlich notwendige Egoismus der beiden sozialen Kräfte die Arbeitsmarktfronten sofort zum Erstarren bringen. Das Streikrecht ist somit als instrumentelle Koalitionsmittelgarantie Inhalt des Art. 9 Abs. 3 GG[20]. Sie stellt aber ebenfalls nur eine Kernbereichsgarantie dar, d. h. sie ist in Art. 9 Abs. 3 GG nur in vergröberter Umgrenzung angelegt und muß von der pouvoir constitué noch durch verfassungskonkretisierende Ausführungsgesetzgebung bereitgestellt werden[21].

C. Schlußfolgerung für die Erstreikbarkeit schuldrechtlicher Abreden

Schließt sich die Arbeitskampffreiheit nur als instrumentelle Annexgarantie an das soziale Handlungssystem der Tarifautonomie an, so folgt aus der untergeordneten Stellung des Arbeitskampfes, daß er nur dann und nur soweit garantiert ist, wie die Tarifautonomie reicht. Ebenso wie

---

[20] Ebenso *Ballerstedt*, SAE 1954, 82 f.; *Biedenkopf*, Tarifautonomie, S. 214; *Brox-Rüthers*, S. 41 ff.; *Reuß*, AuR 1958, 330; *Evers*, S. 13 ff.; *R. Hoffmann*, AöR 91, 169 ff.; *Hueck-Nipperdey* II 2, S. 914 ff.; *Kunze*, BB 1964, 1311; *Lerche*, Arbeitskampf, S. 42 ff.; *Lohse*, S. 64 ff.; *Scheuner*, S. 71; *Ramm*, AuR 1967, 97; *Reuß*, AuR 1965, 99; ders., Festschrift Heymanns Verlag, S. 253 ff.; *v. Münch*, BK Art. 9 Anm. 155; *Rüthers*, Streik, S. 19 ff., 72 ff.; *Stein*, S. 170; *Steindorff*, JZ 1960, 582; *W. Weber*, Koalitionsfreiheit, S. 36. Das BAG hat die Frage in AP Nr. 32 zu Art. 9 GG Arbeitskampf offengelassen; das BVerfG scheint dazu zu tendieren, das Streikrecht in Art. 9 Abs. 3 GG anzusiedeln, vgl. BVerfGE 18, 28 (32) = AP Nr. 15 zu § 2 TVG.

[21] In engem Zusammenhang mit dieser Frage steht auch der Streit, ob die Arbeitskampfbereitschaft als notwendige, von der Verfassung geforderte Voraussetzung für die Tariffähigkeit bezeichnet werden muß; vgl. statt aller *Hueck-Nipperdey* II 1, S. 108 ff. m. w. N. Das Bundesverfassungsgericht (BVerfGE 18, 28) hat diese Frage m. E. zu Recht verneint. Zwar garantiert Art. 9 Abs. 3 GG als instrumentelle Annexgarantie den Arbeitskampf, jedoch bleibt es grundsätzlich den Verbänden überlassen, wie sie den Abschluß eines Tarifvertrages erreichen wollen. Da mit der tarifvertraglichen Regelung primär Mitgliederinteressen verfolgt werden und sich die Vorteile für die Außenseiter bzw. die Allgemeinheit erst als Rechtsreflex aus dieser Interessenwahrnehmung zeigen, kann es der Allgemeinheit gleichgültig sein, ob *im Einzelfall* ein Kräftegleichgewicht besteht, das eine Garantie für ein materiell gerechtes Vertragsergebnis bietet. Der Richter als Ersatzgesetzgeber hat nur die *rechtliche Möglichkeit* bereitzustellen, damit sich ein solches Kräftegleichgewicht einpendeln kann. Eine tatsächliche abstrakte Gleichgewichtslage wird in der Praxis wenigstens in Zeiten mäßiger Konjunktur dadurch hergestellt werden, daß Koalitionen, die sich nicht zum Arbeitskampf bekennen, dem Konkurrenzdruck der übrigen Koalitionen, wenn diese bessere Ergebnisse erzielen, nicht gewachsen sein werden.

diese durch Grundrechtskonkretisierung aus dem Begriffskomplex der Arbeits- und Wirtschaftsbedingungen zu ermitteln ist, muß auch die Arbeitskampfgarantie denklogisch daran gemessen werden. Der Richter in seiner Funktion als Ersatzgesetzgeber hat den Koalitionen die Waffe des Arbeitskampfes nur in die Hand gegeben, *damit* sie ihrer in Art. 9 Abs. 3 GG angelegten, durch das Tarifvertragsgesetz für die normativen Abreden verfassungskonform konkretisierten Aufgabenstellung gerecht werden können.

Daraus folgt zunächst, daß innerhalb des normativen Regelungskörpers nicht zwischen erkämpfbaren und nicht erkämpfbaren, freiwilligen tariflichen Regelungen differenziert werden darf. Alle (zulässigen) normativen Abreden dienen der Verwirklichung des durch Art. 9 Abs. 3 GG verwirklichten sozialen Handlungssystems, einer durch Auffächerung einer Vielzahl von sozialen Teilsystemen mit gegenständlich begrenzten Entscheidungsbefugnissen zur Begrenzung der Staatsmacht geschaffenen „offenen, differenzierten Kommunikations- und Gesellschaftsordnung“[22]. Wegen dieser funktionellen Verflechtung können auch die schuldrechtlichen Abreden, die zur Verwirklichung einer abreitsmarktökonomischen Austauschgerechtigkeit dienen[23], die also wegen ihres tendenziell den normativen Abreden deckungsgleichen Aussageanspruchs ebenfalls dem in Art. 9 Abs. 3 GG garantierten Handlungssystem angehören, nicht von dem äußersten Mittel zu ihrer Verwirklichung, dem Arbeitskampf, getrennt werden.

Etwas anderes gilt für die sonstigen schuldrechtlichen Abreden, die lediglich als Ausfluß der allgemeinen Handlungsfreiheit des Art. 2 Abs. 1 GG geschützt werden[24]. In diesem Bereich, in dem die Koalitionen unter rein interessenverbandspolitischen Motiven agieren können, steht ihnen genauso wie allen sonstigen privatwirtschaftlichen Verbänden das zweckgebundene Privileg des Arbeitskampfes, mit dem sie sich unter eng umgrenzten Voraussetzungen über die privatautonome Ordnung hinwegsetzen können, zur Durchsetzung ihrer Ziele nicht zur Verfügung. Mithin kann entgegen der herrschenden Auffassung doch zwischen erkämpfbaren und nicht erkämpfbaren schuldrechtlichen Abreden differenziert werden. Die Trennungslinie zwischen den mit so unterschiedlicher Zwangsintensität erreichbaren Zielsetzungen wird jedoch nicht nach rechtsformorientierten formalen Kriterien bestimmt sondern richtet sich ganz nach der Art des von den Tarifvertragsparteien behandelten Sachkomplexes[25].

---

[22] *Säcker*, S. 21.

[23] Vgl. oben § 3 E.

[24] Siehe oben § 3 E.

[25] Auch *Zöllner*, S. 36, vertritt im Grundsatz nichts anderes, wenn er ausführt, daß sich Arbeitgeberverbände und Gewerkschaften im Rahmen ihrer allgemeinen privatrechtlichen Vertragsfreiheit zu Leistungen verpflichten

D. Praktikabilitätserwägungen

Der Trennung zwischen solchen schuldrechtlichen Abreden, die erkämpft werden können und solchen, die nicht mittels eines Arbeitskampfes erzwungen werden können, steht wie bei jeder Trennung von erkämpfbaren und nicht erkämpfbaren Zielen das Argument gegenüber, eine solche Unterscheidung sei nicht praktikabel. Als Beispiel wird von *Nipperdey*[26] angeführt, die Gewerkschaft könne mit einem Streik drohen, um die von ihr gestellte Forderung nach einer 10 %igen Lohnerhöhung durchzusetzen. Später lasse die Gewerkschaft bei den Tarifverhandlungen durchblicken, sie werde sich mit einer 5 %igen Lohnerhöhung zufrieden geben, wenn ihren Mitgliedern ein jährliches Urlaubsgeld von DM 80,— gewährt bzw. die Mitbestimmung erweitert werde. Komme es dann zum Streik, so könne die Gewerkschaft sich formal darauf berufen, sie streike wegen der 10 %igen Lohnerhöhung, während in Wirklichkeit in verschleierter Form um andere nicht dem Regelungsbereich des Art. 9 Abs. 3 GG angehörige Ziele gekämpft werde.

Die Möglichkeit, daß sich tatsächlich eine Tarifverhandlung in dieser oder ähnlicher Weise abspielen könnte, läßt sich nicht von der Hand weisen. Andererseits bleibt aber doch zu bedenken, ob es nicht auch möglich ist, daß die Gewerkschaft z. B. in einer Lohnforderung zurücksteckt und einen Arbeitskampf abbläst, weil ihr privatwirtschaftliche Vorteile zugunsten der von ihrem Kapital beherrschten Unternehmen (günstige Lieferverträge, günstige Absatzchancen, ein gutes Kreditgeschäft der Bank für Gemeinwirtschaft usw.) versprochen werden. Ob ein Handel mit diesen Vergünstigungen, die sicherlich der nur durch Art. 2 Abs. 1 GG gedeckten privatrechtlichen Tätigkeit der Gewerkschaften angehören, zulässig ist, kann hier dahingestellt bleiben. Was dieses Beispiel lehrt, ist aber, daß die Motivechtheit hier genausowenig wie in dem von *Nipperdey* angeführten Beispiel nachgeprüft werden kann. Die angeschnittene Frage entfaltet ihre Problematik also nicht nur bei der Trennung zwischen einer Erstreitbarkeit von Zielen, die zum Bereich der Förderung der Arbeits- und Wirtschaftsbedingungen im Sinne des Art. 9 Abs. 3 GG und solchen, die einem Indifferenzbereich angehören, sondern ergibt sich auch schon im Verhältnis der beiden äußeren Handlungspositionen der Koalitionen[27].

---

könnten, die lediglich nicht durch Arbeitskampf erzwingbar seien. Zöllner will einen solchen Vertrag (hier zu Recht) nur nicht als Tarifvertrag bezeichnen. Die Schwierigkeiten rühren von der Begriffsbildung her, die einen spezifischen Indifferenzbereich verkennt, der zwar nicht materiell zum System des Art. 9 Abs. 3 GG, wohl aber terminologisch zum Tarifvertrag gerechnet werden kann (s. dazu oben § 3 A).

[26] *Hueck-Nipperdey* II 2, S. 1010, Fußn. 35b; vgl. auch *Adomeit*, RdA 1964, 309 (313 f.).

[27] Praktikabilitätsbedenken scheint auch *Mayer-Maly*, BB 1965, 829 (833), für seinen Vorschlag, bei Zulassung organisationspolitischer Tätigkeit müsse

Während im letzteren Falle des Motivaustauschs nicht geringe Bedenken bestehen, erscheint eine Motivationsverquickung zwischen dem Indifferenzbereich und dem Bereich der Geltung der Arbeits- und Wirtschaftsbedingungen nicht unbedingt mißbilligenswert oder sogar verwerflich. Nach außen getretenes und damit verbindliches Kampfziel ist in dem von Nipperdey genannten Beispiel die 10 %ige Lohnerhöhung. Die Arbeitgeber könnten bei einem entsprechenden Zugeständnis einen weiteren Arbeitskampf sozial inadäquat und damit rechtswidrig machen. Ob sich die gegnerische Koalition von ihrem ursprünglichen Kampfziel durch eine — wohlgemerkt an sich zulässige — Zusage auf anderem Gebiet abbringen läßt, ist im Verhältnis der beiden Tarifparteien zueinander eine Frage der Taktik, im Verhältnis der Gewerkschaft zu ihren Mitgliedern eine Frage der gewerkschaftsinternen politischen Verantwortung. Die Gewerkschaften müssen aus Gründen der Selbstdarstellung darauf achten, daß im Kernbereich ihrer Tätigkeit, der Vereinbarung des leistungsabhängigen Lohns, ihre Verhandlungserfolge mit den individuellen Erwartungen der Mehrzahl ihrer Mitglieder konform gehen, schon diese Tatsache grenzt ihren Handlungsspielraum und ihre (unter Umständen verdeckte) Kampfbereitschaft für Ziele auf Nebengebieten ihrer Tätigkeit, die ja nur auf Kosten eines geringeren Lohnzuwachses erreicht werden könnten, ein. Extremfälle einer deutlichen auf Umgehung des Arbeitskampfverbots zu anderen Zwecken als zur Vereinbarung der Arbeits- und Wirtschaftsbedingungen gerichteten Gewerkschaftstaktik wird man aufgrund der sich bei den Tarifverhandlungen reflektierenden Einigungsbereitschaft hinsichtlich der ursprünglichen erstreikbaren Forderung eliminieren können. Nur zur Elimination von solchermaßen ersichtlich auf nicht erstreikbare Ziele gerichteten Arbeitskämpfen besteht aber auch eine Notwendigkeit.

---

man wenigstens die Erstreikbarkeit von schuldrechtlichen Abreden verneinen, nicht zu haben.

§ 8 Gedanken zur Bestimmung des in Art. 9 Abs. 3 GG genannten Bereichs der Arbeits- und Wirtschaftsbedingungen

A. Methodologische Vorbemerkungen

I. Art. 9 Abs. 3 GG als Generalklausel

Wie sich aus den vorangegangenen Darlegungen ergibt, hängt die Zuordnung bestimmter Sachkomplexe zu den in Art. 9 Abs. 3 GG bzw. Art. 2 Abs. 1 GG vorgegebenen unterschiedlichen Handlungssystemen von der Einordnung in das Begriffspaar der Arbeits- und Wirtschaftsbedingungen ab. Es soll deshalb versucht werden, einige Gedanken zur näheren Präzisierung dieses Begriffspaares beizutragen. Dabei muß man sich jedoch von vornherein von der Illusion freimachen, eine solche Konkretisierung könnte im Endergebnis zur exakten Begriffsdefinition führen, unter die sich die dann auftauchenden Problemschichten mühelos subsumieren ließen. Eine solche Definition könnte nur ebenso vage sein wie die den zivilrechtlichen Generalklauseln vergleichbaren Grundrechte als Paradigma eines vagen Rechtssatzes[1]. Mithin sind die Grundrechte (zumindest einige von ihnen wie Art. 9 Abs. 3 GG) ebenso, wie es für die Generalklausel des § 242 BGB längst anerkannt ist, einer unmittelbaren Anwendung nur in einem äußerst beschränkten Maße fähig. Eine unmittelbare Anwendung wird nur bei einer überdeutlichen, in das Zentrum des grundrechtlichen Begriffs zielenden Problemlage in Betracht kommen. Ansonsten bedarf es der Konkretisierung mittels Herausbildung von Rechtsgrundsätzen mit empirisch deskriptivem Gehalt, wesentlich niedrigerem Abstraktionsgrad und unter Umständen auch spezieller Rechtsinstitute[2]. Die nachfolgenden Erörterungen können daher nur dazu dienen, potentielle Entscheidungsalternativen an einigen, in Anbetracht des Themas notwendig beschränkten Problemkreisen, aufzuspüren.

---

[1] Vgl. dazu grundlegend *Esser*, JZ 1956, 555; ders., Grundsatz und Norm, S. 96 ff., 150 ff.; *Sandrock*, S. 57 ff., 103 ff.; *Wieacker*, Gesetz und Richterkunst, S. 10 ff.; ders., Zur rechtstheoretischen Präzisierung des § 242 BGB, S. 14 ff. Nachweise zum anglo-amerikanischen, schweizerischen und französischen Recht finden sich bei *Säcker*, S. 99, Fußn. 206.

[2] Damit soll hier mit dem Begriff des Rechtsinstituts nicht auf die verfassungsrechtliche Problemlage des institutionellen Grundrechtsverständnisses angespielt sein, vgl. dazu oben § 3 D IV.

II. Autonome richterliche Rechtsfortbildung oder heteronom bestimmte Kognition?

Wissenschaftstheoretisch ist die Frage, wie diese allgemein als notwendig angesehene Generalklauselkonkretisierung zu erfolgen hat, umstritten. Die Anhänger der Theorie einer spezifisch geisteswissenschaftlichen Hermeneutik des sinnvollen Verstehens[3] (im Gegensatz dazu steht die naturwissenschaftliche erklärende Methode) glauben an die Objektivierbarkeit hermeneutischer Verfahren und halten damit eine Grundrechtskonkretisierung mit Hilfe der hergebrachten Auslegungsmittel für möglich und geboten. Ihr methodologischer Autonomieanspruch gründet sich auf die Erkenntnis, daß das Gesetz als objektive innere Sinneinheit mit seiner „logischen und teleologischen Expansionskraft“[4] sich von dem subjektiven Willen seines Schöpfers freimachen könne und in der normativen Eigensphäre, in die es mit seiner Verabschiedung entlassen sei, eine durchaus größere Aussagekraft habe als vom Gesetzgeber intendiert sei. Die entgegengesetzte Auffassung, um deren Verdeutlichung für Art. 9 Abs. 3 GG und die Grundrechte überhaupt sich vor allem *Säcker*[5] verdient gemacht hat, lehnt diesen weiten, dialektisch-hermeneutischen Interpretationsbegriff als antiquiert ab[6], da er auf metaphysischen, subkutanen Prämissen beruhe, die sich einer rationalen Erkenntnis entzögen[7]. Es sei ein „Gebot der geistigen Hygiene“[8], die rechtspolitischen, „subjektiv-volitiven“[9] Elemente des Rechtsanwendungsvorgangs offenzulegen. Im Gegensatz zur fiktiven Vorstellung eines legislativen Gesetzgebungsmonopols sei der einfache Gesetzgeber zwar zur Konkretisierung dieser grundrechtlichen Generalklausel berufen und habe damit eine doppelte Zuständigkeit, diese zweite Zuständigkeit habe der Gesetzgeber jedoch nur prärogativ[10], im übrigen sei der Richter aufgrund des Rechtsverweigerungsverbots[11] zur judikativen Grundrechtskonkretisierung berufen. Diese „autonome richterliche Dezision“[12] kann damit von der Rechtswissenschaft nur „vom Wert des Ergebnisses her als befriedigend oder unbefriedigend, als sachgerecht oder nicht sachgerecht, als vernünftig oder unvernünftig kritisiert werden“[13]. Ihr fällt im Wege „rechtspolitischen Räsonierens“[14] nur die Funktion zu, den möglichen Entscheidungsspielraum durch Auffächerung mehrerer Entscheidungsalternativen einzugrenzen.

Diesen interpretationstheoretischen Streit zwischen hermeneutisch-dialektischem Vorgehen und der Methode der Anlehnung an Entschei-

---

[3] Zum Beispiel *Larenz*, Methodenlehre, S. 107 ff., 291 ff., 450 ff.; *Canaris*, Systemdenken, S. 43 ff.; weitere Nachweise bei *Säcker*, S. 105, Fußn. 241.

[4] *Engisch*, S. 149.

[5] *Säcker*, S. 95 ff., insbes. S. 104 ff.

[6] *Säcker*, S. 96 f. m. w. N. in Fußn. 108.

[7] *Säcker*, S. 101 ff.

[8] *Bucher*, Zeitschrift des Bernischen Juristenvereins, Bd. 102 (1966), S. 274 (293).

[9] *Säcker*, S. 97.

[10] So insbes. *Kriele*, S. 60 ff.

[11] Vgl. dazu aus der Rechtsprechung des Bundesverfassungsgerichts BVerfG NJW 1969, 597 (599); NJW 1969, 689 (690); BVerfGE 18, 224 (237) sowie aus der Literatur statt aller *Schumann*, ZZP 81 (1968), 79 ff.

[12] *Säcker*, S. 110.

[13] Vgl. *Säcker*, S. 113 m. w. N. in Fußn. 250 auf S. 112.

[14] *Säcker*, ebd., und S. 41.

dungsakzente, die durch richterliche Rechtsfortbildung gewonnen wurden, ausführlich zu entscheiden, ist hier nicht der richtige Ort. Auch bei der richterlichen Rechtsfortbildung muß der Richter das von ihm zu setzende Normengut irgendwoher beziehen, es entsteht nicht aus einem plötzlichen von der faktisch-realen und geistigen Umwelt unabhängigen Erkenntnisakt. Gleichgültig, ob man wie neuerdings *Larenz*[15] und *Canaris*[16] der richterlichen lückenausfüllenden Normbildung als solcher die rechtliche Geltung abspricht und die normative Kraft der richterlichen Aussage nur in ihrer Übereinstimmung mit der Rechtsidee bzw. der Natur der Sache sieht oder ob man diesen Akt als lückenschließende Rechtsfortbildung bezeichnet, müssen materielle Wertungskriterien aufgestellt werden, aufgrund derer sich das konkrete Ergebnis gewinnen läßt.

Der Verzicht auf eine gründliche dogmatisch-methodologische Auseinandersetzung mit den beiden Wissenschaftstheorien fällt für die vorliegende Aufgabe einer Konkretisierung des in Art. 9 Abs. 3 GG enthaltenen Zentralbegriffs der Arbeits- und Wirtschaftsbedingungen um so leichter, als die Rechtsprechung ihrer Konkretisierungsaufgabe bisher nur in sehr beschränktem Maße nachgekommen ist und auch nur nachzukommen genötigt war[17]. So finden sich in den Entscheidungen des Bundesverfassungsgerichts nur Formulierungen zur Erläuterung des mit den Worten „Wahrung und Förderung der Arbeits- und Wirtschaftsbedingungen" umschriebenen Koalitionszwecks wie „Ordnung und Befriedigung des Arbeitslebens"[18] oder „sinnvolle Ordnung des Arbeitslebens"[19]. Auch aus der Koalitionszweckgarantie einer „spezifisch koalitionsgemäßen Betätigung"[20] ergeben sich noch keine Hinweise auf ihren Umfang. Von einer richterrechtlichen Konkretisierung durch unser höchstes Gericht kann man nur insoweit sprechen, als zunächst ein „Kernbereich verbandsmäßiger Lohngestaltung"[21] anerkannt wurde, von dem aber

---

[15] *Larenz*, Methodenlehre, S. 141 ff., 323 ff., 473 ff.

[16] *Canaris*, Systemdenken, S. 65 ff., 100 ff., 146 ff.

[17] Für unser Problem der Einordnung schuldrechtlicher Abreden in den Grundrechtsbereich des Art. 9 Abs. 3 GG oder Art. 2 Abs. 1 GG soll zunächst dahingestellt bleiben, ob innerhalb des Art. 9 Abs. 3 GG noch einmal zu trennen ist zwischen funktionellen Kernbereichsgarantien, in die der einfache Gesetzgeber keinerlei Eingriffsmöglichkeit hat, und einem übrigen Bereich, in dem den Koalitionen die Kompetenz eingeräumt ist, alle nur denkbaren Arbeits- und Wirtschaftsbedingungen zu regeln, ohne daß sie eine Normsetzungsprärogative vor dem Gesetzgeber hätten. Die Frage wird uns jedoch noch einmal in anderem Gewande bei dem Problem, welche Rechtsquellen zur Bestimmung des in den Bereich des Art. 9 Abs. 3 GG fallenden Teils des Tarifvertrages maßgeblich sind, begegnen.

[18] BVerfGE 18, 18 (27).

[19] BVerfGE 18, 18 (28); 4, 107; 20, 317.

[20] BVerfGE 17, 333; siehe dazu oben § 3 C.

[21] BVerfGE 4, 110.

auch zuvor niemand anzweifelte, daß zumindest er unter den Handlungskomplex der „Wahrung und Förderung der Arbeits- und Wirtschaftsbedingungen“ falle. Zum anderen führte das Bundesverfassungsgericht in der Wahlwerbungsentscheidung aus „Art. 9 Abs. 3 GG schützt einen Kernbereich der Koalitionsbetätigung im Personalvertretungswesen“[22] und leitete daraus die Zulässigkeit von Wahlwerbung der Gewerkschaften im betrieblichen Bereich ab. Obwohl die Rechtslage in privatwirtschaftlichen Betrieben nicht anders zu beurteilen wäre, kann daraus doch noch kein direktes richterliches Präjudiz für die Befugnisse der Koalitionen auf dem Gebiet des Tarifvertragswesens, d. h. für die Reichweite von durch Art. 9 Abs. 3 GG geschützten tarifvertraglichen Klauseln entnommen werden[23].

Ähnliches gilt für die Entscheidung des Bundesarbeitsgerichts, wenn es ausführt[24]: „Insbesondere folgt aus Art. 9 Abs. 3 GG das Recht der Koalition, ihre Schlagkraft mit dem Ziel der Mitgliedererhaltung und der Mitgliederwerbung zu stärken ... Dieses Recht zur Werbung nimmt also an dem Koalitionsschutz nach Art. 9 Abs. 3 GG teil und steht im Rahmen der Koalitionsfreiheit jeder Koalition zu“.

Mithin bestünden, folgt man der Ansicht, welche dialektisch-hermeneutische Maßnahmen zur Konkretisierung des Begriffs der „Arbeits- und Wirtschaftsbedingungen“ ablehnt und dies grundsätzlich der richterlichen Rechtsfortbildung überlassen will, nur sehr wenige und kaum aussagefähige richterliche Präjudizien. Die folgenden Ausführungen mögen daher unter weitgehender Offenheit in der methodologischen Diskussion je nach Gesinnungsart entweder als Hilfe verstanden werden, um die Entscheidungsalternativen für eine demnächst erfolgende richterrechtliche Grundrechtskonkretisierung aufzuzeigen, oder auch als Extrakt von objektiven Auslegungskriterien. Zudem erscheint fraglich, ob zwischen der Methode, Entscheidungen mit den Mitteln der juristischen Hermeneutik zu gewinnen und der Berufung auf die normative Kraft des richterlichen Urteilsspruchs tatsächlich ein so unüberbrückbarer Gegensatz besteht, wie er mancherorts suggeriert wird. Übereinstimmung besteht darin, daß der Richter zur Rechtsfortbildung nur berufen ist, wenn eine Lücke im Gesetz besteht, vor der richterlichen Lückenausfüllung

---

[22] BVerfGE 19, 303.

[23] Die als obiter dicta in der Arbeitskampfentscheidung (BVerfGE 18, 18) und in der Innungsentscheidung (BVerfGE 20, 317) enthaltene Aussage, die Koalitionen seien nur in dem von staatlicher Regelung freigelassenen Raum zur Regelung mittels Tarifvertrages befugt, dürfte wohl kaum als abschließende Stelungnahme des BVerfG bezeichnet werden können. In gewissem Widerspruch dazu wird nämlich in der Innungsentscheidung selbst wieder ausgeführt, es sei dem Gesetzgeber verboten, die Tariffähigkeit der Koalitionen dadurch auszuhöhlen, daß er die ihnen vom Grundgesetz zugewiesenen Aufgaben anderen Zusammenschlüssen zuspreche (BVerfGE 20, 320).

[24] BAG AP Nr. 14 zu Art. 9 GG m. zust. Anm. von *Rüthers*.

liegt der Bereich der Auslegung[25]. Der methodologische Streit sollte daher auf die Frage reduziert werden, wo diese Grenze zwischen Gesetzesauslegung und richterlicher Rechtsfortbildung zu ziehen ist. Auch dabei muß man sich aber im klaren sein, daß eine exakte Grenzziehung unmöglich ist, vielmehr ist die Grenze fließend[26].

Den Anhängern einer weitgehenden richterlichen Rechtsfortbildung ist dabei zuzugeben, daß oftmals die traditionellen Möglichkeiten der Gesetzesauslegung überstrapaziert wurden, was den Vorwurf einer subkutanen Ergänzung des Gesetzestextes mittels Anreicherung durch subjektive Meta-Normen[27] verständlich macht. Andererseits dürfte es übertrieben sein, wenn ausgeführt wird: „Auslegung im strikten kommunikations-theoretischen Sinn gestattet nur tautologische Umformung zwecks Klarstellung des vorgegebenen Norminhalts[28].“ Selbstverständlich kann durch Auslegung kein neuer Aussagegehalt gewonnen werden, als der zuvor in der Norm schon verankerte, sie kann aber ebenso wie die richterliche Generalklausel konkretisierende Gesetzgebung theoretischen, vorstellungsleeren Rechtssätzen empirischen, lebensnahen Gehalt geben, stellt mithin ebenfalls eine „operationale Definition“[29] dar.

B. Die der Bestimmung des Bereichs der Arbeits- und Wirtschaftsbedingungen vorgegebenen Rechtsquellen

I. Verhältnis von Art. 9 Abs. 3 GG und den Normen des Tarifvertragsgesetzes bei der Bestimmung des Bereichs der Arbeits- und Wirtschaftsbedingungen

Es stellt sich zunächst die oben nur im grundsätzlichen angeschnittene Frage, inwiefern durch die Vorschriften des Tarifvertragsgesetzes eine inhaltliche Konkretisierung des Begriffs der „Arbeits- und Wirtschaftsbedingungen“ erfolgt ist, so daß sich die immanenten Schranken des Art. 9 Abs. 3 GG aus den Vorschriften des Tarifvertragsgesetzes ergeben.

Durch dieses Konkretisierungsproblem wird die Kehrseite des heftig umstrittenen Rangverhältnisses von staatlicher und kollektivautonomer Normgebung angesprochen. Während vor allem von *Säcker*[30] die Auffassung vertreten wird, Art. 9 Abs. 3 GG gewährleiste den Koalitionen die

---

[25] Vgl. dazu *Canaris*, Lücken, S. 19 ff. und *Säcker*, S. 104 ff.

[26] *Larenz*, Methodenlehre, S. 350 ff., insbes. Fußn. 4 auf S. 351; *Engisch*, S. 137.

[27] *Säcker*, S. 101.

[28] *Säcker*, S. 107; dagegen auch entschieden *Richardi*, ZfA 1970, 85 (86 f.).

[29] *Säcker*, S. 98.

[30] *Säcker*, S. 55 ff.; ebenso *Zöllner*, S. 35 f.

Zuständigkeit zur Förderung der Arbeits- und Wirtschaftsbedingungen nur in den funktionellen Kernbereichen, wird auf der anderen Seite behauptet, der Bereich der Arbeits- und Wirtschaftsbedingungen lasse sich noch einmal aufspalten in einen Kernbereich, für den eine Normsetzungsprärogative der Koalitionen bestehe, und einen weiteren Bereich, der den Koalitionen die Möglichkeit eröffne, alle sonstigen Arbeits- und Wirtschaftsbedingungen für ihre Mitglieder zu regeln[31]. In diesem weiteren Bereich solle dann allerdings die normale Rangfolge von Gesetz, Rechtsverordnung und Tarifvertrag gelten[32]. Während nach Säckers Auffassung Art. 9 Abs. 3 GG ein eingriffsfestes Grundrecht darstellt, kann nach der zweiten Auffassung der einfache Gesetzgeber in die Arbeits- und Wirtschaftsbedingungen bis zu ihrem „Wesensgehalt" eingreifen. Diese materiell unterschiedliche Grenzziehung wird jedoch teilweise wieder von Säcker selbst durch die interpretationstheoretische Aussage verwischt, dem einfachen Gesetzgeber stehe es zu, bei der verfassungsrechtlich zulässigen Konkretisierung des Grundrechtsinhalts die „immanenten" (von Säcker als undeutlich bezeichneter Ausdruck) Grundrechtsschranken sichtbar zu machen[33]. Ob eine einfachgesetzliche Aussage als zulässige Konkretisierung des Grundrechtsinhalts oder als zulässiger konstruktiver Eingriff in diesen Grundrechtsinhalt anzusehen ist, hat zwar theoretisch-dogmatische Bedeutung für die Grundrechtslehre, läßt jedoch die bei beiden Auffassungen bestehende eigentlich problematische Frage, wo denn die materielle Grenze zwischen zulässiger Konkretisierung und unzulässigem Eingriff bzw. zulässiger einfacher Gesetzgebung im Außenbereich und unzulässiger im „Wesensgehalt" zu ziehen ist, unberührt.

Die Entscheidung dieser Fragen ergibt sich aus der oben vertretenen zwischen Delegations- und Integrationstheorie vermittelnden Ansicht[34]. Danach verpflichtet Art. 9 Abs. 3 GG den einfachen Gesetzgeber, den Koalitionen ein Mittel zur Erfüllung ihrer Aufgaben bereitzustellen. Dieser Aufgabe ist der Gesetzgeber durch das verfassungsmäßige Tarifvertragsgesetz nachgekommen. Ebenso wie Art. 9 Abs. 3 GG dem einfachen Gesetzgeber einen Spielraum bei der Frage läßt, in welcher *Form* er ein Mittel zur Verfolgung der Arbeits- und Wirtschaftsbedingungen bereitstellt, ist Art. 9 Abs. 3 GG auch in inhaltlicher Sicht für einfachgesetzliche Maßnahmen offen. Dieser Spielraum des einfachen Gesetzgebers bezieht

---

[31] Vgl. dazu *Forsthoff*, BB 1965, 381 (386); *Gamillscheg*, S. 82; *Hueck-Nipperdey* II 1, S. 139 ff., 152 f.; *W. Weber*, Koalitionsfreiheit, S. 37; *Krüger*, Gutachten, S. 17 ff. Wiederum anders unterscheidet *Biedenkopf*, Gutachten, S. 166, zwischen einer normalen Zuständigkeitsverteilung und einer in Notsituationen. Letztere soll Eingriffe in den Kernbereich nicht jedoch in den Wesensgehalt der Tarifautonomie zulassen.

[32] Vgl. *Biedenkopf*, Tarifautonomie, S. 178 ff.; *Schnorr*, S. 50 f.

[33] *Säcker*, S. 57.

[34] Vgl. oben § 4 B II 4.

sich nicht nur auf die Modalitäten sondern gerade auch auf den inhaltlich-gegenständlichen Bereich, der durch den Begriff der Arbeits- und Wirtschaftsbedingungen impliziert wird[35]. *Scholz*[36] hat hierfür den Begriff der „distanzierenden", „offenen" oder „imperfekten" Verfassung geprägt.

Für die Auffassung *Säckers*, alle diejenigen Sachgebiete, welche die Koalitionen unter dem Handlungssystem der Arbeits- und Wirtschaftsbedingungen vereinbaren könnten, seien vor dem Eingriff durch den einfachen Gesetzgeber geschützt, spricht nun zunächst, daß Art. 9 Abs. 3 GG unter keinem ausdrücklichen Gesetzesvorbehalt steht[37]. Andererseits dürfte aber die Annahme, alles was momentan anerkanntermaßen von den Koalitionen mittels Tarifvertrag geregelt werden könne, sei einem gesetzgeberischen Zugriff für immer entzogen, zu weit gehen. Richtiger ist es, hier zwischen solchen Regelungsmaterien zu differenzieren, welche der einfache Gesetzgeber den Koalitionen aufgrund des Gebots der Verfassung zu eigenverantwortlicher Gestaltung delegieren muß, und solchen, die er ihnen delegieren aber kraft eigener politischer Willkür auch wieder entziehen kann. Beide Regelungsmaterien unterstehen dem Schutz des Art. 9 Abs. 3 GG, die erstere stellt den unantastbaren Kernbereich dar, die zweite einen Außenbereich, deren Schutzfunktion nicht dem einfachen Gesetzgeber gegenüber besteht, sondern aufgrund der ausdrücklichen Drittwirkungsgarantie des Art. 9 Abs. 3 GG ihre Wirkungsbereitschaft erst gegenüber sonstigen sozialen Mächten entfaltet.

Diese Interpretation des Art. 9 Abs. 3 GG braucht nicht durch einen konstruktiv schwer zu begründenden, Art. 9 Abs. 3 GG hinzuzufügenden Gesetzesvorbehalt gestützt zu werden. Wenn Art. 9 Abs. 3 GG von der Förderung der Arbeits- und Wirtschaftsbedingungen spricht, so ist damit ebenso wie zunächst von einer kollektiven Garantie überhaupt, auch noch nicht von den Mitteln die Rede, mit denen diesem Gebot nachgekommen werden soll. Zwar erscheinen Koalitionsbestandsgarantie und Koalitionszweckgarantie bei funktioneller Betrachtung notwendig, um dem Grundrecht zu der ihm gebührenden Bedeutung in der Lebenswirklichkeit zu verhelfen, jedoch schließt eine noch weitergehende Untergliederung in „Unterkernbereiche"[38], die alle durch Art. 9 Abs. 3 GG

---

[35] Dies gegen *Misera*, S. 20 ff., und *Krüger*, Gutachten, S. 18 f., der jedoch unter Hinweis auf die Wahlgesetze als grundrechtsausführende Gesetze einräumt, daß „man eine solche verdrängende Wirkung des Ausführungsgesetzes nicht ohne weiteres von der Hand weisen könnte". Auch das BVerfG steht der im Text vertretenen Auffassung nahe, wenn es ausführt (BVerfGE 20, 317), Art. 9 Abs. 3 GG lasse „dem einfachen Gesetzgeber einen weiten Spielraum zur Ausgestaltung der Tarifautonomie". Ebenso *Zöllner* und *Säcker*, (s. Fußnote 30).

[36] *Scholz*, S. 20 ff., 36.

[37] Siehe *Säcker*, S. 56.

[38] So jedoch *Säcker*, S. 33 ff.

auch zwingend gegenüber dem einfachen Gesetzgeber garantiert sein sollen, über das Ziel hinaus und führte letzten Endes zu einer Immobilität der bestehenden Rechts- und Gesellschaftsordnung[39]. Ein Verstoß gegen Art. 9 Abs. 3 GG durch den einfachen Gesetzgeber liegt daher erst dann vor, wenn er die tarifvertraglichen Möglichkeiten der Koalitionen so stark beschränkt, daß nicht mehr von ihrer Freiheit zur Förderung der Arbeits- und Wirtschaftsbedingungen gesprochen werden kann. Dagegen liegt die Grenze, von der an die sonstigen sozialen Mächte die Vereinbarungen der Koalitionen aufgrund ihrer durch Art. 9 Abs. 3 GG geschützten Regelungsfreiheit zu beachten haben, viel weiter vorgeschoben. Nur um diese letztere Grenze handelt es sich, wenn im folgenden von der Konkretisierung des Begriffes der Arbeits- und Wirtschaftsbedingungen durch den einfachen Gesetzgeber gesprochen wird, denn die Grenze, bis zu der ihm selbst ein Eingriff in die Tarifautonomie gestattet werden kann, darf nicht ihm selbst, sondern nur dem Richter zur Konkretisierung überlassen bleiben[40].

Immer bleibt aber zu beachten, inwieweit der einfache Gesetzgeber den Begriff der Arbeits- und Wirtschaftsbedingungen mittels des Tarifvertragsgesetzes konkretisiert hat. Wie oben schon ausgeführt[41], ist eine solche Konkretisierung für die schuldrechtlichen Bestimmungen überhaupt nicht erfolgt, so daß diese direkt an Art. 9 Abs. 3 GG gemessen werden müssen. Für die normativen Bestimmungen liegt eine inhaltliche Konkretisierung insoweit vor, als solche Begriffe wie Abschluß-, Beendigungsnormen sowie Normen über betriebliche und betriebsverfassungsrechtliche Fragen auf einer recht niedrigen Abstraktionsstufe stehen, also einen konkret-bildlichen Eindruck dem Normanwendenden vermitteln. Dagegen gibt der Begriff der Inhaltsnorm, welcher die in der Praxis wichtigste Fallgruppe tarifvertraglicher Normsetzungsbefugnis bezeichnet, nichts zu einer materiellen Umgrenzung der Arbeits- und Wirtschaftsbedingungen her. Was im einzelnen als Inhaltsnorm vereinbart werden kann, ergibt sich daher wie bei den schuldrechtlichen tarifvertraglichen Bestimmungen nur aus dem Begriff der Arbeits- und Wirtschaftsbedingungen. Es liegt damit ein der vom Bundesverfassungsgericht[42] zu Art. 5 Abs. 1 GG entwickelten „Schaukeltheorie" ähnliches Phänomen vor. Die ausführende Generalklausel (denn als solche stellt sich der Begriff der Inhaltsnorm dar) kann nur unter Berücksichtigung

---

[39] Kritisch u. a. auch *Richardi*, ZfA 1970, 85 (96).

[40] Dieser Auffassung kann nicht entgegengehalten werden, daß das GG später in Kraft trat als das TVG, also das jüngere Gesetz ist (so aber *Misera*, S. 20 ff.). Die Regel lex posterior derogat legi priori hat nur Aussagekraft für gleichrangige Normen. Das uneingeschränkte Festhalten des einfachen Gesetzgebers am TVG nach Inkrafttreten des GG zeigt vielmehr, daß er die vorgrundgesetzliche Regelung voll in seinen Willen aufgenommen hat.

[41] Vgl. oben § 4 D.

[42] Grundlegend das „Lüth-Urteil", BVerfGE 7, 198.

und gemeinsam mit der grundgesetzlichen Norm ihre Wirkung entfalten[43, 44].

II. Heranziehung der „Verfassungswirklichkeit" für den durch Art. 9 Abs. 3 GG geschützten Tätigkeitsbereich der Koalitionen

H. Krüger[45] sieht die in Art. 9 Abs. 3 GG enthaltene Wendung „zur Wahrung und Förderung der Arbeits- und Wirtschaftsbedingungen" lediglich als historisch und damit exemplifikativ an[46]. Im Anklang an die oftmals berufene normative Kraft des Faktischen will er deshalb die Verfassungswirklichkeit zur Umgrenzung des durch Art. 9 Abs. 3 GG gewährleisteten Tätigkeitsbereichs der Koalitionen heranziehen[47]. „Zur Verfassungswirklichkeit gehören alle gesellschaftlichen Gebilde, insbesondere Verbände, deren Mächtigkeit im Vergleich zu der Mächtigkeit des Staates nicht unerheblich ist. Unter diesem Kriterium kann kein Zweifel daran bestehen, daß die Sozialpartner zur Verfassungswirklichkeit gehören[48]." Weiterhin führt Krüger aus[49]: „Wenn ... Staat und Verfassung vor allem durch die Einräumung und Gewährleistung von Grundrechten nicht nur eine private Sphäre umschrieben und gesichert, sondern grundsätzlich die Möglichkeit der Selbstbildung einer Verfassungswirklichkeit eröffnet haben, dann müssen sie die Gebilde, die im Einklang mit diesen Grundrechten von den Bürgern ins Leben gerufen worden sind, anerkennen und ihre Funktion nicht nur als Normen, sondern vor allem aus ihrem Status, also aus der Verfassungswirklichkeit definieren."

Daß eine solche normative Kraft der Verfassungswirklichkeit nicht anerkannt werden kann wegen der im Gegensatz zu standestaatlicher Auffassung stehenden liberal-rechtsstaatlichen Erkenntnis, daß alle gesetzgeberische Gewalt sich letztlich aus einem Gesetzgebungsmonopol des

---

[43] Ähnlich auch *Krüger*, Gutachten, S. 18, der zwar „im Zweifel" keine Verdrängung des Verfassungsgesetzes durch das ausführende Gesetz annehmen will, jedoch „immer" den Verfassungssatz zur Auslegung des Ausführungsgesetzes heranziehen will.

[44] Auch das BAG ist wohl der hier vertretenen Auffassung einer Konkretisierung des Art. 9 Abs. 3 GG durch das TVG zuzurechnen. „Die Eingriffsmöglichkeit des Kollektivrechts findet ihre Genze in den gesetzlichen Delegationen des TVG und des BetrVG, im Prinzip des freiheitlichen und sozialen Rechtsstaates und im Grundsatz der individuellen Entfaltungsfreiheit des Art. 2 Abs. 1 GG innerhalb der verfassungsmäßigen Ordnung ..." (BAG AP Nr. 1 zu § 399 BGB).

[45] *H. Krüger*, Gutachten, S. 22 ff.

[46] *Krüger*, ebd., S. 23; ähnlich auch *Herschel*, Verhandlungen, S. 11 f., nach dem die Koalitionen ihre Aufgaben selbst bestimmen.

[47] Dagegen ausdrücklich *Mayer-Maly*, ZAS 1969, 83 (90 f.); vgl. auch *Gamillscheg*, BB 1967, 45; *Floretta*, DRdA 1968, 5.

[48] *Krüger*, ebd., S. 29.

[49] *Krüger*, ebd., S. 32.

Staates herleiten lassen müsse, wurde oben schon dargelegt[50]. Das heißt jedoch nicht, daß der Verfassungswirklichkeit nicht eine gewisse Bedeutung für die Verfassungsinterpretation zugesprochen werden muß. Die im Grundrechtskatalog überwiegend vorhandenen Begriffe der theoretischen Sprache müssen mittels eines operativen Verfahrens zum Zwecke der Rechtsanwendung in empirisch-deskriptive Begriffe mit niedrigerer Abstraktionshöhe abgestuft werden[51]. Solche empirisch-deskriptiven Begriffe lassen sich jedoch nur durch Sezierung der Verfassungswirklichkeit gewinnen. Der Mensch steht als geistig Schaffender in einer ganz bestimmten sozio-ökonomischen bzw. sozio-poilitischen Umwelt, die einen von ihm ausgehenden Erkenntnisprozeß nachhaltig beeinflußt, ja die ihn sogar ermöglicht. Dieses ontologische Grundprinzip, das in der juristischen Methodendiskussion lange Zeit einem „übersteigerten Gegensatzdenken“[52] zwischen normativem Gebot des Verfassungsrechts und der Verfassungswirklichkeit Platz machen mußte, wurde für die Wissenschaftstheorie zuerst von der Transzendentalmethode fruchtbar gemacht[53]. „Der Ermittlung der einschlägigen juristischen Tatbestände hat apriorisch die Freilegung der sozio-politisch, wesens- und funktionsmäßigen Eigenarten der ihnen zugrunde liegenden Phänomene vorauszugehen. Der Richter transzendiert den Bereich der reinen Rechtsanwendung ins Phänomenologische, um juristische Begriffe einsichtig zu machen. Präpositive Wirklichkeit und positive Norm werden insoweit, als die Norm nicht aus sich selbst heraus erklärbar ist, zu sich ergänzenden Faktoren[54].“

C. Allgemeiner Meinungsstand zur Bestimmung des Begriffs „Wahrung und Förderung der Arbeits- und Wirtschaftsbedingungen“

Es lassen sich hinsichtlich der Auslegung des Begriffs Wahrung und Förderung der Arbeits- und Wirtschaftsbedingungen zwei große Meinungsgruppen feststellen, innerhalb derer die Auffassungen zwar in Nuancen nicht aber in der Grundhaltung differieren. Die traditionelle Lehre[55] hält den das gesamte Arbeitsrecht wie ein roter Faden durchziehenden Schutzgedanken auch für den Bereich des Tarifvertragswesens bestimmend. Nach der Grunddefinition sei „Wahrung und Förderung der

---

[50] § 4 B II 4.

[51] Dazu *Säcker*, S. 95 ff.

[52] So *Scholz*, S. 91.

[53] *Marcic*, ÖZöffR XI (1961), S. 395 ff.; *Nipperdey*, RdA 1964, 361 f.; *Schnorr*, Molitor-Festschrift, S. 299 ff.; ders., JR 1966, 327 (330); *Scheuner*, Koalitionsfreiheit (durchgehend).

[54] *Schnorr*, JR 1966, 327 (330); ähnlich *Scholz*, S. 43 f. und 91 ff.

[55] Zu dieser lassen sich etwa zählen *Hueck-Nipperdey* II 1, S. 703; *Wernicke* in BK Art. 9 Anm. II 3a; *Dietz*, HGR, S. 427; *Hueck-Nipperdey-Stahlhacke*, § 1 Rdn. 158; *Karakatsanis*, S. 75 ff.

Arbeits- und Wirtschaftsbedingungen" mit der Hebung der allgemeinen Lage der in einer Koalition zusammengeschlossenen Mitglieder in ihrer Arbeitnehmer- oder Arbeitgebereigenschaft synonym zu gebrauchen[56]. Gegenstand der Arbeits- und Wirtschaftsbedingungen soll also nur das sein, was mit dem Arbeitsverhältnis in einem engen Zusammenhang steht[57], was zu einer notwendigen Vernachlässigung des Merkmals „Wirtschaftsbedingungen" führt. Besonders stark auf den Schutzzweck abgestellt wird, wenn es um die Abgrenzung von Tarifmacht und Individualbereich geht. Hier sollen tarifvertraglich nur solche Regelungen möglich sein, die notwendig dem Ausgleich des arbeitgeberischen Übergewichts bei den Vereinbarungen der Lohn- und Arbeitsbedingungen dienen[58].

Gegen diese aus streng historischer Betrachtung folgende Betonung des Schutzdenkens haben sich vor allem *Gamillscheg*[59], *Schnorr*[60] und auch *Richardi*[61] gewandt, welche die Weiterentwicklung des herkömmlichen Schutzdenkens in der Tarifwirklichkeit betonen. So hält Schnorr den Tarifvertrag für das Mittel eines ökonomischen Verteilungsprinzips, mit Wahrung und Förderung der Arbeits- und Wirtschaftsbedingungen seien all diejenigen abstrakt-generell regelbaren Gegenstände gemeint, „die für die Beziehungen zwischen Arbeitnehmern und Arbeitgebern einer vernünftigen, dem wirtschaftlichen Wachstum angepaßten sozialen Ordnung dienen." Richardi sieht das Hauptmerkmal der Arbeits- und Wirtschaftsbedingungen in der Zweckbestimmung der Koalitionen[62].

Dieser Meinungsüberblick, zu dem noch die oben schon angeführten Formulierungen des Bundesverfassungsgerichts hinzugedacht werden müßten, bestätigt nur, daß mit dem Versuch einer allumfassenden Definition nichts gewonnen ist. Sie kann für sich genommen nur ebenso nichtssagend und vage sein wie die grundrechtliche Formulierung selbst. Eine Rückbesinnung auf das historisch-traditionelle Moment des Arbeitnehmerschutzes wird der Bedeutung der Verfassungswirklichkeit für die

---

[56] So vor allem *Nipperdey*, ebd.; *Dietz*, ebd.; einschränkend *Biedenkopf*, Tarifautonomie, S. 246 f., der den Schutzzweck nicht auf den einzelnen Arbeitnehmer, sondern auf die Arbeitnehmerschaft in ihrer Gesamtheit bezieht.

[57] So ausdrücklich *Hueck-Nipperdey-Stahlhacke*, § 1 Rdn. 158.

[58] Am engsten *Siebert*, S. 128 ff., der das Schutzdenken so weit gehen läßt, daß den Tarifparteien nur die Befugnis zugestanden wird, Ansprüche der Arbeitnehmer zum Entstehen zu bringen, alsdann gehören sie einem „gewordenen" Individualbereich an. Sowohl in diesen als auch in den „ursprünglichen" Individualbereich könne ein Eingriff der Tarifvertragsparteien nicht mehr erfolgen. Dagegen *Biedenkopf*, Tarifautonomie, S. 246; *Nikisch* II, S. 295; *Schelp*, Nipperdey-Festschrift, S. 589 f.

[59] *Gamillscheg*, S. 77 ff.; ähnlich schon *Galperin*, AuR 1965, 3 (allerdings in anderem Zusammenhang).

[60] *Schnorr*, JR 1966, 327 (331).

[61] *Richardi*, S. 189: „Der Schutz des Individualbereichs darf nicht dazu dienen, die Tarifgewalt auf das traditionelle Ordnungsbild des Arbeitsverhältnisses zu beschränken."

[62] *Richardi*, S. 179 ff.

Konkretisierung des Art. 9 Abs. 3 GG nicht gerecht. Die historischen Voraussetzungen, in der ein kollektiver Zusammenschluß der Arbeitnehmer notwendig war, um ihnen gegenüber der beherrschenden Stellung des Kapitaleigentümers, der in falsch verstandener liberaler Freiheit den Arbeitnehmern ein menschenwürdiges soziales Dasein vorenthielt, eine solche zu erkämpfen, sind nicht mehr gegeben. Angesichts der auf längere Zeit hin angelegten wirtschaftlichen Prognosen, nach denen für die Zukunft in der Bundesrepublik Deutschland und insgesamt im industriell hochentwickelten Westeuropa langfristig mit einer tendenziell guten Konjunkturlage zu rechnen ist, würde das gesamte Tarifvertragssystem bei Beschränkung seiner Zielsetzung auf die historisch gewachsene soziale Schutzfunktion obsolet[63]. Das sozial- und gesellschaftspolitische Ringen der beiden Kräfte des Arbeitsmarktes hat sich vom Kampfplatz um die primären Bedürfnisse der Arbeitnehmer auf eine übergeordnete Plattform des Kampfes um eine den modernen gesellschaftlichen Vorstellungen entsprechende gerechte Verteilung des Sozialprodukts verlagert. Aus dem Kampf der Arbeitnehmer um ihre nackte Existenz ist ein Kampf um wirtschaftliche Prosperität geworden[64]. An dieser Tatsache kann auch die Interpretation des Art. 9 Abs. 3 GG nicht vorübergehen, will man nicht den der Rechtswissenschaft oft gemachten Vorwurf konservieren, sie stelle sich als Hemmnis notwendiger gesellschaftlich-ökonomischer Reformen dar. Auch dem Grundgesetzgeber kann nicht nachgesagt werden, er habe die Koalitionen durch Art. 9 Abs. 3 GG auf eine historisch überkommene Funktion beschränken wollen, dagegen spricht zunächst der neutrale Wortlaut des Art. 9 Abs. 3 GG, des weiteren die ausdrückliche Erwähnung der Wirtschaftsbedingungen im Gegensatz zu den „Lohn- und Arbeitsbedingungen“ in Art. 165 Abs. 1 Weimarer Verfassung. Vielmehr ist anzunehmen, daß die Verfasser des Grundgesetzes ebenso wie sie die Entwicklung der Wirtschaftsverfassung vor allem durch die Sozialbindungsklausel in Art. 14 GG weitgehend der Wandelbarkeit der politi-

[63] Eine schon verbal erkennbare Verengung des Koalitionszwecks nimmt *W. Weber*, OLG-Celle-Festschrift, S. 246, vor, wenn er von „Lohn- und Arbeitsbedingungen„ spricht. Vgl. auch *Forsthoff*, BB 1965, 381.

[64] Damit ist selbstverständlich noch nicht ausgesagt, ob eine gesellschaftspolitisch weitgehend für notwendig gehaltene Umverteilung des Vermögens über die Lohnseite erfolgen kann. Daß dies höchstwahrscheinlich nicht möglich ist, hat sich in volkswirtschaftlicher Sicht durch die aufgrund der hohen Lohnforderungen 1970 in Gang gesetzte Lohn-Preis-Spirale bestätigt. Ist eine gesellschaftspolitisch gewünschte Umverteilung mithin nur über nicht sofort konsumierbare arbeitgeberische Leistungen ohne Gefahr für die makroökonomische Entwicklung möglich, so spricht dies gegen eine Einfrierung der Zuständigkeit der Koalitionen auf die Vereinbarung der reinen Lohnbedingungen. Da sich selbst bei einer Auslegung des Stabilitätsgesetzes im Sinne einer strikten Gemeinwohlbindung die volkswirtschaftlich vertretbare Höhe der jährlichen Lohnforderungen nicht exakt festlegen läßt, sähen sich die Gewerkschaften bei Verneinung anderweitiger Zuständigkeiten immer stärker zu einer (volkswirtschaftlich unerträglichen) Profilierung auf dem Lohnsektor genötigt.

schen, gesellschaftlichen und ökonomischen Anschauungen überließen[65], auch durch die Fassung des Art. 9 Abs. 3 GG soziologische und ökonomische Veränderungen auf dem Gebiet des Arbeitsmarktes nicht verhindern wollten. Diese Interpretation führt nicht dazu, daß die Koalitionen die Grenzen ihres Tätigkeitsgebietes selbständig abstecken dürfen, nur müssen diese Grenzen unter Berücksichtigung der gerade geschilderten Entwicklung ausgelotet werden.

D. Konkretisierung des durch Art. 9 Abs. 3 GG geschützten Handlungssystems der Arbeits- und Wirtschaftsbedingungen anhand von Problemkreisen

Der durch Art. 9 Abs. 3 gewährleistete Bereich der Wahrung und Förderung der Arbeits- und Wirtschaftsbedingungen soll an einigen Problemkreisen verdeutlicht werden. Da im Ergebnis die Zugehörigkeit der Arbeits- und Lohnbedingungen zum Handlungskomplex des Art. 9 Abs. 3 GG unbestritten ist, soll dies für Themen der Sozial-, Wirtschafts- und Gesellschaftspolitik auf der einen Seite sowie für sekuritätspolitische Maßnahmen auf der anderen Seite geschehen. Dabei bedarf es jedoch zuvor noch einer Klarstellung: Die hier vorzunehmende Zuordnung bestimmter Problemkreise zum sozialen Handlungssystem des Art. 9 Abs. 3 GG bedeutet noch nicht, daß eine bestimmte Maßnahme der Koalitionen tarifvertraglich zulässig ist oder nicht, sie legt nur offen, auf welcher Argumentationsplattform die Diskussion anzusetzen hat, auf der des Art. 9 Abs. 3 GG oder auf der des Art. 2 Abs. 1 GG. Die möglichen Konsequenzen für die Beurteilung der einzelnen Maßnahmen wurde oben schon dargelegt.

I. Soziale Maßnahmen im Zusammenhang mit dem Arbeitsvertrag

Soziale Zulagen, d. h. Kindergeld, Sterbegeld usw., werden einzelarbeitsvertraglich in Konkretisierung der Fürsorgepflicht des Arbeitgebers gewährt, welche ihrerseits wiederum nur eine Konkretisierung des sozialen Schutzgedankens darstellt[66]. „Diesem Schutzbedürfnis soll die tarifvertragliche Regelung entsprechen, weshalb die Zuständigkeit zur Regelung inhaltlich auch von der Schutzfunktion der Koalition bestimmt wird. Die personenrechtliche Struktur des Arbeitsverhältnisses eröffnet dem Tarifvertrag deshalb im sozialen Bereich ein weites Feld

---

[65] Das GG enthält nach heute absolut herrschender Meinung keine Gesamtentscheidung für ein bestimmtes Wirtschaftssystem; vgl. BVerfGE 4, 7 (17); 12, 363; 14, 275. Vgl. auch *Maunz-Dürig-Herzog*, Art. 14 Rdn. 8.

[66] Siehe zur Fürsorgepflicht statt aller *Hueck-Nipperdey* I, S. 390 ff.

zur Regelung leistungsunabhängiger Arbeitgeberleistungen[67].“ Schon bei einer traditionellen, die Wahrung und Förderung der Arbeits- und Wirtschaftsbedingungen auf den sozialen Schutzgedanken beschränkenden Auslegung des Art. 9 Abs. 3 GG ergibt sich also, daß die sog. Sozialleistungen in den durch Art. 9 Abs. 3 GG umrissenen Zuständigkeitsbereich der Tarifvertragsparteien fallen.

Eine bessere, weil nicht mit dem Argument verbundene, was einzelvertraglich vereinbart werden könne, müsse auch tarifvertraglich möglich sein, Begründung für die Zugehörigkeit der leistungsunabhängigen Arbeitgeberleistungen zu den Arbeits- und Wirtschaftsbedingungen findet man, wenn man sich dem Versuch *Wiedemanns*[68] anschließt, die Fürsorgepflicht in das Synallagma von Leistung und Gegenleistung einzubetten. Danach stellt die Fürsorgepflicht des Arbeitgebers das Äquivalent für die Verfügbarkeit der Arbeitskraft des Arbeitnehmers dar[69]. Sozialpolitische Zielsetzungen müssen nach dieser Auffassung, wenigstens soweit sie unmittelbar mit dem Arbeitsverhältnis zusammenhängen, noch weit eher dem Kernbereich der Arbeitsbedingungen zugerechnet werden als nach der traditionellen Auffassung. Es stehen hier der Verpflichtung des Arbeitnehmers zur Arbeitsleistung gleichberechtigt die Pflichten des Arbeitgebers zur Lohnzahlung und die zu bestimmten Fürsorgeleistungen synallagmatisch gegenüber. Die Sozialleistungen sind damit keine „Leistungen zweiter Klasse“ mehr, sondern bestimmen, wie dies im Bewußtseinsbild der arbeitenden Bevölkerung schon seit langem der Fall ist, den Wert und die lebenswichtige Bedeutung des einzelnen Arbeitsverhältnisses für den Arbeitnehmer. Der Bereich „arbeitsrechtlich-sozialpolitischer“[70] Interessen muß damit ebenso selbstverständlich dem Kernbereich des Art. 9 Abs. 3 GG zugeordnet werden, wie dies für die Lohnseite des einzelnen Arbeitsvertrages schon selbstverständlich ist[71]. Eine Bestäti-

---

[67] *Biedenkopf*, Gutachten, S. 140 f.

[68] *Wiedemann*, Arbeitsverhältnis, insbes. S. 11 ff.

[69] Diese Auffassung Wiedemanns dient der notwendigen Entmythologisierung und Versachlichung der politisch-weltanschaulich bedingten Überbetonung des personenrechtlichen Charakters des Arbeitsverhältnisses zur Zeit des Nationalsozialismus (vgl. *Wiedemann*, ebd., S. 1 ff. und 15 ff.).

[70] *Biedenkopf*, Gutachten, S. 139; *Nikisch* II, S. 5; *Dietz* in HGR, S. 422.

[71] Bei der innerhalb des Bereichs der Sozialleistungen am stärksten umstrittenen Frage des Bildungsurlaubs wird zumeist unterschieden, ob es sich um berufliche Fortbildung oder um allgemeine Bildung handelt. Erstere wird von der Thematik her weitgehend als zulässig, letztere als unzulässig erachtet (dazu vor allem *H. Krüger*, Gutachten, S. 47 ff.; *Hueck-Nipperdey-Stahlhacke*, S. 125, halten hingegen schon die erstere Thematik für unzulässig). Gegen diese Unterscheidung ist jedoch mit *Biedenkopf* (Gutachten, S. 141, Fußn. 73) einzuwenden, daß für die Frage der Zuständigkeitsbefugnis nicht auf die Motivation der Tarifvertragsparteien abgestellt werden darf. Da die Gewährung von Urlaub im Sinne bezahlter Freizeit unstreitig zur Wahrung und Förderung der Arbeits- und Wirtschaftsbedingungen i. S. d. Art. 9 Abs. 3 GG gehört, kann die Zuständigkeit der Tarifvertragsparteien nach Art. 9

gung dieser Ansicht ergibt sich schon aus dem Gesetz selbst: Nach § 4 Abs. 2 TVG sind die Tarifvertragsparteien zur Errichtung und Regelung der Rechtsverhältnisse von Gemeinsamen Einrichtungen befugt. Gesetzlich sind als Beispiel für die Gemeinsamen Einrichtungen Lohnausgleichskassen und Urlaubsmarkenregelungen angeführt, dem gesetzgeberischen Bild nach wurde somit den Tarifvertragsparteien das besondere Rechtsinstitut der Gemeinsamen Einrichtungen gerade zur Erfüllung drängender sozialpolitischer Aufgaben gewährt. Diese mögliche von Art. 9 Abs. 3 GG mitumfaßte Zielsetzung nur auf den Bereich Gemeinsamer Einrichtungen zu beschränken, widerspräche dem Sinn des § 4 Abs. 2 TVG, der nur die rechtstechnischen Möglichkeiten bisher schon vorhandener tarifrechtlicher Aufgaben sicherstellen, nicht jedoch neue, nur in der Form der Gemeinsamen Einrichtung zu erfüllende Aufgaben schaffen will[72].

II. Soziale Maßnahmen mit gesellschaftspolitischem Einschlag (Vermögensbildung)[73]

Gegenüber solchen sozialen Leistungen, die in einem auffälligen unmittelbaren Zusammenhang mit dem Arbeitsvertrag stehen, ist umstritten die Frage, „ob die Schutzfunktion der Koalition sich auch auf die Abwehr solcher sozialen Gefahren erstreckt, die dem Arbeitnehmer typischerweise als Angehörigem einer bestimmten sozialen Gruppe drohen, und die vor allem dadurch bedingt sind, daß der Arbeitnehmer zur Erzielung seines Lebensunterhaltes allein auf seine persönliche Arbeitskraft angewiesen ist“[74]. Die Problemstellung lautet damit, ob auch neben den die persönliche Abhängigkeit des Arbeitnehmers berührenden sozialen Leistungen *allgemeine* sozialpolitische Anliegen in das soziale Handlungssystem der Wahrung und Förderung der Arbeits- und Wirtschaftsbedingungen von Art. 9 Abs. 3 GG einzuordnen sind.

Eines dieser allgemeinen sozialpolitischen Themen ist die tarifvertragliche Vermögensbildung, die seit dem 2. Vermögensbildungsgesetz vom 1. Juli 1965 ebenfalls steuerlich und sozialversicherungsrechtlich privilegiert ist. Hier geht es um die soziale Sicherheit einer eigentumspolitisch unterrepräsentierten Gruppe, um die gesellschaftliche Integration des Arbeitnehmers[75]. Bei der Erörterung dieses Problemkreises werden m. E.

Abs. 3 GG nicht deshalb entfallen, weil die Gewerkschaft eine besondere Begründung für ihr Urlaubsverlangen gibt. Ansonsten würde sie beim nächsten Mal einfach einen um die entsprechenden Tage verlängerten „gewöhnlichen“ Urlaub fordern. Das Kernproblem des Bildungsurlaubs liegt vielmehr bei der Frage, ob die Tarifvertragsparteien dem Arbeitnehmer bindend die Verwendung seines Urlaubs vorschreiben können.

[72] Vgl. dazu auch *Biedenkopf*, Gutachten, S. 142 f.

[73] Dazu oben § 1 C I.

[74] *Biedenkopf*, ebd.

[75] Vgl. *H. Krüger*, Gutachten, S. 41 ff., 52 ff.

zwei Fragen, die getrennt werden müssen, nicht deutlich genug voneinander geschieden. Die erste Frage muß lauten, ob solche allgemeinen sozialpolitischen Anliegen überhaupt der Sache nach zum Thema der Wahrung und Förderung der Arbeits- und Wirtschaftsbedingungen gehören und damit in den sozialen Handlungskomplex des Art. 9 Abs. 3 GG fallen oder andernfalls höchstens unter Berufung auf die allgemeine Handlungsfreiheit des Art. 2 Abs. 1 GG erreicht werden können. Zum zweiten muß geklärt werden, ob dieser Problembereich etwa deshalb nicht mehr durch Art. 9 Abs. 3 GG gedeckt ist, weil die einzelnen Arbeitnehmer durch eine Verwendungsbindung einer individuellen Sparentscheidung enthoben werden und dadurch eventuell in ihrem „Individualbereich" betroffen sind.

Biedenkopf[76] ist der Auffassung, die Herstellung einer „Solidarität des Sparens"[77], die dem allgemeinen Schutz des Arbeitnehmers vor ungerechter Vermögensverteilung in der Gesamtwirtschaft dient (welche er auch selbst für sozialpädagogisch notwendig hält), liege außerhalb der den Tarifparteien nach Art. 9 Abs. 3 GG gegebenen Zuständigkeit, da die Tarifparteien nicht die „Leitbildkompetenz"[78] zur Aufstellung eines solchen Zieles hätten. Angesichts der wirtschafts- und gesellschaftspolitischen Neutralität des Grundgesetzes könne eine solche Leitbildkompetenz nicht aufgestellt werden[79].

Wie oben bereits ausgeführt wurde, hat sich jedoch die Funktion des Tarifvertrages seit seinem Entstehungsursprung geändert. Es geht nicht mehr um die kollektive Erkämpfung eines menschenwürdigen Daseins, sondern um eine sozialökonomisch gerechte Verteilung des Volkseinkommens zwischen den Personengruppen, welche den Produktionsfaktor Arbeit und Kapital repräsentieren. Das Begriffspaar der Wahrung und Förderung der Arbeits- und Wirtschaftsbedingungen muß demgemäß unter diesen veränderten Aspekten ausgefüllt werden. Dabei ist dem Argument zuzustimmen, daß die Tarifparteien aus sich heraus nicht befugt wären, das Eigentum als gesellschaftspolitisches Ideal hinzustellen[80], dies vor allem auch deshalb, weil das Grundgesetz sich in wirtschaftspolitischen Fragen abstinent verhält[81]. Sicherlich kann man im Gegenteil

[76] *Biedenkopf*, Gutachten, S. 142 ff.

[77] So der damalige Bundesarbeitsminister *Blank*, Deutscher Bundestag, 179. Sitzung, IV. Wahlperiode, Steno. Prot. S. 9029 C.

[78] *Biedenkopf*, ebd., S. 147.

[79] *Schnorr*, JR 1966, 327 (331), gibt den Tarifvertragsparteien keinen Anspruch auf Berücksichtigung tarifvertraglicher Leistungen im Sinne der Vermögensbildung, da dabei allgemeine währungspolitische Gesichtspunkte im Vordergrund stünden. Die währungspolitischen Gesichtspunkte sind jedoch keineswegs das Hauptmotiv für die Gewährung vermögenswirksamer Leistungen; sie stehen nur als Kontrollgrenze einer sich über die laufenden Nominallohnerhöhungen abzuwickelnden Vermögensbildung entgegen.

[80] So *Biedenkopf*, ebd., S. 147.

[81] Vgl. § 8, Fußn. 65.

Eigentum als etwas ganz und gar nicht so Erstrebenswertes ansehen, wo es doch vom Christentum als Verführung betrachtet wird und von der marxistischen Theorie als Ursache der Unfreiheit eines Großteils der Bevölkerung apostrophiert wird. Dennoch ist nicht an der Tatsache vorbeizugehen, daß der Verfassungsgeber bei aller wirtschafts- und gesellschaftspolitischen Neutralität nicht von dem Bild einer solchen urchristlichen Tugendhaftigkeit in den materiellen Dingen des Lebens ausgeht. „Er gewährleistet herkömmlicherweise das Privateigentum und gibt hierdurch zu erkennen, daß er es in mancherlei Beziehungen für einen Wert von hohem Rang hält, und zwar nicht zuletzt als Grundlage und als Mittel der Entfaltung der Persönlichkeit in und zu ihrer Freiheit[82]." Auch in den einfachen Gesetzen kommt zum Ausdruck, daß der Gesetzgeber sich de facto für ein auf dem Eigentum beruhendes kapitalistisches System entschieden hat. Die Tarifvertragsparteien stellen deshalb bei der Vereinbarung vermögenswirksamer Leistungen nicht selbstherrlich ein gesellschaftspolitisches Ideal auf[83], das Institut des Eigentums wird von der Verfassung ausdrücklich anerkannt und durch das Gefüge der einfachen Gesetze zu einem funktionstüchtigen wirtschafts- und gesellschaftspolitischen System komponiert. Fraglich bleibt nur, ob die tarifvertragliche Vermögensbildung die konsequente und gesellschaftspolitisch gerechte Durchführung eines gesetzlich schon festgelegten Leitbildes darstellt.

Die Geeignetheit von Lohnerhöhungen als Mittel zur gerechten Verteilung des jährlichen Zuwachses des Bruttosozialprodukts läßt sich (von der Verwendungsbindung einmal abgesehen) nicht leugnen. Dabei muß, wenn man allein vom von der Arbeitnehmerkoalition geforderten Gegenstand ausgeht, dahingestellt bleiben, zu welchem Zweck die Lohnerhöhungen verwandt werden. Ist die Forderung nach Lohnerhöhungen in unbegrenzter Höhe zulässig[84], so kann sie nicht wegen des dabei zugrunde liegenden Motivs bzw. wegen der Intention der Gewerkschaften unzulässig werden[85]. Es ist deshalb mit Entschiedenheit dem Argument entgegenzutreten, bei der Vereinbarung vermögenswirksamer Leistungen handele es sich um selbständige Lohnbestandteile, die unabhängig vom „normalen" Lohn gezahlt würden und deshalb auch nicht den dafür auf-

---

[82] *H. Krüger*, Gutachten, S. 52.

[83] So aber *Biedenkopf*, ebd.

[84] Sofern man nicht der Ansicht folgt, daß eine materielle Grenze durch das Gemeinwohl gezogen sei. Vgl. *Säcker*, S. 51 ff. mit weiteren Angaben über die Literatur in Fußn. 87 auf S. 52.

[85] *Biedenkopf* ist deshalb inkonsequent, wenn er einerseits bei der Frage des Bildungsurlaubs von der Intention der Tarifvertragsparteien absieht und diesen dem Bereich des Art. 9 Abs. 3 GG zuordnet (vgl. Fußn. 71), andererseits vermögensbildende Vereinbarungen trotz ihres Charakters als tatsächliche Lohnbestandteile unter Berufung auf den fehlenden Schutzzweck aus dem in Art. 9 Abs. 3 GG garantierten Kernbereich absorbieren will (*Biedenkopf*, Gutachten, S. 143 ff.).

gestellten Regeln unterlägen[86]. Gerade weil es sich materiell um Vereinbarungen über eine Lohnerhöhung handelt, fällt die betroffene Materie von der Sache her in den Handlungskomplex der Arbeits- und Wirtschaftsbedingungen.

Aus diesem Handlungssystem ausgeschlossen sein könnte eine tarifvertragliche Vermögensbildung mithin nur aufgrund der Tatsache, daß der einzelne Arbeitnehmer für einige Jahre daran gehindert ist, über die angesparte Summe frei zu verfügen[87]. Methodisch wird damit die Frage aufgeworfen, ob anschließend an die Feststellung, daß eine bestimmte Regelungsmaterie der Sache nach zum Handlungskomplex des Art. 9 Abs. 3 GG gehört, noch geprüft werden muß, ob sie nicht ungebührlich in die „Individualsphäre" des einzelnen Arbeitnehmers eingreift. Eine solche gesonderte Berücksichtigung der Individualsphäre ist jedoch mit der mittlerweile herrschenden Meinung abzulehnen. Der dem einzelnen Arbeitnehmer freigelassene Raum zu individueller Vereinbarungsfreiheit stellt vielmehr, solange nicht das Günstigkeitsprinzip betroffen ist, wie insbesondere Richardi hervorgehoben hat, nur eine Reflexwirkung der fehlenden tariflichen Gestaltung dar[88].

Gegen die Verwendungsbindung wird weiterhin noch vorgebracht, für sie bestehe keine Notwendigkeit im Hinblick auf das grundsätzlich legitime Ziel einer gerechten Verteilung des Bruttosozialprodukts. Auf der anderen Seite wird diese Notwendigkeit mit volkswirtschaftlichen Argumenten begründet[89]: Ohne die Verwendungsbindung bliebe eine Erhöhung der effektiv ausgezahlten Löhne für die Zwecke der Vermögensbildung in Arbeitnehmerhand erfolglos, da sich die erhöhten Löhne nur in ansteigende Kaufkraft verwandelten und bei dem relativen Nachhinken des Güterangebots nur zu Preissteigerungen führten, die sowohl eine Eigentumsbildung in größerem Maße verhinderten als auch eine fühlbare Anhebung des Lebensstandards durch den vermehrten für Konsumzwecke verwendete Lohn.

Biedenkopf[90] verneint eine solche Argumentation mit ökonomischen Gesamtzusammenhängen zur Begründung tarifvertraglicher Zuständigkeit, da sie außerordentliche Schwierigkeiten für die richterliche Kontrolle tarifvertrag-

---

[86] So aber *Halbach*, BB 1965, 87 (89); *Hueck-Nipperdey* II 1, S. 408; *Reuß* bei Leber, Vermögensbildung, Bd. 3, S. 203 (211 f.); *Schelp*, DB 1965, 1094 (1098); *Scheuner*, BABl. 1965, 666 (675); *Wannagat*, S. 185 f.; dagegen zutreffend *Biedenkopf*, Gutachten, S. 144; *Richardi*, S. 191.

[87] *Biedenkopf*, Gutachten, S. 143; vgl. auch ders., RdA 1965, 241, kommt zur Rechtmäßigkeit des 2. Verm.BG, weil er den Grund für die Verwendungsbindung im Gesetz sieht. Demgegenüber wird man im 2. Verm.BG nur einen rechtstechnischen Hinweis des Gesetzgebers sehen können, womit die tarifvertragliche Vereinbarungsbefugnis auf diesem Gebiet bestätigt werden sollte (*Hueck-Nipperdey* II 1, S. 269; *Richardi*, S. 190; s. auch *Flume*, DB 1965, 405, 408).

[88] *Richardi*, S. 407; ders., JZ 1968, 746; ders., DB 1969, 1986 (1990).

[89] Dazu *Biedenkopf*, Gutachten, S. 147; *Föhl-Hennies*, Vermögensbildung in Arbeitnehmerhand, S. 49 f.; *Höhl*, Einkommens- und Beschäftigungstheorie, in: Ev. Staatslexikon, Sp. 399 (402 f.); *Preiser* bei Leber, Vermögensbildung, Bd. 3 S. 21 ff.; *Richardi*, S. 192.

[90] *Biedenkopf*, ebd., S. 147.

licher Vereinbarungen aufwerfe. Andererseits stimmt Biedenkopf der Ausgangsthese, eine Verwendungsbindung sei dann möglich, wenn sie zur Erreichung des legitimen Ziels notwendig sei, durchaus zu. Aus diesem Grunde muß die Ablehnung einer Argumentation aus ökonomischen Zusammenhängen verwunderlich erscheinen. Wie anders sollte sich denn feststellen lassen, ob eine bestimmte Regelung notwendigerweise nur von einer kollektiven Risikogemeinschaft durchgeführt werden kann als unter Zuhilfenahme anerkannter volkswirtschaftlicher Erkenntnisse. Die damit dem Richter aufgebürdete Verantwortung sollte uns angesichts einer im modernen Industriezeitalter durchaus legitimen und auch notwendigen Prüfung jeder richterlichen Entscheidung auf ihre ökonomischen Auswirkungen nicht erschrecken[91]. Bei der weitgehenden Tätigkeit des Richters als Ersatzgesetzgeber führte es zu unsinnigen Ergebnissen, stellte man im Gegensatz zum Gesetzgeber, der die ökonomischen Auswirkungen seiner Maßnahmen im Interesse einer florierenden Volkswirtschaft sicher bedenken muß, die richterliche Normsetzung von einer solchen Bindung an ökonomische Praktikabilitätserwägungen frei. Aufgrund des eben vorgelegten Sachverhaltes und unter Umständen unter Zuhilfenahme von Sachverständigen wird sich der Richter schon ein Bild von den ökonomischen Zusammenhängen machen können.

Die Entscheidung dieses Problemkreises hängt mithin davon ab, ob das Ziel der Vermögensbildung in Arbeitnehmerhand nur kollektiv zu erreichen ist oder ob die individuelle Sparentscheidung ausreicht. Sieht man zunächst nur dieses Gesamtziel, so wird man die Frage ohne weiteres bejahen müssen, denn eine Vermögensbildung in der Hand möglichst vieler Arbeitnehmer kann nur erreicht werden, wenn dem Sparwillen eines großen Teils dieser Arbeitnehmer nachgeholfen wird. Aber auch bezogen auf den einzelnen Arbeitnehmer kann von einer effektiven Vermögensvermehrung in seiner Hand nur gesprochen werden, wenn auch möglichst viele andere Arbeitnehmer durch eine Verwendungsbindung gehindert sind, eine über die normale der Steigerungsrate des Bruttosozialprodukts gemäße Rate der Lohnerhöhung hinausgehende Konsumzwecken zuzuführen. Ansonsten wird der Erfolg des Sparfleißes eines einzelnen durch die von den anderen Arbeitnehmern initiierten Preissteigerungen zumindest relativ verhindert. Infolge der höheren Preissteigerungen wird es für ihn schwieriger, Vermögen anzusammeln als bei einer kollektiven Verwendungsbindung. Deshalb ist — was *Biedenkopf*[92] verkennt — der durch den Tarifvertrag erstrebte Erfolg, nämlich die Ermöglichung einer Vermögensansammlung bei den Arbeitnehmern,

---

[91] Handfeste ökonomische Erwägungen spielen z. B. bei der Diskussion um die Produzentenhaftung eine Rolle, denen sich auch der BGH in der Hühnerimpfstoffentscheidung nicht entziehen konnte (BGHZ 51, 91). Vgl. weiterhin zur Produzentenhaftung: *Canaris*, JZ 1968, 494; *Diederichsen*, Die Haftung des Warenherstellers (durchgehend); *Giesen*, NJW 1968, 1401 und NJW 1969, 582; *Rehbinder*, ZHR 129, 171; *Simitis*, Grundfragen der Produzentenhaftung (durchgehend); ders., Ref. auf dem 47. DJT, Verh. des 47. DJT Bd. I, Teil C; weitere ausführliche Literatur- und Rechtsprechungsangaben bei *Palandt-Thomas*, § 823, 16.

[92] *Biedenkopf*, Gutachten, S. 145.

sowohl im Hinblick auf die gesamte Arbeitnehmerschaft als auch (wenn auch vielleicht in geringerem Maße) für den einzelnen Arbeitnehmer von einer kollektiven Bindung abhängig[93].

Mit diesen Ausführungen sind lediglich die vermögensbildenden Leistungen angesprochen, die über die Lohnseite gewährt werden, wobei dann die Verwendung des Lohnes ganz bestimmten Beschränkungen unterworfen ist. Nicht in den Handlungskomplex der Arbeits- und Wirtschaftsbedingungen fallen solche Vereinbarungen, in denen Arbeitnehmerkoalitionen eine Beteiligung am schon in der Vergangenheit erwirtschafteten Unternehmenskapital fordern. In diesem Falle handelte es sich rechtstechnisch um einen „enteignungsgleichen Eingriff" in das Vermögen des Arbeitgebers, für den ganz abgesehen von den materiell-rechtlichen Erfordernissen höchstens der Gesetzgeber zuständig sein kann, nicht jedoch privatrechtliche Verbände innerhalb eines ihnen verliehenen begrenzten Autonomieauftrags[94]. Auch bei extensivster Auslegung des Begriffs der Arbeits- und Wirtschaftsbedingungen kann aus ihm kein verfassungsrechtlicher Auftrag zur Sozialisierung rechtmäßig erworbenen Eigentums hergeleitet werden.

III. Betriebspolitik

In der Wahlwerbungsentscheidung[95] erkannte das Bundesverfassungsgericht den Koalitionen neben dem Recht der Lohngestaltung auch einen „Kernbereich prinzipieller kollektiver Mitwirkung an der Gestaltung der betriebs- und unternehmensverfassungsrechtlichen Ordnung"[96] zu. Es hat damit eindeutig den Versuch, die Tätigkeit der Koalitionen auf den Bereich der „Lohn und Arbeitsbedingungen" zu beschränken, zurückgewiesen. Aus diesem Kernbereich der Mitwirkung an der Ordnungsauf-

[93] Bindet man die Koalitionen innerhalb des arbeitsmarktspezifischen Verteilungssystems des Art. 9 Abs. 3 GG an das Gemeinwohl, so sind die Koalitionen sogar gezwungen, auf den Bereich des einer Verwendungsbindung unterliegenden Lohns auszuweichen. Wäre den Koalitionen nämlich nachzuweisen, daß durch eine hohe Barlohnforderung die Preisstabilität mit an Sicherheit grenzender Wahrscheinlichkeit gefährdet wäre (ein solcher Nachweis scheitert zur Zeit noch an den unzulänglichen wirtschaftswissenschaftlichen Mitteln, die einen solchen naturwissenschaftlich exakten Nachweis nicht erlauben), so müßte eine solche Lohnforderung als rechtswidrig erachtet werden. Dieses volkswirtschaftlich vernünftige Hinabschrauben der Barlohnerhöhungen braucht jedoch noch nicht zu bedeuten, daß der im Hinblick auf die Preisniveaustabilität einzig vertretbare niedrigere Satz zugleich den verteilungspolitisch gerechten Maßstab für eine Verteilung des jährlichen Zuwachses am Bruttosozialprodukt angibt. Ein solcher gerechter und die Stellung des Arbeitnehmers stärkender Ausgleich kann daher nur durch Vereinbarung von auf längere Zeit gebundenen Leistungen erreicht werden.

[94] Zum Begriff des „enteignungsgleichen Eingriffs" als Grenze der tarifvertraglichen Regelungsgewalt *Schnorr*, JR 1966, 327 (333); *Biedenkopf*, Tarifautonomie, S. 236 f. In diesen Stellungnahmen wird das Institut der Enteignung bzw. des enteignungsgleichen Eingriffs jedoch nicht zur Begrenzung der Tarifmacht zum Schutz des Arbeitgebers, sondern zum Schutz der tarifunterworfenen Arbeitnehmer verwandt.

[95] BVerfGE 19, 320.

[96] *Säcker*, S. 75.

gabe innerhalb des betrieblichen Bereichs folgert das Gericht die Zulässigkeit gewerkschaftlicher Werbetätigkeit vor Personal- und Betriebsratswahlen als „wichtiges Mittel“[97] zur Erfüllung des Koalitionszwecks, soweit sie die dienstlichen Aufgaben der Arbeitnehmer und die Ordnung im Betrieb nicht beeinträchtigt[98].

Tarifvertragliche Möglichkeiten, auf die Betriebspolitik Einfluß zu nehmen, ergeben sich durch eine Erweiterung und Modifizierung der betrieblichen Mitwirkungsmöglichkeiten der Gewerkschaft und einer Erweiterung der durch den Betriebsrat repräsentierten Belegschaft überhaupt[99]. Einer Verflechtung der tarifvertraglichen Ebene mit der Ebene des Betriebsverfassungsgesetzes scheinen zunächst die unterschiedlichen Organisationsprinzipien entgegenzustehen. „Nicht vom Grundsatz der Polarität (wie das Tarifvertragsgesetz), sondern von dem der Gemeinsamkeit der Interessen geht das Betriebsverfassungsgesetz aus“, wie *Biedenkopf*[100] schlagwortartig die unterschiedlichen Organisationsprinzipien treffend beschreibt. Diese unterschiedliche Organisationsstruktur drückt sich in vielerlei Unterschieden aus[101]: Während die (Arbeitnehmer-)Koalitionen in erster Linie Interessenvertreter ihrer Mitglieder sind, beruht die Betriebsvertretung auf dem Mehrheits- oder Repräsentationsprinzip und erstreckt sich auf alle Arbeitnehmer des Betriebs. Die Parteien der Betriebsvereinbarung sind mit materiell-rechtlicher Wirkung an das Wohl des Betriebs gebunden und unterstehen damit einer absoluten Friedenspflicht, während bei Tarifverträgen eine rechtliche Verpflichtung, das Wohl des Unternehmens zu beachten, fehlt. Obwohl die unterschiedlichen Organisationsprinzipien mithin offen zutage liegen, erkennt auch Biedenkopf im Ergebnis einen Kernbereich gewerkschaftlicher Mitgestaltungsbefugnis im Betriebsbereich an. Er will die Organisationsprinzipien der Betriebsverfassung dem Zugriff der Tarifparteien entziehen, weil dieses Problem organisierte und nichtorganisierte Arbeitnehmer gleichmäßig betreffe, hingegen soll es möglich sein, das sachliche Mitbestimmungsrecht des Betriebsrats durch Tarifvertrag zu erweitern, da hier die Interessen des nichtorganisierten Arbeitnehmers nur gefördert werden, zumindest nicht mißachtet werden können[102].

Historisch kann davon ausgegangen werden, daß sich die scharfe Trennung zwischen der Betriebsebene und der Ebene des Tarifvertrages erst in den Nachkriegsjahren herausgebildet hat. So war es unter der Geltung des Betriebsrätegesetzes z. B. ohne weiteres möglich, in Tarifverträgen

---

[97] BVerfGE, ebd.

[98] Was das BVerfG für den öffentlichen Dienst ausgesprochen hat, würde es im Bedarfsfall auch für die private Wirtschaft bestätigen müssen, denn die ansonsten teilweise bestehenden Unterschiede zwischen öffentlichem Dienst und Privatwirtschaft greifen bei der Beurteilung gewerkschaftlicher Betätigungsfreiheit im Betrieb nicht Platz, es liegt vielmehr hier eine weitgehend gemeinsame Interessenstruktur vor (BAG AP Nr. 10 zu Art. 9 GG; *Hueck-Nipperdey* II 1, S. 147 Anm. 30b; *Säcker*, S. 59; differenzierend hingegen *Mayer-Maly*, Anm. zu BAG AP Nr. 10, 11 zu Art. 9 GG sowie in Betrieb und Gewerkschaft, S. 18).

[99] Siehe dazu oben § 1 E.

[100] *Biedenkopf*, Tarifautonomie, S. 302.

[101] Im einzelnen dazu *Biedenkopf*, ebd., S. 300 ff.

[102] *Biedenkopf*, Gutachten, S. 153, in der Auseinandersetzung mit *Galperin*, DB 1966, 620.

den Abschluß einer Betriebsvereinbarung den Parteien auf der Ebene des Betriebes zur Pflicht zu machen. Der Arbeitgeber war dann als Partei des Firmentarifs bzw. als Verbandsmitglied beim Verbandstarif, die Betriebsvertretung sowohl gesetzlich nach § 66 Abs. 4, 78 Ziff. 1 BRG, als auch tariflich, sofern die einzelnen Mitglieder der Betriebsvertretung zugleich Mitglieder der vertragschließenden Gewerkschaft waren, verpflichtet, sich für die Erfüllung des Tarifvertrages und damit den Abschluß einer entsprechenden Betriebsvereinbarung einzusetzen[103]. Auch bei der Wiederbelebung des kollektiven Arbeitsrechts nach dem 2. Weltkrieg sind die Betriebsräte aus dem gegen die autokratische Stellung des Arbeitgebers gerichteten Widerstand der Gewerkschaft entstanden[104]. Daß man bei der Schaffung des Art. 9 Abs. 3 GG entgegen der bislang geläufigen Praxis die Gewerkschaften aus dem Betriebsrahmen ausschließen wollte, ist angesichts der Konzentration auf die Frage, ob ein Streikrecht ausdrücklich verankert werden sollte, nicht anzunehmen[105].

Das hauptsächliche Argument für die Zuordnung der gewerkschaftlichen Betätigung zu Art. 9 Abs. 3 GG ergibt sich jedoch aus einem anderen Gesichtspunkt. Die Bildung von Gewerkschaften war ursprünglich notwendig, um die aus der persönlichen Abhängigkeit vom Unternehmer entspringende Ungleichgewichtslage zwischen Arbeitgeber und Arbeitnehmer zu beseitigen. Hinzu kam aber mit dem immer stärker werdenden Fortschritt der Technik eine zweite Abhängigkeit, der Freiheitsspielraum des einzelnen Arbeitnehmers wurde mindestens ebenso sehr wie durch seine persönliche Abhängigkeit vom Arbeitgeber durch Phänomene wie Technisierung, Bürokratisierung und Verapparatung beengt[106]. Es ergab sich daher als zweite und ebenso dringliche Aufgabe der Gewerkschaften, den Arbeitnehmer aus seiner Objektsituation, in der er als Produktionsmittel einer im Betrieb arbeitenden Maschine näher gestellt wurde als einem frei denkenden und gestaltenden Geschöpf, zu einem die betriebliche Arbeit wieder selbst gestaltenden Subjekt emporzuheben. Ein Mittel, diese neuen Abhängigkeiten zu mildern, konnte und kann deshalb nur in einem Bereich gesucht werden, der dem Arbeitsplatz des einzelnen so nahe ist, daß sich eine Veränderung in dieser Sphäre spür-

---

[103] So *Flatow-Kahn-Freund,* § 66 IX, S. 323. Beispiele: RAG Bensh. Slg. Bd. 8, S. 242; LAG Jena, Merkbl. d. TAV 1929, 54.

[104] *Bührig,* S. 70.

[105] Siehe oben § 7 B.

[106] Diese Lehre von den neuen Abhängigkeiten wird vor allem von Vertretern des sog. „freiheitlichen Sozialismus" verfochten, die damit dem beschränkten Erkenntniswert der Klassentheorie für das Verständnis der gesellschaftlichen Zusammenhänge gegenüber den technischen, ökonomischen und sozialen Wandlungen und der dadurch verursachten wachsenden Organisationsbedürftigkeit der Gesellschaft Rechnung tragen. Sie vollziehen damit eine Annäherung zum Neoliberalismus. Vgl. *Rittig,* Die neue Gesellschaft, 1. Jg. (1954), Heft 1, S. 44 ff.; *Weisser,* Die neue Gesellschaft, 4. Jg. (1957), Heft 3, S. 194 ff.; *K. Schiller,* Sozialismus und Wettbewerb, S. 253.

bar für den einzelnen Arbeitnehmer auswirkt. Als solcher sachnaher Regelungskomplex kommt nur der Betriebsverfassungsbereich in Betracht. Will man die Lage des Arbeitnehmers an seinem Arbeitsplatz verbessern, so kann dies nur durch eine betriebliche, d. h. die einzelne Fertigungsstelle betreffende Regelung geschehen. Es ergibt sich mithin aus der Schutzaufgabe der Arbeitnehmerkoalitionen, die den Arbeitnehmer auch vor diesen neuen Abhängigkeiten bewahren soll, daß zur Förderung der Arbeits- und Wirtschaftsbedingungen auch die Mitwirkung am betrieblichen Geschehen gehört[107].

Dieses Ergebnis wird untermauert durch die Vielzahl von Einzelnormen, die eine Beteiligung der Gewerkschaften am betrieblichen Leben vorsehen, so z. B. § 1 TVG, wo den Koalitionen ausdrücklich gestattet wird, Normen über betriebliche und betriebsverfassungsrechtliche Fragen zu setzen, und den §§ 2 Abs. 1, 2, 18 Abs. 3, 31, 34 Abs. 2, 46 BetrVG 72 (Unterstützungs- und Beratungsfunktion), §§ 17 Abs. 2, 3, 18 Abs. 1, 2, 19 Abs. 2, 23 Abs. 1, 3, 43 Abs. 4 (Antragsrecht) sowie den entsprechenden Vorschriften des Personalvertretungsrechts. Alle diese Vorschriften müßten bei entgegengesetzter Entscheidung als verfassungswidrig angesehen werden.

Die Bedeutung der soeben zitierten Vorschriften darf aber auch im Hinblick auf die Grenzen des betrieblichen Betätigungsrechts der Koalitionen nicht verkannt werden. Wie oben[108] ausgeführt wird Art. 9 Abs. 3 GG nicht nur durch die Vorschriften des Tarifvertragsgesetzes sondern auch durch andere Gesetze, aus denen sich nur mittelbar ein Rückschluß auf die tarifvertragliche Gestaltungsbefugnis ziehen läßt, konkretisiert. Eine solche mittelbare Konkretisierung ist sowohl durch die Vorschriften des Betriebsverfassungsgesetzes als auch die des Personalvertretungsgesetzes erfolgt. Ob die Koalitionen die Organisationsprinzipien der Betriebsverfassung ändern können oder ob sie die betrieblichen Mitwirkungsmöglichkeiten über den im Betriebsverfassungsgesetz festgelegten Umfang hinaus erweitern können, ist somit in Übereinstimmung mit der herrschenden Meinung[109] als eine Frage einfachgesetzlicher Auslegung anzusehen. Das bedeutet, daß die einschlägigen Regeln der Betriebsverfassung und Personalvertretung daraufhin untersucht werden müssen, ob sie als ius cogens oder ius dispositivum gedacht sind. Hierbei kann man sowohl für die normative als auch für die schuldrechtliche Gestaltung nur zu den gleichen Ergebnissen kommen, da es sich nur um die Ermittlung rechtlich unerwünschter bzw. unzulässiger Ergebnisse und nicht um

---

[107] Ebenso i. E.: *Hesse*, S. 157; *Hueck-Nipperdey* II 1, S. 46 f.; 147 Anm. 30b; II 2, S. 1043 f.; *Rüthers*, Mitgliederwerbung, S. 43; *Säcker*, S. 58 ff.; ders., BB 1966, 784; *Schwendy*, S. 73 ff.; *Söllner*, S. 57; ders., JZ 1966, 405; a. A. *Dietz*, § 2 Anm. 29 f.; *Zöllner*, SAE 1966, 163.

[108] Vgl. § 4 D und § 8 B I.

[109] Siehe dazu die Übersicht bei *Hueck-Nipperdey* II 2, S. 1402, 1450 ff., 1483 f.

das Wie rechtlicher Gestaltung handelt. Eine ausführliche Untersuchung für alle Beteiligungsrechte des Betriebsverfassungsgesetzes würde im Rahmen dieser Arbeit zu weit führen. Sollte sich die Gefahr ergeben, daß bei Anwendung der herkömmlichen Auslegungsmittel die Regelung des Betriebsverfassungs- bzw. Personalvertretungsgesetzes der Kernbereichsgarantie nicht genügt, so müßten die vom Bundesverfassungsgericht entwickelten Grundsätze über die verfassungskonforme Auslegung eingreifen.

IV. Unternehmenspolitik

Die Möglichkeiten für die Koalitionen, gedacht ist hier vor allem an die Gewerkschaften, mittels schuldrechtlicher Abreden Unternehmenspolitik zu betreiben, wurden oben schon eingehend beschrieben[110]. Nicht in das Funktionssystem der Vereinbarung der Arbeits- und Wirtschaftsbedingungen fiele ein Verlangen der Gewerkschaften nach einer Teilhabe an der unternehmerischen Planungs- und Koordinationsfunktion, wenn es sich dabei um ein politisches Thema handelte. Den Koalitionen mangelt es an der Legitimation zur Wahrnehmung von politischen Aufgaben. Diese Aussage manifestierte sich in Literatur und Rechtsprechung am deutlichsten in dem Verbot des politischen Streiks, in seiner Etikettierung als sozialinadäquat[111]. Aus der politischen Brisanz des Themas jedoch jegliche Forderungen nach Teilhabe an der Unternehmenspolitik aus dem Funktionssystem des Art. 9 Abs. 3 GG, welches mit dem Privileg des Streiks verbunden ist, zu verbannen, erscheint mir jedoch vorschnell[112].

Der Begriff des Politischen ist äußerst weit und unpräzis wie kaum ein anderer. Wegen seiner Allzuständigkeit kann der Bundestag als das repräsentative Organ des Bundes alle Angelegenheiten aufgreifen[113], anderen staatlichen Organen steht diese Befugnis, wenn auch nicht derart umfassend, so doch in ähnlicher Weise ebenfalls zu. Es könnte somit bei dieser weiten Definition des Politischen nahezu jeder Regelungsgegenstand zum Politikum erklärt und damit dem Handlungssystem des Art. 9 Abs. 3 GG entzogen werden, beschäftigt sich doch die Volksvertretung mit Fragen der Änderung der Betriebsverfassung, der Vermögensbildung, der Sozialpolitik und vielen anderen mehr. Unbestreitbar scheint lediglich, daß sich die Koalitionen innerhalb des Funktionssystems des

[110] Siehe oben § 1 F.

[111] Vgl. *Boldt*, S. 114; *Brox-Rüthers*, S. 126; *Bulla*, AR-Blattei D, Arbeitskampf E II, III 1 b bb; ders., RdA 1962, 385; *A. Hueck*, Herschel-Festschrift, S. 38; *Kaiser*, Der politische Streik (durchgehend); *Reuß*, AuR 1966, 264; *Rüthers*, Streik und Verfassung, S. 79 ff.; *Siebrecht*, S. 66; *Hueck-Nipperdey* II 2, S. 884 ff. m. w. z. N. aus Literatur und Rechtsprechung.

[112] Siehe dazu im besonderen auch *H. Krüger*, Gutachten, S. 38 f.

[113] *Friesenhahn*, VVDStRL 16, 37 f.; *Hesse*, S. 217; v. *Mangoldt-Klein*, S. 872 und S. 1196; *Scheuner*, DÖV 1957, 637.

Art. 9 Abs. 3 GG in Tarifverträgen nicht mit allgemeinpolitischen Fragen beschäftigen dürfen wie Außenpolitik, Innenpolitik (Notstandsgesetz) usw., da diese sich auch bei extensiver Interpretation nicht als Vereinbarung von Arbeits- und Wirtschaftsbedingungen verstehen lassen[114]. Für die hier zweifelhaften Fragen der Unternehmenspolitik kann jedoch aus dem Terminus „politisch" weder etwas für noch gegen die Zugehörigkeit zu dem Funktionssystem des Art. 9 Abs. 3 GG hergeleitet werden, handelt es sich doch um Fragen, die den einzelnen Arbeitnehmer in seiner wirtschaftliche Existenz beeinflussen[115].

Die richtige Lösung ergibt sich vielmehr aus der Frage, ob das tarifvertragliche Instrumentarium mit seiner äußerst wirksamen Funktionsgewährleistung des Streiks den Arbeitnehmer vor allgemeinen wirtschaftlichen Risiken schützen soll, d. h. vor den „Auswirkungen des Marktrisikos"[116]. Mit *Biedenkopf*[117] und *Richardi*[118] ist diese Frage zu verneinen. Das Grundgesetz geht — jedenfalls so, wie es momentan durch die ausführenden Gesetze seine Ausprägung erfahren hat — von einer Wettbewerbsordnung mit dem Grundsatz der Einheit der unternehmerischen Entscheidung aus. „Der Grundsatz der wirtschaftlichen Freiheit überläßt die Aufstellung und Durchführung der Wirtschaftspläne und die damit verbundene Koordination aller vorgegebenen wirtschaftlichen Daten grundsätzlich dem einzelnen Unternehmer[119]." Dieser handelt aufgrund der ihm durch den Markt vorgegebenen „sozialen Daten", auf die er selbst, ist er nicht Monopolist oder ein äußerst starker Oligopolist, keinerlei Einfluß hat. Zur Mitbestimmung dieses „arbeits- und sozialpolitischen Datenkranzes"[120] zur Not mit Hilfe ihres Zwangsmittels Streik sind die Arbeitnehmer nur auf dem Teilmarktgebiet des Arbeitsmarktes befugt. Ansonsten spräche man ihnen die Befugnis zu, das wenn auch nicht verfassungsrechtliche so doch einfachgesetzliche Bekenntnis des Gesetzgebers zur Wirtschafts- und Wettbewerbsfreiheit zu umgehen[121, 122].

---

114 Ob die Koalitionen sich zu diesem Thema unter Berufung auf ihre allgemeine Handlungsfreiheit äußern dürfen und auch Vereinbarungen abschließen können (die dann allerdings sicherlich nicht mehr unter den Begriff Tarifvertrag fielen), ist keine Frage der Bestimmung der „äußeren" durch Gesetze vorgegebenen Grenzen koalitionsrechtlicher Betätigungsfreiheit, sondern eine Frage der „inneren" Legitimation durch ihre Mitglieder.

115 Siehe dazu *Biedenkopf*, Gutachten, S. 160/161.

116 *Biedenkopf*, ebd., S. 159 f.

117 *Biedenkopf*, ebd., S. 156 ff.

118 *Richardi*, S. 181; vgl. auch *Schnorr*, JR 1966, 327 (331) und *Wiedemann*, RdA 1968, 420 (421).

119 *Biedenkopf*, ebd., S. 161.

120 *Biedenkopf*, ebd., S. 163.

121 So vor allem *Richardi*, S. 181.

122 Diese Überlegungen, die auf einem neoliberalistischen Bild des Wettbewerbs als Ordnungsfaktor aufbauen (vgl. dazu auch Fußn. 106) werden ebenfalls von den Vertretern eines freiheitlichen Sozialismus als auch

V. Sekuritätspolitische Maßnahmen (Selbsterhaltung) als Annex zu dem den Koalitionen überantworteten Bereich der Arbeits- und Wirtschaftsbedingungen

Daß durch Art. 9 Abs. 3 GG den Koalitionen auch Maßnahmen der Selbstbehauptung eröffnet werden, dürfte wohl im Prinzip anerkannt sein. Der Grundgedanke, wenn die Koalition im Rahmen des Art. 9 Abs. 3 GG wengistens als Reflex auch öffentliche Aufgaben wahrnehme, müsse ihr gestattet sein, sich aus eigener Kraft zu einer entsprechenden Leistungsfähigkeit zu verhelfen, ist überzeugend. Rechtliche Form findet dies teilweise unter dem Stichwort „akzessorische Thematik"[123], teilweise aus dem dem Verfassungsrecht entlehnten Begriff des Sachzusammenhangs[124]. *Säcker*[125] ordnet das Problem der Selbsterhaltung einem eigenständigen von Art. 9 Abs. 3 GG garantierten Kernbereich der Koalitionswohlgarantie zu. Auch das Bundesarbeitsgericht[126] hat anläßlich der Frage der Mitgliederwerbung in entsprechender Weise entschieden: „Insbesondere folgt aus Art. 9 Abs. 3 GG das Recht der Koalition, ihre Schlagkraft mit dem Ziel der Mitgliedererhaltung und der Mitgliederwerbung zu stärken ... Dieses Recht zur Werbung nimmt also an dem Koalitionsschutz nach Art. 9 Abs. 3 GG teil und steht im Rahmen der Koalitionsfreiheit jeder Koalition zu."

Dieser Auffassung ist im wesentlichen zuzustimmen[127]. Ob man die Garantie eines Kernbereichs der Selbstbehauptung zur Koalitionsbestandsgarantie rechnet oder sie als selbständige Garantie des Koalitionswohls ansieht, kann letztlich dahingestellt bleiben, der Grundgedanke der Akzessorietät ist der gleiche[128]. Die Anerkennung eines durch Art. 9 Abs. 3 GG garantierten Kernbereichs verbandsmäßiger Selbstbehauptungsmaßnahmen bedeutet aber noch nicht, daß eine Koalition jede Maß-

---

sogar von den Neomarxisten akzeptiert. Das maßgebliche Argument der letzteren, die allerdings in den Gewerkschaften noch Klassenorganisationen sehen, die im prinzipiellen Gegensatz zum kapitalistischen Wirtschaftssystem stehen, lautet, es widerspräche der Grundbestimmung der Gewerkschaften, im kapitalistischen System durch eventuell sogar institutionelle Teilnahme an dessen Entscheidungsfunktionen Verantwortung zu übernehmen. Vgl. dazu *Agartz*, WISO 4. Jg. (1959), H. 17, S. 782; ders., WISO 4. Jg. (1959), H. 19, S. 871 ff.; *Abendroth*, Die deutschen Gewerkschaften, S. 94 ff.

[123] *H. Krüger*, Gutachten, S. 64 ff.

[124] *Misera*, S. 44 ff.; zur Koalitionszweckgarantie zählt die werbende Politik wohl nur Gamillscheg, S. 83 ff.

[125] *Säcker*, S. 63 ff.

[126] BAG AP Nr. 14 zu Art. 9 GG m. zust. Anm. *Rüthers*.

[127] Vgl. auch BVerfGE 17, 319 = AP Nr. 1 zu Art. 81 PersVG Bayern und BVerfGE 19, 303 = AP Nr. 7 zu Art. 9 GG.

[128] Die Heranziehung der Kompetenz kraft Sachzusammenhangs erscheint daneben unnötig und sollte unterbleiben, da in der öffentlich-rechtlichen Literatur sich die Ansicht durchzusetzen beginnt, es handele sich dabei um nichts anderes als um eine Annexkompetenz; vgl. BVerfGE 3, 421; 8, 153 und 315; *Hesse*, § 7 II 1; *Maunz-Dürig-Herzog*, Art. 30 Rdn. 15.

nahme, die zu ihrer Stärkung dient, unter Berufung auf diese Garantie unter dem sowohl gegenüber gesetzlicher als auch privater Störung resistenten Schutzmantel des Art. 9 Abs. 3 GG durchführen kann. Auch in Art. 28 Abs. 2 GG wird kein Bestandsschutz für die einzelne Gemeinde gewährt, nur die Institution der gemeindlichen autonomen Selbstverwaltung als solche wird geschützt[129]. Ebenso garantiert auch die Koalitionsbestandsgarantie einer einzelnen Koalition keinen bestimmten Handlungsspielraum, in dem sie sich tarifpolitisch frei entfalten kann, sondern gewährleistet nur die rechtlichen Voraussetzungen für das Funktionieren eines institutionellen Systems, d. h. es muß durch den einfachen Gesetzgeber und gegebenenfalls durch den Richter als „Ersatzgesetzgeber" die rechtliche Möglichkeit garantiert werden, daß überhaupt leistungsfähige Koalitionen existieren können[130]. Darüberhinaus wird man sagen müssen, daß ein Pluralismus leistungsfähiger Verbände bestehen können muß[131]. Daraus folgt hinsichtlich der Koalitionswohlgarantie, daß nur solche Maßnahmen in den Kernbereich des Art. 9 Abs. 3 GG fallen, die unbedingt dazu erforderlich sind, ein System von leistungsfähigen Koalitionen zu erhalten.

Gehören die zur Selbstbehauptung der Koalitionen nicht unbedingt notwendigen Maßnahmen nicht zum Kernbereich des Art. 9 Abs. 3 GG, in dem sie auch gegen einfachgesetzliche Maßnahmen gefeit sind, so könnten sie doch von der Thematik her zum Regelungskomplex der Arbeits- und Wirtschaftsbedingungen gehören mit der Folge, daß sie zwar vom einfachen Gesetzgeber jederzeit eingeschränkt werden können, solange dies nicht geschehen ist, ihre Zulässigkeit im einzelnen (mit der Möglichkeit der normativen Vereinbarung) aber nur nach Art. 9 Abs. 3 GG beurteilt werden kann. Dies verbietet sich jedoch mit Rücksicht auf gerade ihre Akzessorietät. *Alle* Selbtsbehauptungsmaßnahmen müssen der Durchsetzung der Grundthematik notwendig zugeordnet sein, damit sie überhaupt als akzessorische Maßnahmen bezeichnet werden können. Wegen der Akzessorietät stimmt hier also der Kernbereich mit der allgemeinen Art. 9 Abs. 3 GG zuzuordnenden Thematik überein. Alles über das unbedingt Notwendige Hinausgehende kann die Koalition nur als freier Mitgliederverband über Art. 2 Abs. 1 GG erreichen[132].

Unbedingt erforderlich ist die normale Werbung der Koalitionen, denn in Zeiten einer lang andauernden Hochkonjunktur kann kein Tarifverband darauf verzichten, durch die Mittel der Werbung auf seine Not-

---

[129] BVerfGE 2, 332; *v. Mangoldt-Klein*, S. 180; *Maunz-Dürig-Herzog*, Art. 28 Rdn. 28 f.; *Wernicke* in BK Art. 28 Erl. II 2 a.

[130] Ebenso *Richardi*, S. 73; ders., AöR 93, 243 (262 f.); *Säcker*, S. 68 f.

[131] Vgl. *Säcker*, S. 88 f.

[132] So *Biedenkopf*, Tarifautonomie, S. 96 ff. für sekuritätspolitische Maßnahmen insgesamt; ähnlich auch *Mayer-Maly*, BB 1965, 829 (833 f.).

wendigkeit für die Arbeitnehmer hinzuweisen[133]. In den zur Zeit heftig umstrittenen Fragen der Tarifausschluß- und Differenzierungsklauseln läßt sich die gewerkschaftliche Behauptung, sie seien nicht nur zweckmäßig sondern unbedingt notwendig, ihre Funktionsfähigkeit zu erhalten, weder geschichtlich noch empirisch belegen[134]. Ein solcher mit einem hohen Wahrscheinlichkeitsgrad ausgestatteter Nachweis ist jedoch Voraussetzung, um vorwiegend sekuritätspolitisch ausgerichtete Maßnahmen als *akzessorisch* zur institutionellen Garantie eines funktionsfähigen Tarifverbandswesens anzusehen. Die Koalitionswohlgarantie soll das Handlungssystem des Art. 9 Abs. 3 GG nicht erweitern sondern nur in dem dort niedergelegten Umfang sichern.

Dies darf jedoch auf der anderen Seite nicht dazu führen, das den Koalitionen durch Art. 9 Abs. 3 GG in die Hand gegebene Funktionssystem mit dem Hinweis einzuengen, bei einer beliebigen tarifvertraglichen Forderung spielten sekuritätspolitische Motive mit. So könnte durchaus gesagt werden, die Forderung nach tarifvertraglicher Vermögensbildung, nach einer bestimmten Gemeinsamen Einrichtung sei nur gestellt worden, um die Anziehungskraft der Gewerkschaften zu erhöhen. Daß dieses Motiv bei jeder gewerkschaftlichen Forderung selbstverständlich mitschwingt, kann aber nicht ausreichen, sie als eine solche sekuritätspolitischer Art zu qualifizieren. Wesensmerkmal der sekuritätspolitischen Maßnahme ist vielmehr, daß bei ihr der Effekt der Werbewirksamkeit das vorherrschende Motiv ist. Bei dem bisher in dieser Hinsicht aufgetauchten tarifvertraglichen Problem der Differenzierungs- und Tarifausschlußklauseln ist die Frage nicht so schwer zu klären, wie es zunächst den Anschein hat. Die materiell erstrebten Ziele wie ein höheres Urlaubsgeld für ihre Mitglieder, höheren Lohn usw. könnten die Gewerkschaften auch ohne Differenzierungsklauseln erreichen. Deren Zweck ist es vielmehr einzig und allein, es dem Außenseiter unmöglich zu machen oder zumindest zu erschweren, die tarifvertraglichen Leistungen zu erlangen.

---

[133] Zur Zulässigkeit innerbetrieblicher Werbung: BVerfGE 19, 312 ff. = AP Nr. 7 zu Art. 9 GG; BAG AP Nr. 2 zu § 19 BetrVG; AP Nr. 10, 11 zu Art. 9 GG; gegen diese beiden letzten Entscheidungen *Mayer-Maly*, Anm. zu AP Nr. 10, ebd.; *Zöllner*, SAE 1967, 105; weitere Literaturangaben bei *Hueck-Nipperdey* II 1, S. 146, Fußn. 29 sowie im Nachtrag zu II 2, S. 1636 zu S. 146.

[134] Ebenso *Nipperdey*, Verh. des 46. DJT, S. 99; zu weitgehend *Dietlein*, AuR 1970, 200 (201 f.) und *Weller*, AuR 1970, 161 (165 f.). Erinnert sei hier an die österreichischen Arbeitnehmerkoalitionen, die einen weit höheren prozentualen Mitgliederstand aufweisen, obwohl es ihnen an Druck- bzw. Anreizmittel ähnlich der von den deutschen Gewerkschaften geforderten fehlt.

§ 9 Entscheidungshinweise für die durch die Harmoniefrage betroffenen Problemkreise

A. Differenzierungsklauseln, Tarifausschlußklauseln und ähnliche

I. Einengung des Problemkreises unter Berücksichtigung der bisherigen Untersuchungsergebnisse

Wie oben ausgeführt können die Differenzierungsklauseln im weiteren Sinne nicht unter dem Schutz des Art. 9 Abs. 3 GG sondern allenfalls unter Berufung auf die allgemeine Handlungsfreiheit des Art. 2 Abs. 1 GG durchgeführt werden. Es steht somit von vornherein fest, daß sie nicht mit Hilfe normativer Abreden vereinbart werden können. Dies gilt zunächst einmal für die Tarifausschlußklausel, bei der auch die Befürworter einer Differenzierungsmöglichkeit zugeben, daß diese Differenzierung nicht auf normativem Wege erreicht werden kann[1]. Das gleiche gilt aber auch für die Spannenklauseln, sei es, daß sie in Verbindung mit Normen über Gemeinsame Einrichtungen oder in sonstigen Tarifvertragsnormen auftauchen[2], da bei ihnen das organisationspolitische Moment gleichermaßen motivierend wirkt wie bei den Tarifausschlußklauseln. Über die Zulässigkeit der schuldrechtlichen Vereinbarung dieser Klauseln ist damit jedoch noch nichts ausgesagt, sie richtet sich einzig und allein nach den Grenzen des Art. 2 Abs. 1 GG also vor allem der „verfassungsmäßigen Ordnung". Nach der Rechtsprechung des Bundesverfassungsgerichts[3] ist darunter zu verstehen die verfassungsmäßige Rechtsordnung, d. h. die Gesamtheit aller Normen, die formell und materiell den Ansprüchen der Verfassung genügen. Die schuldrechtlichen Klauseln sind daher vor allem auf ihre Vereinbarkeit mit einfachen Gesetzen und Verfassungsnormen zu überprüfen. Von den Problemaspekten, die außer dem Gesichtspunkt der „Grenze der Tarifmacht" dabei in der Diskussion um die Differenzierungsklauseln auftauchen, seien die wichtigsten herausgegriffen: Unzumutbarkeit für den Arbeitgeber, Verstoß gegen die negative Koalitionsfreiheit, Eingriff in die Vertragsfreiheit der Außenseiter und Verstoß gegen das Leistungsprinzip.

---

[1] Anders nur *Fechner*, Gemeinsame Einrichtungen, S. 70 f., der die Tarifausschlußklausel als negative Inhaltsnorm für möglich hält; vgl. dazu oben § 1 A II.

[2] Dazu oben ebd. 1 c.

[3] Vgl. oben § 3, Fußn. 29.

II. Unzumutbarkeitsargument

Wenig stichhaltig ist das gegen die schuldrechtlichen Differenzierungsklauseln vorgebrachte Argument, dem Arbeitgeber bzw. dem Arbeitgeberverband werde damit eine Pflicht aufgebürdet, die für ihn unzumutbar sei[4]. Tatsächlich kann nach zivilrechtlichen Grundsätzen eine Leistungspflicht nachträglich wegen „Unzumutbarkeit" entfallen. Es ist dies weitgehend anerkannt für die Fälle der moralischen, psychischen oder auch wirtschaftlichen Unmöglichkeit, bei der der Schuldner seine „Opfergrenze" überschreiten müßte, um die Leistung zu erbringen[5]. Anwendbar sind diese Regeln jedoch nur auf Fälle, in denen sich das Bestehen auf Vertragserfüllung wegen nachträglich eintretender Umstände als unzumutbar erweist. Während der Vertragsverhandlungen bis zum Zeitpunkt des Vertragsabschlusses wird der Vertragspartner nach deutschem Recht vor sich selbst, d. h. vor dem Zustandekommen einer für ihn ungünstigen vertraglichen Regelung nur durch die Mißbrauchsnorm des § 138 BGB geschützt[6]. Für die große Vielzahl von Verträgen unter gleichwertigen Partnern ist dies die alleinige „Zulassungsnorm", die dem Richter die Legitimation zur materiellen Überprüfung des Vertragsinhalts eröffnen kann. Eine weitergehende Prüfungsbefugnis besteht nur dort, wo das Wesen der Vertragsfreiheit durch die Übermächtigkeit eines Partners derart denaturiert worden ist, daß nicht mehr das Bild eines ideellen gerechten Ausgleichs der Interessen durch die Gegenmacht der Vertragsparteien dem Rechtsanwendenden vorschwebt[7].

Die Tarifparteien stehen sich auf dem Arbeitsmarkt als gleichwertige und gleichstarke Partner im freien Spiel der Kräfte gegenüber. Auch bei Firmentarifverträgen kann grundsätzlich nicht von einer Überlegenheit der Arbeitnehmerkoalition ausgegangen werden. Eine solche Überlegenheit mag im Einzelfall unter besonderen Konstellationen wie etwa der geringen Finanzkraft eines kleinen Betriebes gegeben sein, jedoch kann anhand solcher Einzelfälle, mit denen man sich bei Bedarf auseinandersetzen müßte, kein allgemeines Prinzip aufgestellt werden[8]. Mit Recht

[4] In dieser Weise wird das Unzumutbarkeitsargument gebraucht vom BAG in der Entscheidung des GS in AP Nr. 13 zu Art. 9 GG; ebenfalls schon *Nipperdey*, Einziehung von Gewerkschaftsbeiträgen, S. 41, in der Frage der Zulässigkeit der Einziehung von Gewerkschaftsbeiträgen durch den Arbeitgeber.

[5] *Esser* I, S. 41 ff.; vgl. auch *Staudinger-Weber*, § 242 A 268 ff. mit Angabe von Fällen, in denen ein Vertragspartner zur besonderen Rücksichtnahme auf den anderen Teil verpflichtet ist.

[6] *Esser*, ebd.

[7] Zum Beispiel bei den allgemeinen Geschäftsbedingungen; s. Angaben bei *Soergel-Siebert-H. Lange*, Vor § 145 IV.

[8] *Biedenkopf*, Tarifautonomie, S. 26, sieht das Prinzip, daß der „Mächtigere" die Interessen seines Vertragspartners stärker zu beachten hat als gewöhnlich, nur im Verhältnis des einzelnen Arbeitgebers zum Arbeitnehmer als gegeben an.

wird daher vor Unzumutbarkeitserwägungen als Kriterien für die Begrenzung der Tarifmacht gewarnt[9]. Überließe man es der Kontrolle der Gerichte, zu überprüfen, ob eine Regelung, die einer der Vertragspartner sich bei Vertragsschluß selbst zumutete, für ihn unzumutbar ist, so wäre damit bald das Ende der Tarifautonomie in Sicht[10].

Aus einem etwas anderen Blickwinkel wird das Problem der Unzumutbarkeit von *A. Hueck, Bötticher* und *Hesse*[11] betrachtet. Sie stellen auf die Unzumutbarkeit als Grenze der tarifvertraglichen Vereinbarungsbefugnis im Verhältnis der Tarifvertragsparteien zu ihren Mitgliedern ab. Ernsthaft in Betracht zu kommen scheint mir dieses Argument bei Verbandstarifverträgen nur im Hinblick auf die tarifvertraglichen Rechtsnormen. Hier könnte man daran denken, daß die Tarifvertragsparteien ihre Mitglieder nicht mit normativer Wirkung auf unzumutbare Leistungen oder Verhaltensweisen festlegen könnten. Diese normativen Abreden sind jedoch für rein organisationspolitische Zielsetzungen schon aus anderen Gründen rechtswidrig, so daß nicht das schwer in den Griff zu bekommende Instrument der Unzumutbarkeit bemüht zu werden braucht. Daß bei der schuldrechtlichen Seite des Tarifvertrages für den einzelnen Arbeitgeber beim Firmentarifvertrag keine Unzumutbarkeit vorliegt, wurde oben schon dargelegt. Beim Verbandstarifvertrag nun entsteht durch die schuldrechtliche Abrede keine eigenständige Verpflichtung des einzelnen Arbeitgebers sondern lediglich eine Einwirkungspflicht des Arbeitgeberverbandes. Ob nun dasjenige, was der Arbeitgeberverband für seine Mitglieder vereinbart, für diese zumutbar ist, ist keine tarifrechtliche Frage, sondern eine solche des Vereinsrechts. „Der Tarifschluß beruht vereinsrechtlich auf einem Beschluß der Mitgliederversammlung oder einem Willensakt des von ihr durch Satzung oder konkreten Beschluß dazu ermächtigten Vereinsorgans, so des Vorstandes ... Daher begründen alle Pflichten der Tarifvertragsparteien im obligatorischen Teil, die nur durch Mitwirkung der Mitglieder erfüllt werden können, eine körperschaftliche Mitgliederpflicht[12].“ Diese körperschaftliche Mitgliederpflicht geht dahin, daß die Mitglieder ihren Verband instandsetzen, den Tarifvertrag der Gegenseite gegenüber zu erfüllen[13]. Auch wenn der Arbeitgeberverband unter vereinsrechtlichen Gesichts-

---

[9] Gegen das Prinzip der Unzumutbarkeit als Begrenzung der Tarifmacht z. B.: *Biedenkopf*, Gutachten, S. 124; ders., Sondervorteile, S. 23 f.; *Dietlein*, AuR 1970, 200 (205); *Fechner*, Einziehung von Gewerkschaftsbeiträgen, S. 16 f.; *Herschel*, AuR 1970, 193 (194); *Reuß*, AuR 1970, 33 (34); *Ritter*, JZ 1969, 111 (112); *Weller*, AuR 1970, 161; *Wiedemann*, SAE 1969, 265 (268); ders., RdA 1969, 320 (335); ausführlichst *Gitter*, AuR 1970, 129; abwägend noch ders., in JurA 1970, 148 (156 ff.).

[10] So auch *Reuß*, ebd.; *Weller*, ebd.

[11] *Bötticher*, S. 146 f.; *Hessel*, DB 1960, 208 (209); *A. Hueck*, S. 67.

[12] *Hueck-Nipperdey* II 1, S. 497; LAG Niedersachsen/Hannover, BB 1966, 778.

[13] *Hueck-Nipperdey-Stahlhacke*, § 3 Anm. 31.

punkten seine Kompetenzen überschreitet, führt dies nicht gleich zur Unwirksamkeit des Tarifvertrages. Zieht man zum Vergleich und zur Erforschung der gesetzgeberischen Wertung das Vertretungsrecht heran, so stellt man fest, daß dort eine Unwirksamkeit der Verpflichtung im Außenverhältnis nur in Fällen der Kollusion angenommen wird[14].

III. Verstoß gegen die negative Koalitionsfreiheit

1. *Grundgesetzliche Verankerung der negativen Koalitionsfreiheit — Art. 9 Abs. 3 GG oder Art. 2 Abs. 1 GG —*

Als weiteres Argument gegen die Zulässigkeit schuldrechtlicher Differenzierungsklauseln wird vorgebracht, sie verstießen gegen die negative Koalitionsfreiheit des Außenseiters, indem sie ihn zwängen, der Koalition beizutreten, wolle er an den Koalitionsmitgliedern vorbehaltenen Vergünstigungen teilhaben[15]. Als maßgebliches Entscheidungskriterium zur Beantwortung dieser Frage wird angesehen, ob die negative Koalitionsfreiheit durch Art. 9 Abs. 3 GG oder durch Art. 2 Abs. 1 GG geschützt wird. Demgegenüber steht *Wiedemann*[16] auf dem Standpunkt, „wie weit nämlich dem Expansionsstreben der Koalition im Interesse einer funktionierenden sozialen Selbstverwaltung oder der Freiheitlichkeit der Organisation im Interesse der unbeeinflußten Willensbildung des Staatsbürgers der Vorzug gebührt", bleibe unabhängig von der Zuweisung zu Art. 2 oder Art. 9 Abs. 3 GG. Dem kann jedoch zumindest bei der hier erarbeiteten Konzeption, daß nämlich die schuldrechtlichen Differenzierungsklauseln für die Tarifvertragsparteien nur aufgrund der allgemeinen Handlungsfreiheit des Art. 2 Abs. 1 GG möglich sind, nicht zugestimmt werden[17]. Durch Art. 9 Abs. 3 GG wird ein komprimiertes, zumindest gegenüber Eingriffen von privater Seite immunes soziales Handlungssystem verkörpert. Wird die negative Koalitionsfreiheit somit in Art. 9 Abs. 3 GG verankert, so hat sie im Gegensatz zu der durch die weite Auslegung der „verfassungsmäßigen Ordnung" bewirkten Relativierung des Art. 2 Abs. 1 GG zumindest eine Präponderanz gegenüber der schuldrechtlichen Vereinbarungsbefugnis der Koalitionen außerhalb des Systems der Arbeits- und Wirtschaftsbedingungen. Demgegenüber käme es

---

[14] Vgl. dazu *Soergel-Siebert-Schultze v. Lasaulx*, § 177 Rdn. 16 ff.; BGH NJW 1954, 1159; NJW 1966, 1911; OLG Celle, WM 1966, 714.

[15] BAG (GS) AP Nr. 13 zu Art. 9 GG; *Bötticher* BB 1956, 967; ders., BB 1965, 1077; *Denecke*, RdA 1961, 13; *Diekhoff*, DB 1959, 1141; *Dietz*, HGR III/1, S. 458; *Haberkorn*, ArbG 1960, 506; *A. Hueck*, S. 37 ff.; *Merker*, DB 1960, 263; *Nikisch* II, S. 37; *Osthold*, ArbG 1959, 446.

[16] *Wiedemann*, SAE 1969, 265 (266); ähnlich *Dietlein*, AuR 1970, 200 (202).

[17] Eingehende Beschreibung der unterschiedlichen Wirkungen bei der Verankerung der negativen Koalitionsfreiheit in Art. 9 Abs. 3 GG oder Art. 2 Abs. 1 GG auch bei *Biedenkopf*, Sondervorteile, S. 12 ff.

bei einem Schutz der negativen Koalitionsfreiheit lediglich durch Art. 2 Abs. 1 GG zu einer gleichgewichtigen Interessenabwägung. Wenn Wiedemann[18] ausführt, Art. 9 Abs. 3 Satz 2 GG gebühre zwar gemeinhin als nahezu absolutem Grundrecht der Vorzug vor anderen Rechtsgütern, dies gelte jedoch nicht für die negative Koalitionsfreiheit, so interpretiert er Art. 9 Abs. 3 GG als Grundrecht mit unterschiedlicher Defensivgrenze, je nachdem welche Komponente der Koalitionsfreiheit gerade betroffen wird, was mit einem institutionellen Grundrechtsverhältnis in dem hier aufgezeigten Sinne unvereinbar ist. Kommt man zu der materiellen Wertung, der negativen Koalitionsfreiheit gebühre kein nahezu absoluter Schutz, so ist dies eben ein Indiz dafür, daß sie lediglich durch die allgemeine Handlungsfreiheit gewährleistet wird[19].

Die Anhänger der Ansicht, welche die negative Koalitionsfreiheit in Art. 9 Abs. 3 GG gewährleistet sehen wollen[20], begründen dies zumeist damit, die Freiheit, unkoaliert zu bleiben, müsse die selbstverständliche Kehrseite, das Korrelat der Freiheit sein, sich zu koalieren[21]. Abstrakt gesehen ist dies richtig, jedoch bedeutet diese Korrelateigenschaft noch nicht, daß beide Freiheiten sich auch wertmäßig auf einer Stufe gegenüberstehen. Bei funktioneller Betrachtung gewährleistet Art. 9 Abs. 3 GG alle Freiheitsräume, kollektiver und individueller Art, die notwendigerweise vorhanden sein müssen, um unser Arbeits- und Wirtschaftssystem von der Arbeitsmarktseite her zu ordnen. Dazu notwendig sind auf individueller Basis die positive Koalitionsfreiheit, die Möglichkeit überhaupt, sich einer Koalition anzuschließen, und auf kollektiver Ebene die schon im einzelnen angeführten Kernbereiche. Nicht zum Funktionieren der Arbeitsordnung unbedingt notwendig ist demgegenüber die negative Koalitionsfreiheit. Man könnte sich ein funktionstüchtiges System auch durchaus bei einer Zwangsmitgliedschaft der Arbeitnehmer und Arbeitgeber in den Koalitionen vorstellen. Die skeptischen Zweifel, die einen bei dem Gedanken an ein solches System der „Verkoalisierung" befallen, sind die gleichen Zweifel, die dem allgemeinen Sog zu einer zwangsweisen verbandsmäßigen Erfassung entgegengehalten werden. Sie verträgt sich nicht mit dem in einer freiheitlich demokratischen Ordnung notwendigen, durch keine „metyphysisch-spekulativen Postulate begrenzten ... Raum privater Selbstherrlichkeit"[22], einer staatlich gewährleisteten Sphäre zu zweckloser legitimer Willkür[23]. Diese Freiheit der Selbstbestimmung, des „wie man will"-Verhalten-Könnens wird aber lediglich durch die allgemeine Handlungsfreiheit des Art. 2 Abs. 1 GG gewährleistet[24].

---

[18] *Wiedemann*, ebd.

[19] Siehe dazu auch *Hueck-Nipperdey* II 1, S. 157 ff.

[20] *Bettermann*, Nipperdey-Festschrift (1965), Bd. II, S. 735; *Dietz*, HGR III/1, S. 435; *Hanau*, JuS 1969, 216; *Mayer-Maly*, ZAS 1969, 81 (84 f.); *A. Hueck*, S. 30 ff. m. w. N.

[21] Statt aller *Mayer-Maly*, ebd., S. 84; *Zöllner*, S. 25.

[22] *Säcker*, S. 24.

[23] *Säcker*, ebd., mit Angaben in Fußn. 32.

[24] Ebenso i. E. *Biedenkopf*, JZ 1961, 346; ders., Tarifautonomie, S. 93 ff.; *Galperin*, Bogs-Festschrift, S. 92; ders., AuR 1965, 1; *Gamillscheg*, S. 53 ff.; *Gester*, AuR 1963, 108; *Kunze* in Duvernell, S. 249; *Söllner*, S. 59 ff.; *Hueck-Nipperdey* II 1, S. 154 ff., 828 m. w. N.; a. A. das BVerfG in zwei „obiter dicta"

Die Aussage, in kollektiver Sicht sei die Koalitionsfreiheit nur für Koalitionen gewährleistet, die auf *freiwilliger* Grundlage gebildet sind[25], widerspricht dem nicht. Ebenso wie allgemein im öffentlichen Recht nicht aus jedem Sollenssatz der objektiven Rechtsordnung ein subjektives Recht des einzelnen Rechtsunterwortenen hergeleitet werden kann[26], so kann man aus dieser grundgesetzlichen Anforderung an die Beschaffenheit der Koalitionen auch keine Schlüsse für die Ableitung der negativen Koalitionsfreiheit als Individualgrundrecht ziehen[27].

Die gleichrangige Verankerung sowohl der negativen als auch der positiven Koalitionsfreiheit in dem als institutionelle Garantie eingriffsfesten Art. 9 Abs. 3 GG würde die Verwirklichung entweder des einen oder des anderen Grundrechts unmöglich machen. Läge eine Maßnahme im Schutzgebiet der negativen Koalitionsfreiheit, so müßten die aus der kollektiven Koalitionsfreiheit folgenden Mittel der Werbung, moralischer Druck, Appell an das Solidaritätsgefühl usw. wegen Verstoßes gegen die negative Koalitionsfreiheit als rechtswidrig angesehen werden[28]. Wenn dieses Ergebnis teilweise mit dem Hinweis abgelehnt wird, die Festigkeit der negativen Koalitionsfreiheit sei eben nicht so klar definiert wie die der anderen Freiheiten des Art. 9 Abs. 3 GG[29], so scheint mir dies doch ein Indiz dafür zu sein, daß zuvor eine systemfremde Eingruppierung vorgenommen wurde. Werden sowohl die hier zu betrachtenden Differenzierungsklauseln als schuldrechtliche sekuritätspolitische Absprachen als auch die negative Koalitionsfreiheit lediglich durch Art. 2 Abs. 1 GG geschützt, wird die Abwägung nicht durch eine Präponderanz einer der beiden Freiheiten vorweggenommen[30, 31].

(BVerfGE 10, 102; 20, 312), BVerwG (AP Nr. 1 zu Saarland Arbeitskammergesetz) und das BAG (AP Nr. 13 zu Art. 9 GG). Beachtenswert ist noch, daß *Martinek*, S. 155, für das österreichische Recht jeglichen Schutz der negativen Koalitionsfreiheit ablehnt.

[25] Vgl. dazu *Hueck-Nipperdey* II 1, S. 83 ff. m. w. N.

[26] *H. J. Wolff*, I § 43, S. 263 m. w. N.

[27] Ebenso *Hueck-Nipperdey* II 1, S. 158 f.; a. A. *Huber* II, S. 386; *Nikisch* II, S. 29;; *Mayer-Maly*, ZAS 1969, 83 (86).

[28] Ähnlich *Hueck-Nipperdey* II 1, S. 157 ff.

[29] *Wiedemann*, SAE 1969, 265 (266).

[30] Auch die Rechtsprechung des BVerfG hat das Bestreben, eine Kollision von einzelnen Freiheitsrechten im gleichen Normbereich aufzulösen und nicht das meist defensivstärkere Spezialgrundrecht über das Einfallstor der verfassungsmäßigen Ordnung über die allgemeine Handlungsfreiheit triumphieren zu lassen (BVerfGE 21, 245, 249). Vgl. dazu *F. Müller*, S. 20 ff.

[31] Die Ansicht *Säckers* (S. 36), der innerhalb der negativen Koalitionsfreiheit zwischen den Personen differenzieren will, die der Koalition aus politisch-ideellen Motiven fernbleiben, und denjenigen, die überhaupt keine Stellung beziehen und sich der Grundrechtsfunktion gegenüber indifferent verhalten (erstere sollen durch Art. 9 Abs. 3 GG, letztere durch Art. 2 Abs. 1 GG geschützt werden), vermag ich nicht zu teilen. Eine solche lediglich auf die nicht nachprüfbare Motivationslage des Fernbleibenden abzielende Differenzierung würde letzten Endes doch zu einem allgemeinen Schutz der negativen Koali-

2. *Eingriff in den Schutzbereich der negativen Koalitionsfreiheit*

Das Bundesarbeitsgericht stellt nun in der vielbeachteten Entscheidung zur Differenzierungsklausel[32] fest, in Fällen einer solchen Kollision müsse abgewogen werden, welcher der kollidierenden Interessen der Vorzug zu geben sei. Es hat sich also im Gegensatz zu einigen literarischen Stellungnahmen vor Erlaß des Urteils[33] nicht auf eine Quantifizierung des Drukkes eingelassen, sondern eine per-se-Rechtswidrigkeit der Differenzierung zu dem erstrebten sekuritätspolitischen Ziel angenommen[34]. Das Bundesarbeitsgericht schmückt diese Zweck-Mittel-Bewertung mit dem schon an anderer Stelle verwendeten Begriff der Sozialadäquanz[35], der jedoch hier wie dort eine Leerformel darstellt, die keinen materiellen Erkenntniswert beinhaltet[36]. Der Begriff der Sozialadäquanz bedeutet lediglich „richterrechtlich konstatierte Rechtswidrigkeit im Gegensatz zu legislativ normierter Rechtswidrigkeit“[37]. Bei dem per-se-Argument scheint im übrigen eine ähnliche Vorstellung mitzuschwingen, die bei dem Recht am eingerichteten und ausgeübten Gewerbebetrieb und dem allgemeinen Persönlichkeitsrecht im Rahmen des § 823 Abs. 1 BGB zu der Konsequenz geführt hat, entgegen dem sonstigen Automatismus Tatbestandserfüllung — Rechtswidrigkeit bei diesen generalklauselartigen Rahmenrechten eine einheitliche Bewertung mit der Fragestellung vorzunehmen, ob eine rechtswidrige Tatbestandserfüllung vorliegt[38]. Eine solche globale Bewertung muß zweifellos auch bei der hier vorzunehmenden Abwägung erfolgen, jedoch erst dann, wenn zuvor überhaupt festgestellt wurde, daß ein Eingriff in den Schutzbereich der einen oder anderen Freiheit überhaupt vorliegt. Zu einer Abwägung kann es mit anderen Worten erst kommen, wenn ein irgendwie gearteter Druck vorliegt. Erst im Anschluß an diese Feststellung kann man sich die Frage

---

tionsfreiheit durch Art. 9 Abs. 3 GG führen, da von dem Fernbleibenden ohne Schwierigkeiten irgendwelche politisch-ideellen Motive vorgeschoben werden können.

[32] BAG (GS) AP Nr. 13 zu Art. 9 GG.

[33] Vor allem *Gamillscheg*, S. 53 ff. (62 f.).

[34] Ebenso schon *A. Hueck*, S. 40; zust. *Wiedemann*, SAE 1969, 265 (267).

[35] Siehe vor allem die Rechtsprechung des BAG zum Arbeitskampf: BAG AP Nr. 1, 2, 32, und 34 zu Art. 9 GG Arbeitskampf; AP Nr. 2, 3 zu § 1 TVG Friedenspflicht. Ausführlich zum Begriff der Sozialadäquanz *Hueck-Nipperdey* II 2, S. 1000 ff., insbes. Fußn. 34c mit zahlreichen Nachweisen aus Literatur und Rechtsprechung.

[36] So auch *Wiedemann*, ebd., *Gitter*, JurA 1970, 148 (152).

[37] *Säcker*, S. 127, Fußn. 315 a. E.

[38] Zum Recht am eingerichteten und ausgeübten Gewerbebetrieb: *Soergel-Siebert-Zeuner*, § 823 Rdn. 74 mit Literaturhinweisen vor Rdn. 68; BGH NJW 1963, 484 (485); NJW 1966, 1617 (1618); anders noch die frühere Rechtsprechung des BGH in BGHZ 3, 270 (278); 8, 142 (145); 24, 200 (206). Zum allgemeinen Persönlichkeitsrecht: *Soergel-Siebert-Zeuner*, § 823 Rdn. 57 mit Nachweisen vor Rdn. 55; BGHZ 13, 334 (338); 24, 72 (80); BGH NJW 1959, 525 (526).

stellen, was höher zu bewerten ist, die Freiheit der Koalitionen zur Selbstdarstellung oder das Recht des einzelnen, von diesem Druck verschont zu bleiben[39].

In den Schutzbereich der negativen Koalitionsfreiheit wird aber bei einer zusätzlichen Gewährung von Urlaubsgeld an Gewerkschaftsmitglieder in einer Höhe, die unter dem jährlichen Gewerkschaftsbeitrag liegt, überhaupt nicht eingegriffen. Bei rein finanzieller Betrachtung — diese wird ja von den Anhängern der Meinung, die Differenzierung „zwinge" den Außenseiter in die Koalition, gerade betont — wird sich der kühl rechnende Außenseiter sagen müssen, daß nach Gewerkschaftsbeitritt im Ergebnis für ihn als Endposten weniger unter dem Summenstrich stehen wird als bisher. Tritt er dennoch in die Gewerkschaft ein, so kann dies nur aus ideellen Erwägungen, nicht wegen des materiellen Anreizes eines höheren Urlaubsgeldes etc. geschehen sein[40]. Liegt die Differenzierung summenmäßig höher als der Gewerkschaftsbeitrag, so mag einmal die Grenze kommen, bei der ein Eingriff in den Schutzbereich der negativen Koalitionsfreiheit vorliegt. Da solche Fälle bisher noch nicht aufgetaucht sind, sollte es in Anbetracht der allgemeineren Fragestellung der Arbeit unterlassen werden, dazu nähere Grundsätze auszuloten. Ich tendiere jedoch dazu, auch in diesen Fällen der Selbstdarstellung der Koalition den Vorzug einzuräumen. Bei der Frage eines Verstoßes gegen die negative Koalitionsfreiheit kann es nicht darauf ankommen, mit welchen von mehreren Mitteln auf den Außenseiter eingewirkt wird, sondern nur darauf, ob man zulassen will, ob auf irgendeine Art eine Wunschvorstellung in dem Außenseiter erweckt wird, die ihn der Koalition beitreten läßt. Entscheidend ist also letzten Endes nicht die Art, sondern die Wirkung des Mittels. Sieht man keinen Verstoß gegen die negative Koalitionsfreiheit darin, daß die Gewerkschaften aus gewerk-

---

[39] Ähnlich auch *Herschel*, AuR 1970, 193 (197 ff.), der allerdings der Lehre von der Sozialadäquanz noch in weitem Umfang folgt und zudem mit der Sicht der Sozialadäquanz als reiner Rechtfertigungsgrund die bei generalklauselartigen Rechten und Rechtsgütern nicht zu verwirklichende Schematisierung Tatbestand-Rechtswidrigkeit wiederaufnimmt. Auch die Rechtsprechung des BVerfG und die des BVerwG gehen von einer unteren Stufe der hervorgerufenen Motivationsstärke zum Beitritt aus, unterhalb derer wegen der mangelnden rechtlichen Relevanz des „Drucks" keine Interessenabwägung erforderlich ist; vgl. BVerfGE 13, 181 (187); 20, 321 f.; BVerfG NJW 1967, 1076; 1966, 2305; BVerwG AP Nr. 41 zu Art. 12 GG. Aus der Literatur: *Biedenkopf*, Gutachten, S. 127, 132; *Galperin*, Bogs-Festschrift, S. 105; *Gamillscheg*, S. 63 f.; *Isele*, JZ 1966, 585 (587); *Krüger*, Gutachten, S. 93 f.; *Musa*, BB 1966, 82 (84 ff.); *Reuß*, AcP 166, 521 f.; *Säcker*, AuR 1965, 353; ders., BB 1966, 1032; ders., S. 126 Fußn. 315; *Scheuner*, BABl. 1965, 666; *Söllner*, AuR 1966, 257 (262).

[40] Zutreffend *Dietlein*, AuR 1970, 200 (204): „Wollte man in jeder noch so unerheblichen finanziellen Verschiedenbehandlung der organisierten und nicht organisierten Beschäftigten einen unzulässigen Eingriff in die negative Koalitionsfreiheit sehen, würde man damit zugleich die freie Selbstbestimmung des Menschen in einer seinem Wesen unangemessenen Weise zur bloßen Reaktion auf die ökonomischen Marktverhältnisse reduzieren."

schaftsinternen Mitteln ihren Mitgliedern Vergünstigungen gewähren, seien sie auch noch so hoch[41], so liegt aus diesem Grunde auch kein Verstoß darin, wenn diese Vergünstigung aufgrund einer schuldrechtlichen Vereinbarung mit einem anderen privatrechtlichen Verband gewährt wird. Die Tatsache, daß dieser andere Verband, der den Gewerkschaftsmitgliedern zu der ausschließlichen Vergünstigung verhilft, gerade ein Arbeitgeberverband (bzw. ein einzelner Arbeitgeber) ist, mithin eine gesellschaftlich-soziale Stelle, deren Marktverhalten auch den finanziellen und sozialen Stand des Außenseiters und dessen Verbesserung entscheidend prägt, muß bei der rechtlichen Beurteilung sicherlich entscheidend mitgewürdigt werden, jedoch hat dieser Motivationsprozeß nicht seinen Standort bei der Frage nach der negativen Koalitionsfreiheit[42].

IV. Eingriff in die Vertragsfreiheit der Außenseiter

Die Frage der schuldrechtlichen Differenzierungsklauseln brachte von einer neuen Perspektive aus Belebung in die Diskussion um das juristische Verständnis der Vertragsfreiheit. Teilweise sieht man nämlich in der Tarifausschlußklausel bzw. Differenzierungsklausel einen rechtswidrigen Eingriff in die durch Art. 2 Abs. 1 GG geschützte Vertragsfreiheit des Außenseiters[43].

Bei einem im klassischen Sinne liberalen Verständnis der Vertragsfreiheit, wie sie sich nach der grundlegenden Reichsgerichtsentscheidung RGZ 38, 155 in Deutschland allgemein durchgesetzt zu haben schien[44], konnte die Vertragsfreiheit mächtiger Gruppen zur tatsächlichen Beschränkung der Vertragsabschlußchancen weniger einflußreicher gesellschaftlicher Gruppen oder Individuen benutzt werden, solange nicht die Grenze einer rechtlichen Bindung von Drittpersonen überschritten war. „Es wurde als selbstverständlich angesehen, daß, sobald einmal der Gesetzgeber das betreffende Institut geschaffen habe, es nicht mehr ... darauf ankomme, zu welchem Zweck das geschaffene Recht oder besser die damit verliehene Macht ausgenutzt wird[45].“ Tat-

---

[41] Dies wird als selbstverständlich auch von Gegnern der Differenzierungsklauseln anerkannt; vgl. *Zöllner*, S. 28.

[42] Deshalb scheint es mir auch systematisch unrichtig, wenn *Wiedemann*, SAE 1969, 265 (267), einen Verstoß gegen das Leistungsprinzip zur Beurteilung der Frage heranzieht, ob ein Verstoß gegen die negative Koalitionsfreiheit vorliegt.

[43] So *Biedenkopf*, Gutachten, S. 133 ff.; ders., Sondervorteile, S. 12 ff. (beide Male nur für die Tarifausschlußklausel); *Bötticher*, Waffengleichheit, S. 15; *Gumpert*, BB 1960, 102; *Haberkorn*, ArbG 1960, 508; *A. Hueck*, S. 41 ff.; *Hueck-Nipperdey* II 1, S. 169; dagegen *Floretta*, DRdA 1968, 1 (10); *Gamillscheg*, S. 70 ff.; ders., Verhandlungen, S. 104 ff.; ders., BB 1967, 45 (50); *Reuß*, AcP 166, 518 (522); ders., DB 1965, 817; *Richardi*, S. 209 ff.; *Schnorr*, Molitor-Festschrift, S. 251; *Weller*, AuR 1970, 161 (164 f.); *Zöllner*, S. 29 ff. De lege lata sehen dieses Problem als nicht entscheidbar an: *Säcker*, S. 126, Fußn. 314; *Wiedemann*, SAE 1969, 265 (268); ders., RdA 1969, 321 (334).

[44] Vgl. dazu *Säcker*, S. 17; *Kronstein*, S. 233.

[45] *Kronstein*, ebd.

sächliche Beschränkungen der Vertragsfreiheit von Dritten, wie sie sich zumindest bei den Tarifausschlußklauseln als die Chance zum Abschluß von Verträgen bestimmter Art verhindernde „Marktregelungen, d. h. Verhaltensnormen für andere"[46] darstellen, waren unter einem laissez-faire-liberalen Vertragsfreiheitsverständnis nicht denkbar. Erst nachdem sich in der Wirtschaftswissenschaft unter Federführung von *Walter Eucken* eine ordo-liberale Konzeption des Wettbewerbs entwickelte[47], gewann auch in der juristischen Diskussion ein funktionsbezogenes Verständnis der Vertragsfreiheit an Boden[48]. Man erkannte, daß die Begriffe rechtsgeschäftliche Privatautonomie und subjektives Recht als „Fixsterne des Privatrechtssystems"[49] von einer formalen Gleichheit der Privatrechtssubjekte ausgingen, die in der Rechtstatsachenwelt nicht mehr gegeben war. Die Tendenz dieser ordo-liberalen Gedanken fand ihren Niederschlag im Gesetz gegen Wettbewerbsbeschränkungen, insbesondere in dessen § 26, der das Verbot diskriminierender Maßnahmen ausspricht[50].

Das von einem funktionsbezogenen ausgehende, an gesellschaftlich-ökonomische Implikationen anknüpfende Verständnis der Vertragsfreiheit trifft in seinem Grundgedanken ebenso wie für das Wettbewerbsrecht im engeren Sinne auch für die Rechtsstellung der Außenseiter beeinflussende schuldrechtliche Abreden der Koalitionen zu. Unter einer Vielzahl von gleichstarken Konkurrenten hätte man keine Bedenken, eine der Tarifausschlußklausel entsprechende Regelung, daß die mit einem Vertragspartner ausgehandelte Regelung nicht mit anderen getroffen werden dürfe, zuzulassen. Aber auch hier ist es die Ungleichgewichtslage, das auseinanderklaffende Machtpotential von Außenseiter und Koalition, das einen an der Richtigkeit eines aus dem traditionell-liberalen Privatrechtssystem gewonnenen Ergebnis zweifeln läßt[51].

---

[46] *Säcker*, ebd.

[47] Die Vertreter des sog. „Freiburger Ordo-Liberalismus" *W. Eucken*, Ordo Bd. 2, S. 5; ders., Grundsätze der Wirtschaftspolitik; *Böhm, F.*, Wirtschaftsverfassung und Staatsverfassung u. a., sowie die Vertreter der „sozialen Marktwirtschaft" als Ableger dieser ordo-liberalen Schule, *A. Müller-Armack*, Degenfeld-Festschrift, S. 34; *Rüstow*, Das christliche Gewissen und die neoliberale Marktwirtschaft, S. 52 u. a.

[48] Grundlegend *Raiser*, Summum ius, summa iniuria, S. 146 ff.; siehe auch *Kronstein*, S. 234 ff.; weitere Literaturangaben bei *Säcker*, S. 17, Fußn. 7 und S. 18, Fußn. 9.

[49] *Mestmäcker*, DB 1968, 787 (788).

[50] Gesetz gegen Wettbewerbsbeschränkungen (GWB) in der Fassung vom 3. 1. 1966 (BGBl. I, S. 37).

[51] Mit diesem neueren Verständnis der Vertragsfreiheit nicht vereinbar ist auch die von *Biedenkopf* (Gutachten, S. 133 ff.) getroffene Unterscheidung zwischen Tarifausschlußklauseln und Differenzierungsklauseln. Erstere sollen als *rechtlicher* Eingriff in die Vertragsfreiheit des Außenseiters unzulässig, letztere als bloß tatsächliche Beschränkungen zulässig sein. Faßt man die Vertragsfreiheit als ein Recht auf, so kann man — wie Zöllner, S. 31 zutreffend betont — auch die tatsächliche Behinderung an der Ausübung dieses Rechts als Eingriff ansehen. Zudem kann es bei einer funktionellen Betrachtung nur darauf ankommen, was nach der gleichwie gearteten Beschränkung materiell noch von dem Recht übrigbleibt. Dagegen scheint mir das von *A. Hueck*, S. 60, gegen Biedenkopf vorgebrachte Argument der §§ 343 Abs. 2, 344 BGB in

Dennoch bereitet es hier unüberwindliche Schwierigkeiten, de lege lata eine allgemeine zivilrechtliche Begrenzung solcher „Verträge mit Lastwirkungen für Dritte“[52] abzuleiten. Schon an anderer Stelle dieser Arbeit wurde davor gewarnt, zu weitgehende konkrete Rechtsfolgen aus einer institutionellen funktionsbezogenen Sicht der Grundrechte herzuleiten[53]. Ein Verbotssatz des Inhalts, daß einer Rechtsperson eine unbestimmte Vielzahl von vertraglichen Gestaltungsmöglichkeiten eröffnet sein muß, müßte nämlich zugleich seine Ausnahmen und Grenzen angeben. Es existiert bekanntlich eine ganze Anzahl von Rechtsgeschäften, so z. B. im Gesellschaftsrecht, welche die Zahl der Vertragsmöglichkeiten einer Rechtsperson erheblich einschränken, die aber mit unserem Rechtsgefühl durchaus in Einklang zu bringen sind[54]. *Biedenkopf*[55] versucht den Kreis der gegen die Vertragsfreiheit von Drittpersonen verstoßenden Rechtsgeschäfte dahingehend einzugrenzen, daß er nur solche für rechtswidrig erachtet, die darauf zweckgerichtet sind, die Chance der Drittperson, einen Vertrag eines bestimmten Inhalts abzuschließen, einzuengen. Diese Verquickung des Eingriffsproblems mit einem finalen Element scheint jedoch nicht ganz glücklich, erstens ist dieses äußerst schlecht judizierbar, so daß man zu den gleichen Schwierigkeiten wie bei § 138 BGB kommt, zum zweiten sollten bei einem funktionellen, institutsbezogenen Verständnis der Vertragsfreiheit, die Kriterien zur Begrenzung des gewünschten Rechtssatzes auch aus funktionalen, objektiven Momenten gewonnen werden[56].

In Anbetracht der sowohl im grundsätzlichen wegen des Fehlens eines einheitlichen, anerkannten Vertragsfreiheitskonzepts als auch bei der Ausführung bestehenden Unsicherheiten wird man sagen müssen, daß die Zeit für die Aufstellung eines entsprechenden Rechtssatzes noch nicht reif ist. „Die Rechtsordnung wird ebenso wie bei den allgemeinen Geschäftsbedingungen die Gesichtspunkte erst ausarbeiten, die im Einzelfall eine Erhaltung der Chance der Außenseiter rechtfertigen[57].“ Bei der Herausbildung eines solchen Rechtssatzes kommt die maßgebliche Funktion dem Richter in seiner legislativen Funktion zu, da es sich eindeutig um einen der ansonsten methodisch recht umstrittenen Fälle handelt, in denen ein im Wege der Auslegung gewonnenes Ergebnis nur das Sub-

---

Anbetracht der rechtspolitischen Tragweite der Entscheidung reichlich begrifflich. Gegen *Biedenkopf* ebenfalls: *Nipperdey*, Diskussionsbeitrag zu Biedenkopf, Sondervorteile, S. 38 ff.; *Bötticher*, RdA 1966, 401 (406); *Säcker*, S. 126, Fußn. 314.

[52] *Wiedemann*, SAE 1969, 265 (268); ders., RdA 1969, 321 (334).

[53] Siehe o. § 3 D IV 3; ;vgl. in diesem Zusammenhang auch *Kronstein*, S. 234.

[54] *Wiedemann*, SAE 1969, 265 (267).

[55] *Biedenkopf*, Gutachten, S. 133.

[56] i. E. ebenso *Zöllner*, S. 31; demgegenüber sieht *Wiedemann*, ebd., in der „bösen Absicht“ der Vertragspartner keinen brauchbaren Anknüpfungspunkt.

[57] *Wiedemann*, ebd., ähnlich *Säcker*, S. 126, Fußn. 314.

strat einer verdeckten und damit unehrlichen politischen Wertung wäre[58]. Der Große Senat des Bundesarbeitsgerichts hat sich in seiner Entscheidung zu den Differenzierungsklauseln[59] gescheut, einen solchen richterrechtlichen Rechtssatz aufzustellen, obwohl das Eingriffsargument auch schon vor Erlaß der Entscheidung stark diskutiert wurde, und statt dessen sein Verdikt auf andere Gründe gestützt. Anscheinend war es ebenfalls der Auffassung, daß das Vertragsfreiheitsverständnis unserer Rechtslehre noch nicht soweit maturiert war, als daß man eine richterrechtliche Verfestigung wagen könnte. Aufgabe der Rechtswissenschaft kann es hier nur sein, dem Richter Wertungsgrundlagen an die Hand zu geben.

V. Verstoß gegen das Leistungsprinzip

Ein bis dahin unerörterter Gesichtspunkt ist von *Wiedemann*[60] in die Diskussion um die Differenzierungsklauseln hineingetragen worden. Er hält alle Arten von Differenzierungsklauseln — schuldrechtliche wie normative — deshalb für unzulässig, weil sie dem Leistungsprinzip widersprächen. Dabei zieht er das Leistungsprinzip zur Begründung der per-se-Rechtswidrigkeit des Eingriffs in die negative Koalitionsfreiheit heran. Wegen des Leistungsprinzips dürfe sich das Entgelt der Arbeitnehmer nur an der Leistung des Arbeitnehmers oder seiner sozialen Umwelt orientieren. Die Differenzierungsklausel entspreche deshalb „dem Ständestaat, nicht dem Bild einer offenen Gesellschaft“[61].

Das Leistungsprinzip wurde im Bereich des Arbeitsrechts bisher in Verbindung mit dem in § 4 Abs. 3 TVG garantierten Günstigkeitsprinzip verwandt[62]. Es bilde „einen verfassungsrechtlich gesicherten Bestandteil unserer Rechtsordnung . . ., weil sich im Arbeitsleben der einzelne Arbeitnehmer nur voll entfalten kann, wenn seine persönliche Leistung auch in den Arbeitsbedingungen, vornehmlich in der Höhe der Entlohnung, Anerkennung finde“[63]. Das Leistungsprinzip in diesem Sinne soll dem organisierten Arbeitnehmer unter Hinweis auf seine durch Art. 2 Abs. 1 GG

---

[58] Vgl. dazu oben § 8 A II.

[59] BAG (GS) AP Nr. 13 zu Art. 9 GG.

[60] *Wiedemann*, SAE 1969, S. 268.

[61] *Wiedemann*, ebd., zweifelnd *Lieb*, ZfA 1970, 197 (208).

[62] Vgl. BAG AP Nr. 2 zu § 620 BGB Änderungskündigung; BAG AP Nr. 11 zu Art. 44 Truppenvertrag; *Butz*, DB 1953, 401; *Hueck-Nipperdey* II 1, S. 572 und S. 603, Fußn. 72; *Maus*, RdA 1958, 241 (246); *Nikisch* II, S. 420 f.; ders., DB 1963, 1254 (1255); *Nipperdey*, Lehmann-Festschrift (1937), S. 257 ff. (grundlegend); ders., Herschel-Festschrift, S. 9 ff.; *Schelp*, DB 1962, 1242; *Schichtel*, Diss. Münster, S. 15, 19; *Siebert*, Nipperdey-Festschrift (1955), S. 124; ders., BB 1953, 241 (242); *Wlotzke*, S. 17 f., 43, 77; zum genaueren Verhältnis von Günstigkeitsprinzip und Leistungsprinzip, das nicht einheitlich gesehen wird, *Richardi*, S. 368 ff.

[63] *Nikisch* II, ebd.

garantierte Vertragsfreiheit einen Spielraum gegenüber der reglementierenden tariflichen Gestaltung sichern, wo er ein übertarifliches Arbeitsentgelt, das seiner individuellen Leistung entspricht, vereinbaren kann. Entscheidend ist damit die reine *Möglichkeit*, seine spezifischen Leistungen für die Entlohnung in den Vordergrund stellen zu können. Während die h. L. zur Zeit des Arbeitsordnungsgesetzes im Leistungsprinzip die Motivation für die zwingende Festlegung des Günstigkeitsprinzips sah[64], wird das Leistungsprinzip heutzutage weitgehend nur als Mittel zur Problemverdeutlichung empfunden[65]: Die Tarifbedingungen sind nur Mindestarbeitsbedingungen, darüber hinaus bleibt dem einzelnen Arbeitnehmer aufgrund des Art. 2 Abs. 1 GG die Möglichkeit, seine Leistungsfähigkeit und sein Verhandlungsgeschick zur Fixierung des Austauschverhältnisses im Synallagma ins Spiel zu bringen.

Demgegenüber scheint *Wiedemann*[66] das Leistungsprinzip in einem weitergehenden Sinne zu verstehen. In der bei allen Soziallehren im Mittelpunkt stehenden Frage nach dem gerechten Lohn[67], scheint er die persönliche Leistung als hauptsächlichen Bestimmungsfaktor anzusehen, neben dem er nur noch soziale Fürsorgeleistungen anerkennen will. Das Leistungsprinzip wird mit anderen Worten nicht nur dazu verwandt, der individuellen vertraglichen Gestaltung einen weiteren Raum zu überlassen, sondern im Gegenteil dazu, diesen Raum zugunsten einer an der Leistung des betreffenden Arbeitnehmers ausgerichteten Bezahlung zu begrenzen. Das Leistungsprinzip wird damit vom Mittel zur Problemverdeutlichung zu einem Instrument der materiellen Richtigkeitskontrolle des einzelvertraglich gewährten Lohns[68]. Aus dieser Sicht ist es durchaus konsequent, § 3 Abs. 2 TVG, an dessen Gültigkeit und damit an der Möglichkeit der auf der mangelnden Tarifbindung des Außenseiters beruhenden Ungleichbehandlung von Außenseitern und Organisierten bisher nicht gezweifelt wurde, als unvereinbar mit dem Leistungsprinzip zu erklären. Wenn Wiedemann in diesem Konflikt § 3 Abs. 1 TVG als verfassungswidrig ansieht, so wäre dazu allerdings eine grundgesetzliche

---

[64] *Dersch*, Komm. zum AOG, § 29 Anm. 1; § 30 Anm. 1; *Hueck-Nipperdey-Dietz*, Komm. zum AOG, § 29 Rdn. 12a; *Nipperdey*, Lehmann-Festschrift (1937), S. 257 ff.

[65] So besonders *Richardi*, S. 372.

[66] *Wiedemann*, SAE 1969, 268.

[67] Vgl. dazu *Th. Heckel*, Der gerechte Lohn (1963), mit Beiträgen von *Lausenstiel*, *A. Hueck* und *Krelle*.

[68] Eine ähnlich deutliche Trennung zwischen Leistungsprinzip und Begünstigungsgrundsatz nimmt schon *Richardi* (S. 368) vor, ohne daraus allerdings konkrete rechtliche Konsequenzen zu ziehen. Das Günstigkeitsprinzip verwendet er in herkömmlicher Art zur Beschreibung der in § 4 Abs. 3 TVG ausgesprochenen Rechtsfolgen, während das Leistungsprinzip als Mittel zur Problemverdeutlichung nur aussagen soll, daß jede sinnvolle Ordnung von Arbeitsverhältnissen bei der Gestaltung der Arbeitsbedingungen die Leistung des Arbeitnehmers berücksichtigen wird.

Verankerung des Leistungsprinzips notwendig. Man könnte nun allerdings, ohne so weitreichende Konsequenzen einer Verfassungswidrigkeit des § 3 Abs. 1 TVG zu ziehen, lediglich die über § 3 Abs. 1 TVG hinausgehende Ungleichbehandlung von Organisierten und Nichtorganisierten, die sich darin äußert, daß die Außenseiter auch einzelvertraglich *de facto* nicht die gleichen Arbeitsbedingungen wie die Organisierten werden aushandeln können, als rechtsunwirksam erklären und damit dem Leistungsprinzip in der von Wiedemann geprägten Gestalt einen Platz auf der Stufenleiter der Rechtsordnung in Höhe der einfachen Gesetze zubilligen. Eine solche einfachgesetzliche Ausgestaltung des Leistungsprinzips als maßgeblicher Bestimmungsfaktor zur Bemessung des Arbeitsentgelts müßte aber m. E. zu einem unüberbrückbaren Wertungswiderspruch mit dem auf der gleichen Ebene stehenden, ebenfalls gültigen § 3 Abs. 2 TVG führen, der die Gewerkschaftszugehörigkeit in kollektiver Ebene ausdrücklich als materiellen Bemessungsfaktor anerkennt. Das Leistungsprinzip kann sich daher, wie es Wiedemann konsequent durchführt, gegenüber der positivgesetzlichen Regelung des § 3 Abs. 2 TVG nur dann durchsetzen, wenn es seine Verankerung im Verfassungsrecht findet.

Als verfassungsrechtliche Anknüpfungspunkte für das Leistungsprinzip kommen Art. 2 Abs. 1 GG und Art. 3 Abs. 1 GG in Betracht. Das Leistungsprinzip stellte sich dann als Konglomerat, als begriffliche Zusammenfassung zweier verfassungsrechtlicher Rechtsprinzipien dar. Unter dem Gesichtspunkt des Art. 2 Abs. 1 GG kann das Leistungsprinzip nur bedeuten, daß dem Arbeitnehmer ein Raum zu freier Entfaltung bleiben muß, zur Möglichkeit einer seiner eigenen Leistung entsprechenden Abhandlung seiner Lohn- und Arbeitsbedingungen[69]. Diese Komponente des Leistungsprinzips ist damit identisch mit dem oben schon erörterten Problemkreis des Eingriffs in die Vertragsfreiheit des Außenseiters. Im Widerstreit der beiderseitigen allgemeinen Handlungs- und Vertragsfreiheit von Koalitionen und Außenseitern kann dabei de lege lata keine Rechtswidrigkeit der in den Differenzierungsklauseln enthaltenen Verträge „mit Lastwirkung für Dritte"[70] festgestellt werden.

Der eigentliche gegenüber der hergebrachten Lehre neue Anknüpfungspunkt für das Leistungsprinzip scheint mir dagegen Art. 3 GG zu sein. Die verfassungsrechtliche Aussage des Art. 3 Abs. 1 GG liegt in einem Willkürverbot. „Der Gesetzgeber ist an den allgemeinen Gleichheitssatz in dem Sinne gebunden, daß er weder wesentlich Gleiches willkürlich ungleich noch wesentlich Ungleiches willkürlich gleich behandeln darf[71]." Art. 3 Abs. 1 GG läßt ihm aber einen weiten Ermessensspiel-

---

[69] In diesem Sinne versteht wohl die oben dargestellte herrschende Lehre das Leistungsprinzip; vgl. insbes. *Hueck-Nipperdey* II 1, S. 572.

[70] *Wiedemann*, SAE 1969, 265 (268).

[71] BVerfGE 4, 155; siehe auch BVferGE 1, 276; 2, 119 f.; 9, 129 f.; 9, 146, 206; 12, 348; 14, 238; 15, 201; 17, 330.

raum, den dieser auch benötigt, damit er überhaupt Lebensverhältnisse generalisierend regeln kann. Es muß deshalb gefragt werden, ob § 3 Abs. 2 TVG mit der Gewerkschaftszugehörigkeit als Anknüpfungspunkt für die Lohndifferenzierung ein vollkommen willkürliches, grob sachfremdes Kriterium aufstellt.

Willkürlich kann die Lohndifferenzierung nur aufgrund der gemeinsamen Arbeit von Außenseitern und Organisierten im gleichen Betrieb sein. So meint dazu *Adomeit*[72]: „Das Zusammenwirken von Arbeitern im Betrieb erwirkt eine sehr ursprüngliche Vorstellung von notwendiger Gleichbehandlung." Eine solche nur an der Leistung des einzelnen orientierte Gleichbehandlung, bei der diese Leistung das einzige Bemessungsprinzip für den „gerechten" Lohn sein soll, wird aber unbestrittenermaßen schon durchbrochen durch soziale Erwägungen: Der verheiratete Arbeitnehmer erhält mehr Lohn als der unverheiratete, der Arbeitnehmer, welcher Kinder hat, bezieht ein Kindergeld, usw.[73]. Ebenso wie der Staat die Höhe der Steuerlast so regelt, wie es ihm aufgrund seiner sozial- und gesellschaftspolitischen Zielsetzungen wünschenswert erscheint, schließen sich die Einzelvertragsparteien diesen globalen staatlichen Intentionen an und bringen damit Überlegungen, die ursprünglich außerhalb des Austauschverhältnisses von Lohn und Leistung standen, in dieses hinein.

Auch für die vom Gesetzgeber in § 3 Abs. 2 TVG vorgenommene Differenzierung sprechen einige Gründe. Bei der Delegation der mit einer gerechten Verteilung des Bruttosozialprodukts zusammenhängenden Aufgaben sowie einer teilweisen Delegation der staatlichen Pflicht des Arbeitnehmerschutzes an Autonomieträger im funktionellen Sinne standen dem Delegatar zwei Modelle zur Verfügung, wie er dem Autonomiesystem in der Praxis zur Funktionstüchtigkeit verhelfen konnte: Zum einen konnte er die Arbeitnehmervereinigungen als Zwangskoalition schaffen, bzw. als freiwillige Korporation verbunden mit einem gesetzlichen Solidaritätsbeitrag, zum anderen nach dem momentanen Modell als vollkommen freie Verbände. Während im ersten Falle die rechtliche Voraussetzung für die nur bei etwa gleich starker Gegenspielerschaft bestehende Funktionsfähigkeit in der Zwangsmitgliedschaft liegt, kann sie bei dem heutigen Modell nur dadurch aufrechterhalten werden, daß ein Anreiz zur Mitgliedschaft in den Koalitionen durch die Beschränkung der Tarifbindung auf die Koalitionsangehörigen ausgeübt wird. Die Möglichkeit der Vereinbarung von in ihrer Wirkung auf die Organisierten beschränkten Tarifnormen gehört mit anderen Worten als unerläßliche rechtliche Voraussetzung zur Funktionsfähigkeit der Koalitionen, zu der in Art. 9 Abs. 3 GG festgelegten Koalitionsmittelgarantie. Die durch

[72] *Adomeit*, S. 158.

[73] Dazu *Gamillscheg*, Verhandlungen, S. 108, sowie ders., S. 48.

§ 3 Abs. 2 TVG vorgenommene Differenzierung ist mithin nicht willkürlich, sondern im höchsten Maße zweckmäßig. Zudem kommt in dem durch § 3 Abs. 2 TVG bewirkten Beitrittsanreiz das Vertrauen in die Ordnungs- und Disziplinierungsfunktion zum Ausdruck, die eine in die Gesamtgesellschaft integrierte Gewerkschaft ausübt. Diese Disziplinierungsfunktion kann es in Abkehr vom früheren klassenkämpferischen Denken auch für den Arbeitgeber durchaus wünschenswert erscheinen lassen, möglichst viele gewerkschaftlich organisierte Arbeitnehmer in seinem Betrieb arbeiten zu sehen. Er kann dann mit ziemlicher Wahrscheinlichkeit darauf vertrauen, daß das Ringen um eine Verbesserung der Arbeits- und Wirtschaftsbedingungen nach festumgrenzten Spielregeln verläuft und keine wilden Streiks mit ihren mannigfaltigen unerwünschten Nebenfolgen auftreten.

Das Bild einer offenen differenzierten Gesellschaft erfordert es nicht, daß jedermann an Vergünstigungen teilhat, die andere durch erheblichen Aufwand von Zeit und Geld für sich erkämpft haben. Sie wird vielmehr dadurch gewährleistet, daß für jedermann die Freiheit besteht, mit einigen Gleichgesinnten selbst eine Koalition zu bilden, und daß diese Koalitionen dann miteinander in Interessenwiderstreit treten können.

Ist damit gegen § 3 Abs. 2 TVG unter den verfassungsrechtlichen Blickwinkel des Art. 3 Abs. 1 GG nichts einzuwenden, so kann man es den Koalitionen und dem Arbeitgeber auch nicht verwehren, diese gesellschafts- und sozialpolitische Entscheidung des Gesetzgebers auch in ihren Verträgen zu berücksichtigen[74]. In Anbetracht der vom Gesetzgeber selbst getroffenen verfassungsmäßigen Wertung erscheint dies jedenfalls nicht willkürlich[75].

Auch unter dem Gesichtspunkt des Leistungsprinzips sind damit gegen die schuldrechtlichen Differenzierungs- und Tarifausschlußklauseln keine Einwände zu erheben. Für die gewerkschaftliche Praxis sind sie aller-

---

[74] Daß es keinen Verstoß gegen das Gleichheitsprinzip darstellt, wenn der Arbeitgeber die nicht organisierten Arbeitnehmer grundsätzlich schlechter stellt als die organisierten, entspricht der absolut h. M.: BAG AP Nr. 7 zu § 4 TVG m. Anm. G. Hueck; LAG Düsseldorf, BB 1955, 608; 1960, 740; 1961, 529; LAG Heidelberg, BB 1951, 586; LAG Kiel, BB 1952, 58; LAG Mannheim, BB 1954, 716; DB 1955, 652; LAG Hamburg, AP 53 Nr. 159; LAG Hamm, AP 52, Nr. 123; RdA 1952, 160; *Gamillscheg*, S. 47 ff.; *Hueck-Nipperdey* I, § 48 a; II 1, S. 479; *G. Hueck*, S. 66 f.; *Staudinger-Weber*, Einl. P 110 zu § 241.

[75] Andernfalls müßte man dann konsequenterweise auch die in der Praxis gebräuchliche Lohngruppierung nach der Dauer der Gewerkschaftszugehörigkeit als unzulässig erachten. Diese Differenzierung braucht weder dem Leistungsprinzip zu entsprechen, da ein Arbeitnehmer mit einjähriger Betriebszugehörigkeit regelmäßig die gleiche Leistung erbringen wird wie ein anderer, der schon zehn Jahre im Betrieb beschäftigt wird, noch dem sozialen Prinzip (s. dazu *Gamillscheg*, S. 48). Im Gegenteil scheint diese Prämierung der langjährigen Betriebszugehörigkeit in Anbetracht der volkswirtschaftlich erwünschten Flexibilität und Mobilität der Arbeitnehmer aus dieser Sicht verfehlt.

dings mit dem Makel behaftet, daß sie angesichts ihrer fehlenden Zugehörigkeit zum Handlungssystem des Art. 9 Abs. 3 GG nicht mit dem Zwangsmittel des Arbeitskampfes durchgesetzt werden können. Ob sie sich deshalb als tarifliche Vereinbarungen in der Tarifwirklichkeit würden halten können, bliebe abzuwarten.

B. Einfache Differenzierungsklauseln[76]

I. Unterschiedliche Problematik der sogenannten „einfachen Differenzierungsklauseln" gegenüber den übrigen Differenzierungsklauseln

Bei den sogenannten einfachen Differenzierungsklauseln liegt die Problematik etwas anders als bei den sonstigen Differenzierungs- bzw. Tarifausschlußklauseln[77]. Ein rein technischer Unterschied liegt zunächst darin, daß sie nur normativ möglich und sinnvoll sind. Können die übrigen differenzierenden Klauseln eine Gleichstellung von Außenseitern und Organisierten durch den Arbeitgeber verhindern, so vermögen die einfachen Differenzierungsklauseln dies im Falle der Allgemeinverbindlicherklärung nach § 5 Abs. 1 TVG. Dennoch dürften bei den einfachen Differenzierungsklauseln sekuritätspolitische Absichten nicht das vorherrschende Motiv sein, da, was die Arbeitnehmerkoalitionen auch wohl wissen, die hauptsächliche Gefahr einer Gleichstellung nicht von der Allgemeinverbindlichkeit sondern vom Arbeitgeber ausgeht. Vielmehr dürften die Arbeitnehmerkoalitionen solche einfachen Differenzierungen (als Beispiel sei die Prämiendifferenzierung nach der Länge der Gewerkschaftszugehörigkeit erwähnt) vereinbaren, um ihrer Gerechtigkeitsvorstellung innerhalb der Gruppe der Organisierten zum Erfolge zu helfen. Dies rechtfertigt es, sie, sofern das betreffende Sachgebiet zu den Arbeits- und Wirtschaftsbedingungen zählt, dem System des Art. 9 Abs. 3 GG einzuordnen, wodurch die Möglichkeit zu ihrer normativen Vereinbarung erst eröffnet wird.

II. Verstoß gegen den Gleichheitsgrundsatz

Die einfachen Differenzierungsklauseln verstoßen auch nicht gegen das Leistungsprinzip bzw. den Gleichheitsgrundsatz[78]. Eine die Nichtor-

---

[76] Siehe dazu oben § 1 A II 1 b.

[77] Ob der GS in seiner Entscheidung AP Nr. 13 zu Art. 9 GG auch die einfachen Differenzierungsklauseln für rechtswidrig erklärt hat, wird verschieden interpretiert. *Säcker* (S. 129, Fußn. 323) berichtet, der Präsident des BAG, Prof. Dr. *G. Müller*, habe in einem gemeinsam mit Prof. Dr. *Zöllner* abgehaltenen Kölner arbeitsrechtlichen Seminar im November 1968 ausgeführt, das BAG habe zur Zulässigkeit der einfachen Differenzierungsklausel keine Stellung beziehen wollen. Demgegenüber liest *Mayer-Maly*, ZAS 1969, 81, aus dieser Entscheidung ein Verbot der schlichten Differenzierung heraus.

[78] a. A. *Wiedemann*, SAE 1969, 265 (268); *Mayer-Maly*, BB 1965, 829 (832).

ganisierten benachteiligende Ungleichbehandlung, die darin liegen könnte, daß diese auch nach Allgemeinverbindlicherklärung des Tarifvertrages nicht die in der einfachen Differenzierungsklausel beschriebenen Leistungen erlangen können, scheidet deshalb aus, weil die Außenseiter keinen Anspruch auf Gleichstellung mit den Organisierten haben. Eine willkürliche Ungleichbehandlung unter den Organisierten liegt im Regelfall ebenfalls nicht vor, da die Dauer der Gewerkschaftszugehörigkeit ein keineswegs unvernünftiger Gesichtspunkt ist. Der Arbeitnehmer mit der längeren Gewerkschaftszugehörigkeit hat ja schon größere Lasten für die gewerkschaftliche Arbeit erbracht als sein mitgliedsjüngerer Kollege[79].

III. Möglichkeit der Allgemeinverbindlicherklärung als Wesenmerkmal der tarifvertraglichen Rechtsnormen

Größtenteils wird auch von den Gegnern der einfachen Differenzierungsklauseln nicht der Gleichheitsgrundsatz als Ausganspunkt für ihre Argumentation gewählt, sondern es wird geltend gemacht, die Gewerkschaftszugehörigkeit sei bereits durch § 3 Abs. 1 TVG zum Anknüpfungspunkt tariflicher Normsetzung gemacht worden und sei damit als Anknüpfungspunkt für eine Leistungsdifferenzierung bereits konsumiert. Die Tarifvertragsparteien hätten deshalb die Verpflichtung, die Tarifvertragsnormen so zu gestalten, daß nach der Allgemeinverbindlicherklärung alle tarifgebundenen Arbeitnehmer die gleichen Leistungen bekämen. Dies ergebe sich auch schon aus dem Wesen der Allgemeinverbindlicherklärung[80].

Dagegen läßt sich bezüglich der Differenzierung unter den Gewerkschaftsanghörigen sagen, daß mit einer staatlicherseits auf einen bestimmten Personenkreis festgelegten Begrenzung der Normsetzungsmacht von Autonomieträgern sich keine zwangsläufige Wertung dergestalt verbindet, „daß der Träger der Autonomie daran gehindert sein solle, an das Kriterium der Autonomieunterworfenheit weitere Unterscheidungen anzuknüpfen, etwa langjährige oder besonders pflichtentreue Mitglieder durch sozialadäquate Vorteile zu prämieren und dadurch für andere einen Anreiz zur Nachahmung zu schaffen“[81].

Eine Pflicht gegenüber den Außenseitern bzw. der Allgemeinheit, sich so zu verhalten, als ob sie gleiches Recht für alle zu setzen hätten, folgt

---

[79] i. E. ebenso *Säcker*, S. 131.

[80] *Bötticher*, S. 111; *Mayer-Maly*, BB 1965, 831 f.; abschwächend ders., ZAS 1969, 81 (89); dagegen *Biedenkopf*, Gutachten, S. 122; *Herschel*, AuR 1966, 193 (196); *Krüger*, Gutachten, S. 85; *Säcker*, S. 131; *Tomandl*, ZAS 1966, 158 f.; *Wiedemann*, RdA 1968, 423; *Zöllner*, S. 45 ff.

[81] *Säcker*, S. 130.

auch weder aus einer Gesamtrepräsentationsfunktion der Koalitionen[82] noch aus dem Wesen und Sinn der Allgemeinverbindlicherklärung. Deren Sinn ist es nämlich, wie sich historisch eindeutig belegen läßt, gerade umgekehrt die Koalitionen vor den Außenseitern zu schützen. Durch die Allgemeinverbindlicherklärung soll in Zeiten schlechter Konjunkturlage verhindert werden, daß die Arbeitgeber als billigere Arbeitskräfte nur die unter dem Tariflohn arbeitenden Außenseiter beschäftigen, was zu großer Arbeitslosigkeit unter den Koalierten führen könnte[83].

C. Solidaritätsbeitrag

Mehr noch als die Differenzierungsklauseln der verschiedensten Art (mit Ausnahme der sogenannten einfachen Differenzierungsklausel) gehört der Solidaritätsbeitrag zu den sekuritätspolitischen Maßnahmen, deren Notwendigkeit für das Funktionieren des Handlungskomplexes der Arbeits- und Wirtschaftsbedingungen sich nicht nachweisen läßt. Da die Außenseiter durch ihn zu direkten Beitragszahlungen herangezogen werden sollen, kann er als die offensichtlichste und klassischste sekuritätspolitische Maßnahme angesehen werden. Damit wird aus grundrechtsinterpretatorischer Sicht das bisher schon fast allgemein gewonnene Ergebnis bestätigt, daß eine normative Vereinbarung eines Solidaritätsbeitrags unzulässig ist. Aufgrund ihrer allgemeinen Handlungsfreiheit (Art. 2 Abs. 1 GG) als private Mitgliederverbände stünde den Koalitionen aber nichtsdestoweniger der Weg offen, über schuldrechtliche Vereinbarungen ihr Ziel zu erreichen zu suchen, unter der Voraussetzung selbstverständlich, daß eine solche Abrede den allgemeinen Anforderungen des Schuldrechts standhält. Vereinbaren Arbeitnehmerkoalition und Arbeitgeber jedoch, einen bestimmten Betrag vom Lohn des Arbeitnehmers zugunsten der Gewerkschaft abzuführen, so handelt es sich dabei um einen Vertrag zu Lasten Dritter, der nach allgemeinen zivilrechtlichen Grundsätzen unzulässig ist. Auch bei Verbandstarifverträgen scheitert der Weg über die Einwirkungspflicht, da die Einwirkung ins Leere gehen muß, weil der einzelne Arbeitgeber keinen Anspruch gegen seine Arbeitnehmer auf die Einbehaltung des Lohnes hat. Der Solidaritätsbeitrag könnte auf schuldrechtlichem Wege deshalb nur mittels einer Unzahl von Änderungskündigungen durchgeführt werden, die aber wegen § 1 Abs. 2 KSchG kaum Aussicht auf Erfolg hätten.

D. Effektivklauseln

I. Die Effektivklauseln im Handlungssystem des Art. 9 Abs. 3 GG

Ebenso wie bei den sekuritätspolitischen Absprachen ist auch für die Effektivklauseln zunächst zu untersuchen, ob sie dem Handlungssystem

[82] So jedoch *Zöllner*, S. 49 ff.; wie hier *Radke*, Verhandlungen, S. 54; *Richardi*, RdA 1969, 147; *Wiedemann*, RdA 1969, 321.

[83] Demgegenüber sehen die schlichte Differenzierungsklausel als rechtswidrig an *Bötticher*, a.a.O., *Brecher*, JuS 1969, 272 (276); *Mayer-Maly*, ebd.; *Nikisch*, RdA 1967, 87; *Zöllner*, ebd.; *Hueck-Nipperdey*, Grundriß, S. 260 f.

des Art. 9 Abs. 3 GG oder dem allgemeinen Art. 2 Abs. 1 GG zuzuordnen sind.

Die den Effektivklauseln zugrundeliegende Regelungsmaterie ist der arbeitsvertragliche Lohn. Von daher handelt es sich also sicherlich um ein Gebiet, das im Rahmen des Art. 9 Abs. 3 GG der Vereinbarungsbefugnis der Tarifvertragsparteien mit all ihren funktionell gesicherten Hilfsmitteln (Streik, Befugnis zur Setzung von Rechtsnormen usw.) angehört[84]. Art. 9 Abs. 3 GG sagt nichts darüber aus, daß die Wahrung und Förderung der Arbeits- und Wirtschaftsbedingungen nur durch allgemeine und gleiche Mindestarbeitsbedingungen erfolgen muß. Mit den Effektivklauseln werden auch keinerlei lohnfremde Zwecke, wie etwa mit den Differenzierungsklauseln verfolgt, so daß sie wegen dieses systemfremden Motivs aus dem Handlungssystem des Art. 9 Abs. 3 GG ferngehalten werden müßten.

II. Vereinbarkeit der beschränkten Effektivklauseln mit den grundrechtsausführenden Vorschriften des TVG (Tarifrechtliche Argumente)

Die Effektivklauseln müssen weiterhin an den grundrechtsprägenden Vorschriften des TVG gemessen werden. Als normative Abreden stellen sie Regeln dar, „die die Grundlagen schaffen, von denen aus der Inhalt der Arbeitsverhältnisse ganz oder in seinen Elementen bestimmt werden kann“[85], mithin Inhaltsnormen. Dies gilt sowohl für die begrenzte Effektivklausel als auch für die Effektivgarantieklausel. Es soll hier zunächst die heftig umstrittene und häufiger diskutierte beschränkte Effektivklausel untersucht werden.

Die in der Diskussion um die begrenzte Effektivklausel gebrachten tarifrechtlichen Argumente lassen sich in drei Argumentationsschwerpunkte eingrenzen. Zum einen wird geltend gemacht, die begrenzten Effektivklauseln drängen in einen Raum ein, der kraft des in § 4 Abs. 3 TVG niedergelegten Günstigkeitsprinzips zwingend einer einzelvertraglichen Gestaltung vorbehalten sei, zum anderen wird ausgeführt, es werde gegen die zwingenden Anforderungen einer Inhaltsnorm, der Festlegung allgemeiner und gleicher Lohn- und Arbeitsbedingungen verstoßen[86]. Der dritte Einwand aus diesem Argumentationshaushalt ist die mangelnde Schriftform (§ 1 Abs. 2 TVG).

---

[84] So auch *Bötticher*, Anm. zu BAG AP Nr. 7 zu § 4 TVG Effektivklausel (Bl. 9 Rücks.); *Stahlhacke*, DB 1969, 791 (793).

[85] So die Formel des RAG; vgl. RAGE 5, 453 und 459; 7, 516, 522 und 524; 9, 473; 13, 66.

[86] Dieses aus dem Wesen einer Inhaltsnorm hergeleitete tarifrechtliche Argument ist zu trennen von dem Argument, die Effektivklauseln verstießen gegen den Gleichheitsgrundsatz. Ausgangspunkt für beide Argumente ist zwar das gleiche Phänomen, jedoch wird dieses einmal von tarifrechtlicher, das andere Mal von verfassungsrechtlicher Sicht beleuchtet.

1. Verstoß gegen das Günstigkeitsprinzip

Ein Eingriff in das durch § 4 Abs. 3 TVG garantierte Günstigkeitsprinzip kann nur dann vorliegen, wenn dieses den Einzelvertragsparteien einen *absoluten* Raum garantiert, der ihrer Willensfreiheit und persönlichen Initiative überlassen bleibt. Das Bundesarbeitsgericht führt hierzu aus[87]: „In ihrer unmittelbaren und zwingenden Wirkung würde die tarifliche Effektivklausel ferner einen Eingriff in den Bereich darstellen, der nicht nur nach dem Günstigkeitsprinzip (§ 4 Abs. 3 TVG) nicht durch Setzung von Höchstnormen nach oben begrenzt werden darf, sondern überhaupt der individuellen einzelvertraglichen Gestaltung vorbehalten ist." Das Bundesarbeitsgericht stützt seine Aussage damit bewußt nicht nur lediglich auf das Günstigkeitsprinzip[88]. Dieses besagt nämlich nur (verengte man seine Aussage einmal allein auf die Lohnseite), daß es den Arbeitsvertragsparteien unverwehrt sein muß, gegenüber einer tariflichen Regelung einen günstigeren einzelvertraglichen Lohn zu vereinbaren. „Daraus folgt aber noch nicht, daß den Einzelvertragsparteien ein bestimmter übertariflicher Bereich garantiert ist, in den die Tarifpartner nicht eingreifen dürfen ... Den Tarifparteien bleibt es ... unbenommen, durch Verbesserung der Mindestarbeitsbedingungen zugunsten der Arbeitnehmer in einen bisher übertariflichen Bereich einzudringen. Das zeigt sich bei jeder Tariflohnerhöhung. Beträgt etwa der alte tarifliche Stundenlohn DM 3,— und erhält der Arbeitnehmer einen übertariflichen Stundenlohn von DM 3,50, so greift der neue Tariflohn in den bisher übertariflichen Bereich ein[89]." Es läßt sich damit das Resümee ziehen, daß das Günstigkeitsprinzip dem einzelnen Arbeitnehmer nur die Möglichkeit zu besseren Arbeitsbedingungen offenhalten will als sie der *jeweilige* Tarifvertrag vorsieht[90].

Ein absolut den Einzelvertragsparteien vorbehaltener Bereich kann sich, wie es das Bundesarbeitsgericht im Ansatzpunkt richtig sieht, nur aus anderen Prinzipien ergeben, die aber weder vom Bundesarbeitsgericht noch von den die Zulässigkeit der Effektivklauseln bestreitenden Autoren genannt worden sind. Sollte hier auf die oft zitierten „Grenzen der Tarifmacht" angespielt sein, so muß darauf hingewiesen werden, daß es diese für die Lohnseite der Arbeits- und Wirtschaftsbedingungen in einer bestimmten Höhe nicht gibt. Insofern sei auf die Äußerungen Richardis verwiesen, wonach der den Einzelvertragsparteien freigelas-

---

[87] BAG AP Nr. 7 zu § 4 TVG Effektivklausel (Bl. 5) für die Effektivgarantieklausel, jedoch sieht das BAG ja bekanntlich in den gleichen Gründen auch die Unwirksamkeit der begrenzten Effektivklausel begründet.

[88] Vgl. dazu *Knevels*, SAE 1968, 109.

[89] *Etzel*, AuR 1969, 257 (261).

[90] Ebenso *Etzel*, ebd.

sene Raum lediglich eine Reflexwirkung der fehlenden tariflichen Gestaltung darstellt[91].

2. *Beschränkung der Inhaltsnormen auf die Festlegung allgemeiner und gleicher Mindestarbeitsbedingungen*

Die zweite tarifrechtliche Frage, die mit der Wirkung der Effektivklauseln verbunden ist, ist diejenige, ob es zum „Wesen" einer Inhaltsnorm gehört, daß sie auf die Festlegung allgemeiner und gleicher Mindestarbeitsbedingungen beschränkt ist. Wie bei allen solchen Fragen nach dem „Wesen" einer Rechtsfigur, bleibt auch hier die juristische Aussagefähigkeit dieser Frage beschränkt. Aus dem „Wesen" einer Rechtsfigur herauskristallisierbare Strukturprinzipien sind nur solche, die man vorher bei der eigenen Begriffsprägung hineingelegt hat.

Das Bundesarbeitsgericht[92] führt hierzu aus: „Die Tarifnorm kann neben einer bereits bestehenden arbeitsvertraglichen Verpflichtung gleichen Inhalts einen besonderen Rechtsgrund bilden oder beim Fehlen einer einzelvertraglichen Abrede auf das Arbeitsverhältnis zwingend-ergänzend einwirken. Immer handelt es sich bei den Tarifnormen um von den Tarifvertragsparteien gesetztes objektives Recht. Durch Tarifvertrag kann deshalb nicht bewirkt werden, daß ein Anspruch auf einen den Tariflohn übersteigenden Lohnteil durch eine tarifliche Effektivklausel, also normativ, begründet wird, aber dieser Lohnteil dennoch nicht als Tariflohn, sondern als arbeitsvertraglich geschuldet wird. In dieser Weise können die Rechtsquellen für Ansprüche aus dem Arbeitsverhältnis nicht vertauscht werden ... Es steht ... nicht zur Disposition der Tarifvertragsparteien, einen kraft Normwirkung begründeten Anspruch als einzelvertraglich fortbestehen zu lassen."

Die Argumentation des Bundesarbeitsgerichts ist zwar in sich geschlossen und konsequent, geht jedoch von einem falschen Ausgangspunkt aus. Die Tarifvertragsparteien sind mittels der Inhaltsnormen nicht auf eine Gestaltung des einzelnen *Anspruchs* beschränkt, sondern vermögen auch das gesamte Arbeitsverhältnis zu ordnen. Es ist das Verdienst von *Bötticher*[93] in diesem Zusammenhang die negativen Inhaltsnormen wieder in das juristische Gedächtnis zurückgerufen zu haben. „Die negativen Inhaltsnormen besagen, welchen Inhalt das Arbeitsverhältnis nicht haben darf oder hat[94]." Ihre Bedeutung liegt in der Beschränkung, die sie den Beteiligten bei Gestaltung der Arbeitsverhältnisse auferlegen. Wie etwa

[91] *Richardi,* S. 407; ders., JZ 1968, 746; ders., DB 1969, 1986 (1990); zust. *Etzel,* ebd., S. 261; *Bötticher,* Anm. zu BAG AP Nr. 7 zu § 4 TVG Effektivklausel (Bl. 9 Rücks.); *Kunze,* AuR 1969, 225 (232); *Rumpff,* BB 1968, 1161 (1165).

[92] BAG, ebd. (Bl. 3 Rücks.).

[93] *Bötticher,* Anm. zu BAG AP Nr. 7 zu § 4 TVG Effektivklausel sowie ausführlich in RdA 1968, 418 (420).

[94] *Nikisch* II, S. 290.

bei den Ausschlußfristen[95] und Fällen der Abtretungsverbote anerkannt ist, erheben die negativen Inhaltsnormen damit gerade die einzelvertragliche Regelung selbst zur Regelungsmaterie[96]. Wie auch *Richardi* als Gegner der beschränkten Effektivklauseln einräumt, ist damit der Tatbestand derartiger Normen nicht „der Lohn, der Urlaub, die Mehrarbeitsvergütung, sondern die einzelvertragliche Regelung über den Lohn, den Urlaub, über die Mehrarbeitsvergütung"[97]. Die Möglichkeit einer solchen negativen Gestaltung der Einzelarbeitsverhältnisse ist im Prinzip unbestritten. Sie gehört, solange sie nicht gegen das Günstigkeitsprinzip verstößt, zum einen zur Förderung der Arbeits- und Wirtschaftsbedingungen des Art. 9 Abs. 3 GG, zum anderen steht sie im Einklang mit den Erfordernissen, die § 1 Abs. 1 TVG an die Inhaltsnormen stellt: Sie brauchen nämlich nur den Inhalt von Arbeitsverhältnissen ordnen zu können.

Legt man die beschränkten Effektivklauseln damit als negative Inhaltsnormen aus, so haben sie folgenden Inhalt: „Den Einzelarbeitsvertragsparteien wird verboten, ihre Absprachen so zu gestalten, daß bei einer Tariflohnerhöhung diese vom einzelvertraglichen Lohn aufgesogen wird bzw. der übertarifliche Lohnbestandteil auf den Zeitpunkt der Tariflohnerhöhung befristet ist[98]." Letztere Auslegungsvariante ist notwendig, da ansonsten argumentiert werden könnte, bei einer Befristung der übertariflichen Zulage sei im Zeitpunkt der Tariflohnerhöhung nichts mehr da, was noch aufgestockt werden könne[99]. Auch expressis verbis getroffene Vereinbarungen der Parteien, mit der Tariflohnerhöhung solle die übertarifliche Zulage wegfallen bzw. die Tariflohnerhöhung solle nicht

[95] Widersprüchlich scheint mir die Ansicht Richardis insoweit zu sein, als dieser tarifliche Ausschlußfristen gegenüber einzelvertraglichen Ansprüchen für zulässig hält, da diese eine „selbständige Regelungsmaterie" darstellen (S. 426). Andererseits wird eine solche „selbständige Regelungsmaterie" bei den Effektivklauseln abgelehnt (DB 1969, 1986, 1989). Der Begriff der selbständigen Regelungsmaterie ist für sich allein wenig aussagekräftig. Mit ihm läßt sich alles oder nichts begründen. Kritisch gegenüber Richardi auch *Stahlhacke*, DB 1969, 791 (795).

[96] *Bötticher*, RdA 1968, 418 (420). *Stahlhacke* (DB 1969, 791, 793; vgl. auch ders., in RdA 1957, 446 und RdA 1962, 223; ähnlich *Etzel*, AuR 1969, 257, 264 f.) versucht diese Gesamtordnungsfunktion dadurch zu erfassen, daß er zwischen der Gestaltung des Anspruchsinhalts und der Gestaltung der „Modalitäten" des Arbeitsverhältnisses unterscheidet. Alle „Modalitäten" lassen sich jedoch letztlich als negative Inhaltsnormen formulieren, so daß der Sache nach kein Unterschied gegenüber der hier vertretenen Auffassung vorliegt. Stahlhacke ist jedoch insoweit inkonsequent, als er bei der Effektivklausel widersprechender einzelvertraglicher Vereinbarung der individuellen Gestaltung gegenüber der zwingenden Tarifnorm den Vorzug läßt (*Stahlhacke*, DB 1969, 796).

[97] *Richardi*, S. 408.

[98] Die beiden unterschiedlichen Möglichkeiten einer einzelvertraglichen Gestaltung, welche eine Aufstockung des Tariflohns auf den arbeitsvertraglichen Lohn verhindern könnten, werden, soweit ersichtlich, nur von *Stahlhacke*, DB 1969, 791 (796, Fußn. 32) gesehen.

[99] *Stahlhacke*, RdA 1962, 223 (226); zustimmend *Richardi*, DB 1969, 1986 (1987).

auf den bisherigen einzelvertraglichen Lohn aufgestockt werden, müssen dieser negativen Inhaltsnorm weichen[100].

3. *Mangelnde Schriftform*

Auch dem letzten tarifrechtlichen Argument des Bundesarbeitsgerichts, die angeblich mangelnde Schriftform[101], kann nicht zugestimmt werden. Die durch Gesetz vorgeschriebene Schriftform im Sinne des § 125 BGB ist dann gewahrt, wenn alles das in einer Urkunde schriftlich niedergelegt wurde, was die Vertragsparteien vereinbaren wollten. Dies sind zunächst zwingend die essentialia negotii, ohne die eine rechtsgeschäftliche Vereinbarung nicht zustande kommen kann, sodann die accidentalia negotii, d. h. diejenigen Absprachen, die nach dem übereinstimmenden Willen der Parteien noch getroffen werden sollten, bevor die vertragliche Einigung perfekt war[102]. Abgesehen von der Schriftform entspräche aber eine vertragliche Regelung von der Art der begrenzten Effektivklausel zweifellos den Mindestvoraussetzungen eines Vertrages. Die Lohnhöhe geht zwar nicht direkt aus der Vereinbarung hervor, läßt sich jedoch unter Zuhilfenahme äußerer Umstände (der feststehenden einzelvertraglichen Abreden) eindeutig bestimmen. Demgemäß reicht die schriftliche Niederlegung dieser Absprache auch zur Einhaltung der Schriftform aus, nicht erforderlich ist die genaue schriftliche Fixierung der Beträge, welche jedem einzelnen Arbeitnehmer nach der Tariflohnerhöhung zustehen sollen[103]. Das Bundesarbeitsgericht setzt sich mit seiner überdehnten, der herkömmlichen zivilrechtlichen Dogmatik nicht entsprechenden Auslegung des Schriftformerfordernisses in § 125 BGB, zudem in Widerspruch zu einer bisher unbeanstandet hingenommenen Tarifpraxis, wonach z. B. Überstundenzuschläge bzw Abfindungen bei Rationalisierungsschutzabkommen durch Bezugsnormen fixiert werden, d. h. nach einem Prozentsatz vom bisherigen Effektivverdienst berechnet werden[104].

III. Verstoß gegen Art. 3 Abs. 1 GG

Entsprechen die beschränkten Effektivklauseln mithin dem Handlungssystem des Art. 9 Abs. 3 GG, so kann nur noch ein Verstoß gegen sonstige Grundrechtsnormen ihre Unzulässigkeit begründen. In Betracht kommt

[100] Zustimmend zur Deutung der begrenzten Effektivklauseln als negative Inhaltsnormen *Säcker*, Nachtrag zu Hueck-Nipperdey II 2, S. 1664 zu S. 600; ablehnend *Tomandl*, ZAS 1969, 45; *Richardi*, ebd., S. 1988; *Stahlhacke*, ebd., S. 792. Wenn *Nikisch* (Bd. II, S. 290) die Effektivklauseln mit der Begründung scheitern lassen will, daß den Tarifvertragsparteien nicht die Freiheit und Macht zukomme, die Freiheit der Arbeitsvertragsparteien in der Gestaltung der Arbeitsbedingungen noch weiter einzuschränken, so muß dem entgegengehalten werden, daß eine solche Beschränkung letztlich auch in jeder Festlegung von Mindestarbeitsbedingungen liegt.

[101] BAG AP Nr. 7 zu § 4 TVG Effektivklausel (Bl. 5).

[102] *Staudinger-Coing*, § 125 Rdn. 9.

[103] *Staudinger-Coing*, ebd.

[104] *Stahlhacke*, DB 1969, S. 794 f.; ebenso i. E. *Etzel*, AuR 1969, 257 (259); *Tomandl*, ZAS 1969, 41 (47).

hier lediglich Art. 3 Abs. 1 GG, zum einen in seiner direkten Anwendung[105], zum anderen in der des verbandsrechtlichen Gleichbehandlungsgrundsatzes[106].

1. *Verstoß gegen das Gleichheitsprinzip durch Differenzierung zwischen den einzelnen Arbeitnehmern*

Ihre Wirksamkeit vorausgesetzt erhebt die beschränkte Effektivklausel die Summe aus den bisherigen einzelvertraglichen Löhnen und der Tariflohnerhöhung zum neuen einzelvertraglichen Lohn. Formal werden damit alle Arbeitnehmer gleich behandelt, die tarifliche Lohnerhöhung kommt ihnen allen „effektiv" zugute. Demgegenüber wird eingewandt, ein Verstoß gegen den Gleichheitssatz liege in dem „materiell-rechtlichen Gehalt" einer solchen Regelung. Der Gleichheitssatz sei auch dann verletzt, wenn sich aus der praktischen Auswirkung der Norm eine offenbare Ungleichheit ergebe und diese ungleiche Behandlung gerade auf die rechtliche Gestaltung zurückzuführen sei[107]. Wenn dem auch prinzipiell zuzustimmen ist, so bleibt doch zu beachten, von wem diese Ungleichheit in der praktischen Auswirkung ausgeht, ob von den Tarifvertragsparteien oder nicht vielmehr vom Arbeitgeber. So stellte schon *A. Hueck*[108] ganz zu Beginn der Diskussion um die begrenzten Effektivklauseln richtig fest: „Die tatsächliche Ungleichheit in der Lohnzahlung wird nicht durch den Tarifvertrag herbeigeführt, sondern bestand schon bisher aufgrund besonderer Vereinbarungen." Sieht man diese bisherigen einzelvertraglichen Vereinbarungen als mit dem Gleichheitsprinzip konform an, so kann kein Verstoß gegen das Gleichheitsprinzip in der Aufstockung der Löhne liegen, die nach wie vor als einzelvertragliche geschuldet werden und bis zur Schwelle des Tariflohns nicht dem Unabdingbarkeitsprinzip unterliegen[109].

2. *Verbandsrechtlicher Gleichbehandlungsgrundsatz*

Das gleiche gilt für das neuerdings gebrachte Argument[110], durch die Vereinbarung von begrenzten Effektivklauseln verstoße der Arbeitgeberverband gegen seine verbandsrechtliche Pflicht zur Gleichbehandlung sei-

---

[105] Zum Beispiel *Etzel*, ebd., S. 261 für die Effektivgarantieklausel, S. 267 für die begrenzte Effektivklausel. Eine Verletzung des arbeitsrechtlichen Gleichbehandlungsgrundsatzes kann nicht vorliegen, da dieser auf das Verhältnis des einzelnen Arbeitgebers zum Arbeitnehmer beschränkt ist, vgl. BAG AP Nr. 31 zu § 242 BGB Gleichbehandlung; *Etzel*, ebd., S. 262.

[106] *Richardi*, S. 418 ff.; *A. Hueck*, BB 1954, 776 (778).

[107] *Etzel*, AuR 1969, S. 261.

[108] *A. Hueck*, BB 1954, S. 776.

[109] Ebenso *Böticher*, Anm. zu BAG AP Nr. 7, ebd. (Bl. 10 Rücks.).

[110] *Richardi*, S. 418 ff.

ner Mitglieder[111]. Ganz abgesehen von der Frage, ob ein solcher Verstoß gegen die verbandsrechtliche Gleichbehandlungspflicht zur Unwirksamkeit der begrenzten Effektivklauseln im „Außenverhältnis“ zur anderen Tarifvertragspartei führte und nicht nur Rechtsfolgen im „Innenverhältnis“ zu den eigenen Verbandsmitgliedern hätte, liegt eine solche Verletzung aber nicht vor. Sind nach der Tariflohnerhöhung die lohnkostenmäßigen Belastungen für die einzelnen Arbeitgeber unterschiedlich, so liegt das an dem bisherigen uneinheitlichen ökonomischen Marktverhalten der Arbeitgeber. Machen die Tarifvertragsparteien den Arbeitgebern eine gleichmäßige einzelvertragliche Lohnerhöhung zur Pflicht, so ist dies nicht sachfremd bzw. willkürlich, da nur die zwischen den einzelnen Arbeitgebern bestehenden Differenzen im Lohnniveau aufrechterhalten werden.

IV. Behandlung der Effektivgarantieklausel

Im Gegensatz zu den begrenzten Effektivklauseln ist die Vereinbarung von Effektivgarantieklauseln nicht zulässig. Durch sie werden die unterschiedlichen einzelvertraglichen Löhne auf einer höheren Stufe zementiert. Sie verstoßen damit gegen den Gleichheitssatz, da bisher unterschiedliche einzelvertragliche Löhne nunmehr zu unabdingbaren Tariflöhnen werden. Im Gegensatz zu den Einzelarbeitsvertragsparteien, die sich gegenüber dem Gleichheitsgebot immer auf ihre Vertragsfreiheit berufen können[112], steht den Tarifvertragsparteien dieser Ausweg bei der tarifvertraglichen Normsetzung nicht im gleichen Maße zu Gebote. Bei der die generellen Arbeitsbedingungen betreffenden Normsetzung dürfen sie nicht Arbeitnehmer, die sich tatsächlich in der gleichen Lage befinden, in der Lohnfrage unterschiedlich behandeln. Insoweit trifft die vielfach geäußerte These, die Tarifvertragsparteien dürften nur allgemeine und gleiche Mindestarbeitsbedingungen vereinbaren, in abgeschwächter Form zu. Dort, wo sich ihre Normen als Mindestarbeitsbedingungen darstellen, müssen sie das Gleichheitsgebot beachten.

V. Schuldrechtliche Effektivklauseln

Mit der hier befürworteten Zulässigkeit der begrenzten Effektivklauseln als Inhaltsnormen werden die schuldrechtlichen Effektivklauseln, die nur als Ausweg gedacht waren, weil die normative Gestaltung versperrt war, überflüssig. Sie haben in ihrer Durchsetzbarkeit zu große Nachteile gegenüber den normativen Abreden, als daß sie ihnen eine ernsthafte Konkurrenz bieten könnten.

Auch vom Standpunkt des Bundesarbeitsgerichts aus dürften gegen die schuldrechtlichen Effektivklauseln jedoch keine rechtlichen Bedenken

---

[111] Ähnlich schon *A. Hueck* (BB 1954, S. 776) für die Gewerkschaftsmitglieder.

[112] Vgl. oben § 6.

bestehen. Sie verstoßen nicht gegen das Gleichheitsgebot, da sich die effektive Lohnerhöhung vollkommen im einzelvertraglichen Bereich abspielt. Die Lohnerhöhung tritt nämlich erst ein, wenn der Arbeitnehmer ein vom Arbeitgeber ausgehendes Angebot zur Erhöhung des einzelvertraglichen Lohns um die Summe der Tariflohnerhöhung angenommen hat. Die vom Bundesarbeitsgericht gegen die normativen beschränkten Effektivklauseln gehegten tarifrechtlichen Bedenken treffen ebenfalls nicht zu. Das Günstigkeitsprinzip auch in seinem ihm vom Bundesarbeitsgericht gegebenen absoluten Gehalt wird nicht tangiert, da es dem Arbeitnehmer überlassen bleibt, ob er das ihm vom Arbeitgeber unterbreitete Angebot annehmen will oder nicht. Zu erwägen wäre höchstens, ob der Arbeitgeber seiner durch den Tarifvertrag begründeten Verbandspflicht, dem Arbeitnehmer ein bestimmtes Angebot zu unterbreiten, nachzukommen hat oder ob nicht *seine* absolut garantierte tariffreie Sphäre durch eine solche Verbandspflicht verletzt wird. Ob das Bundesarbeitsgericht diesen tariffreien Individualbereich jedoch so eng umgrenzen und erhärten wird, daß er sogar durch eine schuldrechtliche Einwirkungspflicht verletzt werden könnte, erscheint fraglich. Sicherlich keine Bedenken gegen schuldrechtliche Effektivklauseln können aus dem „Wesen der Inhaltsnorm" als Mittel zur Vereinbarung allgemeiner genereller Arbeitsbedingungen hergeleitet werden, denn Zweck der schuldrechtlichen Vereinbarung stellt es im Gegensatz zu normativen Abreden gerade dar, *besondere* Vereinbarungen zwischen den Tarifvertragsparteien zu ermöglichen[113].

E. Außenseiterbegünstigende schuldrechtliche Abreden

Bei den oft pauschal als außenseiterbegünstigende Maßnahmen bezeichneten Abreden, die sich regelmäßig vorteilhaft auf die Rechtsstellung des Außenseiters auswirken, muß ebenso wie bei den sekuritätspolitischen Maßnahmen nicht auf die Tatsache der Außenseiterberührung an sich sondern vielmehr auf Sinn und Zweck der einzelnen Klausel abgestellt werden, um sie entweder Art. 9 Abs. 3 GG oder Art. 2 Abs. 1 GG zuordnen zu können. Bei näherer Betrachtung der sog. begünstigenden Abreden stellt sich alsbald heraus, daß sie im einzelnen jeweils unterschiedliche Funktionen wahrnehmen und die rechtliche Beurteilung deshalb auch an unterschiedlichen Ansatzpunkten beginnen muß.

Wiedereinstellungsklauseln stehen in engem Zusammenhang mit dem Arbeitskampf. Wegen dieser Konnexität hält der Große Senat des Bun-

[113] Für die Zulässigkeit schuldrechtlicher im Gegensatz zu normativen Effektivklauseln auch *Etzel*, AuR 1969, S. 257; *Tomandl*, ZAS 1969, 41 (54); *Hessel*, AuR 1956, 158; dagegen ausdrücklich *Foerster*, ArbG 1956, 506, Fußn. 3; *Richardi*, S. 423 f.; *Wlotzke*, S. 68 f.

desarbeitsgerichts[114] es geradezu für ein „Gebot der Gerechtigkeit, daß sie zulässig sein müssen". Dem kann vom Ergebnis her nur zugestimmt werden[115]. Dürfen sich die Außenseiter an einem gewerkschaftlich geführten Streik beteiligen und können sie vom Arbeitgeber auch ohne Streikbereitschaft aus Gründen der Solidarität ausgesperrt werden[116], so muß es der Gewerkschaft auch gestattet sein, den für ihre Ziele eingesetzten Außenseitern nach Beendigung des Streiks ihre Arbeitsplätze zu erhalten und durch Maßregelungsverbote zu schützen. Fraglich bleibt nur, wie das vom Gerechtigkeitswert her überzeugende Ergebnis in das hier entworfene System eingeordnet werden kann.

Eine Zuordnung zu dem Handlungssystem des Art. 9 Abs. 3 GG scheint sich nach der obigen Feststellung, daß die Koalitionen auch in diesem Bereich primär als Mitgliederverbände handeln und die rechtstatsächlichen Auswirkungen auf die Außenseiter lediglich Reflexwirkungen darstellen, zu verbieten. Demgegenüber darf jedoch nicht außer acht gelassen werden, daß bei dem momentanen Mitgliederstand der deutschen Gewerkschaften zumindest in einigen Industrien ein Streik ohne Beteiligung der Außenseiter als sinnlos erscheinen muß. Ist eine Beteiligung der Außenseiter am Streik faktisch notwendig und besteht eine große Wahrscheinlichkeit, daß diese dem Streik fern blieben, wenn sie ohne begründete Aussicht auf eine Wiedereinstellung nach Beendigung des Streiks dastünden, so könnte man annehmen, daß die Wiedereinstellungsklauseln durch die Koalitionsmittelgarantie zum Bezugssystem des Art. 9 Abs. 3 GG zu rechnen sind. Dem würde nicht entgegenstehen, daß sie normativ infolge der gesetzlichen Konkretisierung des Art. 9 Abs. 3 GG durch das Tarifvertragsgesetz nicht zu vereinbaren sind, da das Tarifvertragsgesetz eine normative Erfassung der Außenseiter nicht kennt. Die Reichweite der durch das Tarifvertragsgesetz festgelegten normativen Gestaltungsmöglichkeit gibt eben nur einen Anhaltspunkt für die Reichweite der durch Art. 9 Abs. 3 GG gedeckten schuldrechtlichen Abreden[117].

Dennoch kann dieser Argumentation letztlich nicht zugestimmt werden. Es wird dabei nämlich übersehen, daß Art. 9 Abs. 3 GG den Koalitionen nicht die Effektivität eines funktionierenden Tarifvertragssystems in der Verfassungswirklichkeit garantiert, sondern nur die vom einfachen Gesetzgeber zur Verfügung zu stellende rechtliche Möglichkeit zur Ent-

---

[114] BAG (GS) AP Nr. 13 zu Art. 9 GG.

[115] So auch schon die Rechtsprechung des RG und des BAG; vgl. RGZ 111, 105 (107); 111, 166 (177); RAG ARS 6, 151 (156) m. zust. Anm. *Nipperdey;* ARS 9, 65 (71).

[116] BAG (GS) AP Nr. 1 zu Art. 9 GG Arbeitskampf; AP Nr. 24 zu Art. 9 GG Arbeitskampf. Zu beachten ist weiterhin, daß nicht ausgesperrte, arbeitsbereite Arbeitnehmer bei Streik ihren Vergütungsanspruch verlieren können (BAG AP Nr. 4 zu § 615 BGB Betriebsrisiko).

[117] Vgl. oben § 4 D.

wicklung eines solchen[118]. Diese rechtliche Möglichkeit ist unabhängig von der Erfassung der Außenseiter durch Wiedereinstellungsgebote. Hätten die Gewerkschaften eine genügend große Zahl von Mitgliedern — die rechtlichen Möglichkeiten dazu sind ihnen eröffnet —, so könnte ein Arbeitskampf auch ohne Beteiligung der Außenseiter durchgeführt werden.

Mithin sind schuldrechtliche Wiedereinstellungsgebote und Maßregelungsverbote nur durch Art. 2 Abs. 1 GG gedeckt, wo den Koalitionen sämtliche schuldrechtliche Mittel (§ 328 BGB) zur Verfügung stehen. Erstreikt werden können sie damit allerdings nicht.

Bei den sonstigen oben erwähnten außenseiterbegünstigenden Abreden taucht ein Einordnungsproblem deshalb nicht auf, weil sie nicht wie die Wiedereinstellungsverbote in so engem Zusammenhang mit einem für die Funktionsfähigkeit des Tarifvertragssystems so wichtigen Mittel wie dem Streik stehen. Sie sind als echte Verträge zugunsten Dritter im Sinne des § 328 BGB im Rahmen der durch Art. 2 Abs. 1 GG geschützten Vertragsfreiheit der Tarifvertragsparteien zulässig.

F. Schuldrechtliche Abreden im Konflikt zwischen Kollektiv- und Individualwille

I. Lohnverwendungsabreden

Bei Vereinbarungen über den Lohn besteht im Normalfall nicht der geringste Zweifel daran, daß sie dem Kernbereich der Arbeits- und Wirtschaftsbedingungen angehören und damit nicht nach Art. 2 Abs. 1 GG sondern nach Art. 9 Abs. 3 GG zu beurteilen sind. Für Lohnverwendungsabreden, die sich materiell mit dem Arbeitsentgelt befassen, könnte nur dann eine andere Beurteilung gelten, wenn der Handlungskomplex des Art. 9 Abs. 3 GG zeitlich bis zum Zeitpunkt der Entstehung des Lohnanspruchs beschränkt wäre. Wie oben schon für die Maßnahmen der Vermögensbildung als Unterfall der Lohnverwendungsabreden begründet, kann dies jedoch generell nicht behauptet werden. Die Tatsache an sich, daß die Tarifvertragsparteien über einen bereits entstandenen Lohnanspruch eine Regelung treffen, kann damit den betreffenden Komplex noch nicht dem Art. 9 Abs. 3 GG entfremden. Vielmehr kommt es hier ganz auf den mit der einzelnen Lohnverwendungsabrede bezweckten Erfolg an. Bei der Vermögensbildung liegt dieser noch innerhalb der historisch gewachsenen und durch die Veränderung der modernen gesellschaftlichen Verhältnisse und Zielsetzungen ge-

---

[118] Dazu oben § 8 D V, § 8 B I; § 4 D.

prägten Funktion der Koalitionen[119]. Sie können deshalb, da ein Verstoß gegen Grundrechte bzw. Bestimmungen zwingenden Rechts nicht vorliegt, gleichermaßen normativ wie auch schuldrechtlich vereinbart werden. Treffen die Tarifvertragsparteien dagegen Vereinbarungen über die private Verwendung des Arbeitnehmerlohns oder ordnen sie den Abzug zugunsten kirchlicher, allgemein karitativer oder politischer Institutionen an, so überschreiten sie ihren Aufgabenbereich und dürfen sich nicht mehr der ihnen vom Gesetzgeber überlassenen speziellen Mittel bedienen[120]. Im einzelnen kann hier nicht die Zulässigkeit aller nur denkbaren Lohnverwendungsabreden diskutiert werden. Der Wichtigkeit halber sei hier nur die Abführung von Gewerkschaftsbeiträgen durch den Arbeitgeber herausgegriffen.

Die Abführung von Gewerkschaftsbeiträgen durch den Arbeitgeber muß ihren Sinn und Zweck nach den sekuritätspolitischen Maßnahmen zugerechnet werden, wenn sie auch etwas anderer Art ist als die oben angesprochenen sekuritätspolitischen Maßnahmen (Differenzierungsklauseln im weiteren Sinne, Solidaritätsbeitrag), welche der Werbung der Koalitionen dienen[121]. Die Abführung der Gewerkschaftsbeiträge ist keine Maßnahme, welche auf die Außenseiter abzielt, sondern wendet sich an die Arbeitnehmer, die schon Mitglied der Koalitionen sind. Sie sollen besser erfaßt, die interne Arbeit der Koalitionsführung soll erleichtert werden.

Da man die Abführung von Gewerkschaftsbeiträgen schwerlich zu den zur Erhaltung der Koalitionen unumstößlich notwendigen Maßnahmen rechnen kann, steht den Koalitionen zu ihrer Durchsetzung das System des Art. 9 Abs. 3 GG nicht zur Verfügung, sie bleiben allein auf die Rechtsmacht des privatrechtlichen Verbandes beschränkt, die jeder andere privatrechtliche Verband ebenfalls besitzt. Die Abführung von Gewerkschaftsbeiträgen ist also eo ipso nur mit schuldrechtlichen Mitteln möglich[122]. Wegen des Verbots des Vertrages zu Lasten Dritter nach deutschem Recht ist mithin die Abführung nicht ohne die Zustimmung des einzelnen Arbeitnehmers denkbar. Diese Zustimmung wird allerdings schon im Beitritt des einzelnen zur Arbeitnehmerkoalition zu sehen sein, da sich der Arbeitnehmer mit diesem Beitritt zum einen verpflichtet, den Mitgliedsbeitrag zu zahlen, zum anderen daraus die Nebenpflicht hervorgeht, dem Verband die Einziehung dieses Beitrags so leicht wie möglich zu machen. Bei dieser Sicht der Abführung von Gewerkschaftsbeiträgen

---

[119] § 8 D II.

[120] Ebenso BAG AP Nr. 1 zu § 399 BGB; *Biedenkopf*, Tarifautonomie, S. 260; *Hueck-Nipperdey* II 1, S. 408; *Hueck-Nipperdey-Stahlhacke*, § 1 Rdn. 168; *Karakatsanis*, S. 92; *Richardi*, S. 184; *Schelp*, Nipperdey-Festschrift (1965), Bd. II, S. 596.

[121] Siehe oben § 8 D V und § 9 A.

[122] Ebenso *Richardi*, S. 188.

steht § 117 Abs. 2 GewO nicht entgegen, „denn diese Bestimmung ist ihrem Sinn und Zweck nach auf Lohnverwendungsabreden, nicht aber auf einen Überweisungsauftrag des Arbeitnehmers an den Arbeitgeber zugeschnitten“[123].

Daß das Unzumutbarkeitsargument die einmal eingegangene Verpflichtung des Arbeitgeberverbandes zur Einziehung des Gewerkschaftsbeitrages nicht mehr zu derogieren vermag, wurde oben anläßlich der Diskussion um die Differenzierungsklauseln angesichts der ideellen Gleichgewichtigkeit der beiden Vertragspartner schon dargetan[124]. Etwas anderes kann sich allenfalls während eines Arbeitskampfes ergeben[125].

II. Höchstlohnbestimmung

Die Höchstlohnbestimmung gehört materiell zum Lohnsystem und muß daher an den Grenzen des Art. 9 Abs. 3 GG und seiner verfassungskonformen Ausprägung durch das Tarifvertragsgesetz gemessen werden. Eine normative Höchtlohnvereinbarung im Gewande einer Inhaltsnorm ist deshalb, wie sich aus einem aus § 4 Abs. 3 TVG abgeleiteten Umkehrschluß ergibt, nichtig. Da das Tarifvertragsgesetz außer der Erwähnung in § 1 TVG keine näheren Bestimmungen über die Reichweite der schuldrechtlichen Klauseln enthält, bleibt für sie nur die Orientierung an Art. 9 Abs. 3 GG. Im Zweifel sind aber die normativen Bestimmungen des Tarifvertragsgesetzes als Anhaltspunkte für die Auslegung des Art. 9 Abs. 3 GG heranzuziehen[126].

§ 4 Abs. 3 TVG drückt eine allgemeine Wertung dahingehend aus, daß dem einzelnen Arbeitnehmer es nicht verwehrt sein soll, seine Initiative bzw. besondere Leistungsfähigkeit zugunsten einer höheren Entlohnung einzusetzen. Dies folgt schon aus dem Sinn des kollektiven Zusammenschlusses von einzelnen Arbeitnehmern überhaupt. Es sollen *Mindestarbeitsbedingungen* gesetzt werden, um die Existenz des einzelnen zu ermöglichen. Auch bei der heutigen Umfunktionalisierung des TVG als Instrument eines sozialen Verteilungsprozesses kann der Sinn dieses Systems nicht darin gesehen werden, den bisher kapitalmäßig unter-

---

[123] *Richardi*, ebd. Ebenso *Fechner*, Abführung von Gewerkschaftsbeiträgen, S. 12 f.

[124] Siehe oben § 9 A II.

[125] Auch verlieren die Arbeitnehmerkoalitionen unter normalen Umständen durch die Abführung der Gewerkschaftsbeiträge noch nicht ihre Tariffähigkeit. Die Tatsache der Abführung ist eher ein Indiz für die Stärke der Gewerkschaft als für ihre Abhängigkeit vom Arbeitgeber. Wie hier *Biedenkopf*, Tarifautonomie, S. 261; *Farthmann*, AuR 1963, 353 (359); *Fechner*, ebd., S. 17 f.; *Herschel*, JZ 1965, 81 (82 f.); *Hueck-Nipperdey* II 1, S. 96; *v. Münch*, in BK Art. 9 Rdn. 128; a. A. *Dietz* bei Dietz-Nipperdey, Einziehung von Gewerkschaftsbeiträgen, S. 21 ff.

[126] Siehe oben § 8 B I und § 4 D.

privilegierten Arbeitnehmer über das von seiner Koalition vereinbarte Maß hinaus an einer zu seinen Gunsten weiterreichenden Vermögensumverteilung zu hindern. Da keine für die Höchstlohnbestimmungen sprechenden Gründe ersichtlich sind, müssen sich die schuldrechtlichen Höchstlohnbestimmungen damit an den Grenzen der normativen orientieren. Ob daneben noch ein unzulässiger Eingriff in die Vertragsfreiheit der Arbeitnehmer vorliegt[127], kann daher hier dahingestellt bleiben.

---

[127] So *Hueck-Nipperdey* II 1, S. 575.

Literaturverzeichnis

I. Lehrbücher, Handbücher und Kommentare

Baumann: Strafrecht, Allgemeiner Teil, Ein Lehrbuch, 5. Aufl. 1968

Bobrowski-Gaul: Das Arbeitsrecht im Betrieb von der Einstellung bis zur Entlassung, 6. Aufl. 1970

Bonner Kommentar: Kommentar zum Bonner Grundgesetz, 1950 ff.

Brox-Rüthers: Arbeitskampfrecht, 1965

Bührig: Handbuch der Betriebsverfassung, 1953

Dersch: Gesetz zur Ordnung der nationalen Arbeit, 1934

Dietz: Betriebsverfassungsgesetz, 4. Aufl. 1967

Engisch: Einführung in das juristische Denken, 3. Aufl. 1964

Enneccerus-Lehmann: Recht der Schuldverhältnisse, 15. Aufl. 1958

Enneccerus-Nipperdey: Allgemeiner Teil des Bürgerlichen Rechts, 1. Halbband 1959; 2. Halbband 1960

Esser: Schuldrecht, Bd. I Allgemeiner Teil, 4. Aufl. 1970

Flatow-Kahn-Freund: Betriebsrätegesetz vom 4. Februar 1920, 13. Aufl. 1931

Flume: Allgemeiner Teil des Bürgerlichen Rechts, II. Band: Das Rechtsgeschäft, 1965

Forsthoff: Lehrbuch des Verwaltungsrechts, 1. Band, 8. Aufl. 1961

Gamillscheg: Arbeitsrecht in Prüfe Dein Wissen, Heft 14, 2. Aufl. 1970 (abgekürzt: Gamillscheg PdW)

von Gierke: Deutsches Privatrecht, Band 1, 1895

Giese-Schunck: Grundgesetz für die Bundesrepublik Deutschland vom 23. 5. 1949, 7. Aufl. 1965

Goldschmidt: Tarifrecht, 1949 (fortgeführt in: Der Wirtschafts-Kommentar)

Hamann-Lenz: Das Grundgesetz für die Bundesrepublik Deutschland vom 23. Mai 1949, 3. Aufl. 1970

Hamann: Deutsches Wirtschaftsverfassungsrecht, 1958

Hesse: Grundzüge des Verfassungsrechts der Bundesrepublik Deutschland, 3. Aufl. 1969

Huber, E. R.: Wirtschaftsverwaltungsrecht, 2. Aufl. Band 1, 1953; Band 2, 1954

Hueck, A.: Das Recht des Tarifvertrages unter besonderer Berücksichtigung der Verordnung vom 23. 12. 1918, 1920

— Handbuch des Arbeitsrechts, III. Buch, Das Tarifrecht, 1922

Hueck-Nipperdey: Grundriß des Arbeitsrechts, 5. Aufl. 1970

— Lehrbuch des Arbeitsrechts, Band II von H. C. Nipperdey, 6. Aufl. 1957

— Lehrbuch des Arbeitsrechts, Band II 1 von H. C. Nipperdey, 7. Aufl. 1966; Band II 2 von H. C. Nipperdey unter Mitarbeit von F. J. Säcker, 7. Aufl. 1970

Hueck-Nipperdey-Dietz: Gesetz zur Ordnung der nationalen Arbeit, 4. Aufl. 1943

Hueck-Nipperdey-Stahlhacke: Tarifvertragsgesetz, 4. Aufl. 1964

Jacobi: Grundlehren des Arbeitsrechts, 1927

Kaskel: Arbeitsrecht, 4. Aufl. 1932

Kaskel-Dersch: Arbeitsrecht, 5. Aufl. 1957

Kelsen: Hauptprobleme der Staatsrechtslehre, 2. Aufl. 1923

Koellreutter: Deutsches Staatsrecht, 1953

Krüger: Allgemeine Staatslehre, 1964

Larenz: Methodenlehre der Rechtswissenschaft, 2. Aufl. 1969

Leibholz-Rinck: Grundgesetz für die Bundesrepublik Deutschland, 4. Aufl. 1971

Lotmar: Der Arbeitsvertrag nach dem Privatrecht des Deutschen Reiches, Band I, 1902

von Mangoldt-Klein: Das Bonner Grundgesetz, 2. Aufl. von Friedrich Klein, Band I, 1957

Maunz: Deutsches Staatsrecht, 17. Aufl. 1969

Maunz-Dürig-Herzog: Grundgesetz, Kommentar, Band I, 2. Aufl. 1963 ff.

Maus: Tarifvertragsgesetz, 1956

Merkl: Allgemeines Verwaltungsrecht, 1927

Molitor: Kommentar zur Tarifvertragsordnung, 1930

Monjau-Heimeier: Tarifvertragsgesetz vom 9. April 1949 nebst Durchführungsverordnung, 1950

Nikisch: Arbeitsrecht, II. Band: Koalitionsrecht, Arbeitskampf und Tarifvertragsrecht, 2. Aufl. 1959

Palandt: Bürgerliches Gesetzbuch, 30. Aufl. 1971

Schmidt-Bleibtreu-Klein: Kommentar zum Grundgesetz, 2. Aufl. 1969

Schieckel: Vermögensbildungsgesetz, Kommentar, 1965

Schmitt, C.: Verfassungslehre, 1928, unveränderter Nachdruck 1954

Schnorr von Carolsfeld: Arbeitsrecht, 2. Aufl. 1954

Schönke-Schröder: Strafgesetzbuch, Kommentar, 15. Aufl. 1970

Schunck-De Clerck: Verwaltungsgerichtsordnung mit ergänzenden Bundesgesetzen und den Ausführungsgesetzen der Länder, 2. Aufl. 1967

Siebrecht: Das Recht im Arbeitskampf, 3. Aufl. 1964

Sinzheimer: Grundzüge des Arbeitsrechts, 2. Aufl. 1927

Soergel-Siebert: Bürgerliches Gesetzbuch mit Einführungsgesetz und Nebengesetzen, 10. Aufl. Band I: Einleitung, Allgemeiner Teil, 1967; Band II: Schuldrecht I, 1967; Band III: Schuldrecht II, 1969

Söllner: Arbeitsrecht, 1969

— Arbeitsrecht, 2. Aufl. 1971

Staudinger: Staudingers Kommentar zum Bürgerlichen Gesetzbuch mit Einführungsgesetz und Nebengesetzen, 11. Aufl. II. Band: Recht der Schuldverhältnisse, Teil 1a, 1967; Teil 1b, 1961

Stein: Lehrbuch des Staatsrechts, 1968

Wiethölter: Rechtswissenschaft, 1968

Wolff, H. J.: Verwaltungsrecht I, Ein Studienbuch, 7. Aufl. 1968

II. Monographien und Sammelwerke, die nach dem Herausgeber zitiert sind

Abendroth: Das Grundgesetz. Eine Einführung in seine politischen Probleme, 1966

— Die Berechtigung gewerkschaftlicher Demonstrationen für die Mitbestimmung der Arbeitnehmer in der Wirtschaft (Rechtsgutachten), 1953

— Die deutschen Gewerkschaften, 2. Aufl. 1955

Adomeit: Gestaltungsrechte, Rechtsgeschäfte, Ansprüche. Zur Stellung der Privatautonomie im Rechtssystem, 1969

— Rechtsquellenfragen im Arbeitsrecht, 1969

Adorno: Negative Dialektik, 1966

Bartholomeyczik-Benisch: Das Gegengewichtsprinzip in der Wirtschaftsordnung, Band II, 1967

Berg: Konkurrenzen schrankendivergenter Freiheitsrechte im Grundrechtsabschnitt des Grundgesetzes, 1968

Biedenkopf: Grenzen der Tarifautonomie, 1964

— Sondervorteile für Gewerkschaftsmitglieder. Festvortrag anläßlich der Eröffnung des „Sem. Arbeits-, Sozialversicherungs- und Lohnsteuerrecht 1966/67“ am 19. 10. 1966. Als Manuskript gedruckt

Böhm, F.: Wirtschaftsordnung und Staatsverfassung (Recht und Staat in Geschichte und Gegenwart, Band 153/154), 1950

Bötticher: Die gemeinsamen Einrichtungen der Tarifvertragsparteien, 1966

— Gestaltungsrecht und Unterwerfung im Privatrecht, 1964

— Waffengleichheit und Gleichbehandlung der Arbeitnehmer im kollektiven Arbeitsrecht, 1956

Brentano: Die Arbeitergilden der Gegenwart, Band II 1872

Briefs: Gewerkschaftsprobleme in unserer Zeit. Beiträge zur Standortbestimmung, 1968

Brisch: Die Rechtsstellung der Gewerkschaften, 1951

Bucher: Das subjektive Recht als Normsetzungsbefugnis, 1965

Bückling: Zur Frage der Rechtmäßigkeit des politischen Streiks. Eine Kritik an der herrschenden Lehre, 1956

Canaris: Die Feststellung von Lücken im Gesetz, 1964

— Systemdenken und Systembegriff in der Jurisprudenz, 1969

Conrad: Freiheitsrechte und Arbeitsverfassung, 1965

Dechant: Der Kollektivvertrag nach österreichischem und deutschem Recht, 1923

Diederichsen: Die Haftung des Warenherstellers, 1967

Dietz: Anspruchskonkurrenz bei Vertragsverletzung und Delikt, 1934

Dietz-Nipperdey: Die Frage der tariflichen Regelung der Einziehung von Gewerkschaftsbeiträgen durch die Betriebe (Gutachten), 1963 (abgekürzt: Dietz, Gutachten bzw. Nipperdey, Gutachten)

Drewes: Die Gewerkschaften in der Verwaltungsordnung, 1958

Ehmke: Wirtschaft und Verfassung, 1961

Engisch: Die Einheit der Rechtsordnung, 1935

Erbel: Inhalt und Auswirkungen der verfassungsrechtlichen Kunstfreiheitsgarantie, 1966

Eschenburg: Herrschaft der Verbände, 2. Aufl. 1955

Esser: Grundsatz und Norm in der richterlichen Fortbildung des Privatrechts, 2. Aufl. 1964

Eucken: Grundsatz der Wirtschaftspolitik, 1952

Evers: Arbeitskampffreiheit, Neutralität, Waffengleichheit und Aussperrung, 1969

Fechner: Die tarifliche Regelung der Abführung von Gewerkschaftsbeiträgen durch den Arbeitgeber (Gutachten), o. J.

— Rechtsgutachten zur Problematik der gemeinsamen tariflichen Einrichtungen nach § 4 Abs. II Tarifvertragsgesetz, 1965 (Maschinenschrift)

Fikentscher: Wettbewerb und gewerblicher Rechtsschutz. Die Stellung des Rechts der Wettbewerbsbeschränkungen in der Rechtsordnung, 1958

Fleiner: Institutionen des Deutschen Verwaltungsrechts, 8. Aufl. 1928

Föhl-Hennies: Vermögensbildung in Arbeitnehmerhand, 1966

Forsthoff: Zur Problematik der Verfassungsauslegung, Stuttgart 1967

Gamillscheg: Die Differenzierung nach der Gewerkschaftszugehörigkeit, 1966

— Die rechtlichen Möglichkeiten und Grenzen gewerkschaftlicher Anerkennungsforderungen (Vortrag), 1965

— Koalitionsfreiheit und soziale Selbstverwaltung, 1968

Georgiades: Die Anspruchskonkurrenz im Zivilrecht und Zivilprozeßrecht, 1968

Häberle: Die Wesensgehaltsgarantie des Art. 19 Abs. 2 GG. Zugleich ein Beitrag zum institutionellen Verständnis der Grundrechte und zur Lehre vom Gesetzesvorbehalt, 1962

Hamel: Die Bedeutung der Grundrechte im sozialen Rechtsstaat, 1957

Heckel: Der gerechte Lohn, 1963

Hedemann: Die Flucht in die Generalklausel. Eine Gefahr für Recht und Staat, 1933

Herschel: Tariffähigkeit und Tarifmacht, 1932

Hinz: Tarifhoheit und Verfassungsrecht, 1971

von Hippel: Grenzen und Wesensgehalt der Grundrechte, 1965

Hirsch: Die öffentlichen Funktionen der Gewerkschaften. Eine Untersuchung zur Autonomie sozialer Verbände in der modernen Verfassungsordnung, 1966

Hoffmann: Rechtsfortschritt durch gewerkschaftliche Gegenmacht, 1968

Huber: Die verfassungsrechtliche Bedeutung der Vertragsfreiheit, 1966

Hueck, A.: Die Bedeutung des Art. 3 GG für die Lohn- und Arbeitsbedingungen der Frauen, 1951

— Tarifausschlußklausel und verwandte Klauseln im Tarifvertragsrecht, 1966

Hueck, G.: Der Grundsatz der gleichmäßigen Behandlung im Privatrecht, 1958

Kaiser: Der politische Streik, 2. Aufl. 1959

— Die Repräsentation organisierter Interessen, 1956

Karakatsanis: Die kollektivrechtliche Gestaltung des Arbeitsverhältnisses und ihre Grenzen, 1963

Kelsen: Reine Rechtslehre, 2. Aufl. 1960

Klaus: Spezielle Erkenntnistheorie. Prinzipien der wissenschaftlichen Theorienbildung, 1965

Knitter: Möglichkeiten und Grenzen der Lohnänderung durch Tarifverträge, 1961

Kriele: Theorie der Rechtsgewinnung, 1967

Kronstein: Das Recht der Internationalen Kartelle, 1967

Leinfellner: Struktur und Aufbau wissenschaftlicher Theorien, 1965

Leisner: Grundrechte und Privatrecht, 1960

Lerche: Übermaß und Verfassungsrecht. Zur Bindung des Gesetzgebers an die Grundsätze der Verhältnismäßigkeit und der Erforderlichkeit, 1961

— Verfassungsrechtliche Zentralfragen des Arbeitskampfes, Rechtsgutachten, 1968

Lohse: Streik und Staatsnotstand unter Berücksichtigung der Rechtslage in der Schweiz, 1969

Lüderitz: Auslegung von Rechtsgeschäften, 1966

Luhmann: Grundrechte als Institution, 1965

Lukes: Der Kartellvertrag. Das Kartell als Vertrag mit Außenwirkung, 1959

Manigk: Die Privatautonomie im Aufbau der Rechtsquellen, 1935

Martens: Öffentlich als Rechtsbegriff, 1969

Misera: Tarifmacht und Individualbereich unter Berücksichtigung der Sparklausel, 1969

Müller, F.: Normbereiche von Einzelgrundrechten in der Rechtsprechung des Bundesverfassungsgerichts, 1968

Nipperdey: Soziale Marktwirtschaft und Grundgesetz, 3. Aufl. 1965

Nipperdey-Säcker: Zur verfassungsrechtlichen Problematik von Finanzausgleich und Gemeinlast in der Sozialversicherung, 1969

Peters: Das Recht auf freie Entfaltung der Persönlichkeit in der höchstrichterlichen Rechtsprechung, 1963

— Geschichtliche Entwicklung und Fragen der Verfassung, 1969

Peters-Ossenbühl: Die Übertragung von öffentlich-rechtlichen Befugnissen auf die Sozialpartner unter besonderer Berücksichtigung des Arbeitszeitschutzes, 1967

Pohlschröder: Vermögensbildung durch Tarifvertrag und Gesetz, 1966

Popper: Das Elend des Historizismus, 1965

— Logik der Forschung, 2. Aufl. 1966

Preuß: Zum staatsrechtlichen Begriff des Öffentlichen, 1969

Promberger: Arbeitskampf und Einzelarbeitsvertrag. Eine vergleichende Untersuchung ihres Verhältnisses zueinander nach deutschem Recht und dem Recht der Vereinigten Staaten von Amerika, 1967

Ramm: Der Arbeitskampf und die Gesellschaftsordnung des Grundgesetzes. Beitrag zu einer Verfassungslehre, 1965

— Die Parteien des Tarifvertrages, 1961

Reichenbach: Der Aufstieg der wissenschaftlichen Philosophie, o. J.

Richardi: Kollektivgewalt und Individualwille bei der Gestaltung des Arbeitsverhältnisses, 1968

Ridder: Zur verfassungsrechtlichen Stellung der Gewerkschaften im Sozialstaat nach dem GG für die Bundesrepublik Deutschland, Rechtsgutachten, 1960

Rothacker: Logik und Systematik der Geisteswissenschaften, 1927

Rüthers: Das Recht der Gewerkschaften auf Information und Mitgliederwerbung im Betrieb, 1968

— Die unbegrenzte Auslegung, 1968

— Institutionelles Rechtsdenken im Wandel der Verfassungsepochen, 1970

— Streik und Verfassung, 1960

Säcker: Grundprobleme der kollektiven Koalitionsfreiheit, 1969

— Gruppenautonomie und Übermachtkontrolle im Arbeitsrecht, 1972

Salzwedel: Wirtschaftliche und soziale Selbstverwaltung in Österreich und in der BRD, in: Probleme der wirtschaftlichen und sozialen Selbstverwaltung. Schriftenreihe der Bundeskammer der gewerblichen Wirtschaft, 1967

Sandrock: Zur ergänzenden Vertragsauslegung im materiellen und internationalen Schuldvertragsrecht, 1966

Scheuner: Der Inhalt der Koalitionsfreiheit, 1960

Schmidt, R.: Die Gesetzeskonkurrenz im Bürgerlichen Recht, 1915

Schmitt, C.: Freiheitsrechte und institutionelle Garantien der Reichsverfassung, 1931

Schnorr: Die für das Arbeitsrecht spezifischen Rechtsquellen, 1969

Scholz: Die Koalitionsfreiheit als Verfassungsproblem, 1971

Schwendy: Abänderbarkeit betriebsverfassungsrechtlicher Rechtssätze durch Tarifvertrag und Betriebsvereinbarung, 1969

Simitis: Grundfragen der Produzentenhaftung, 1965

Sinzheimer: Ein Arbeitstarifgesetz, 1916

Söllner: Einseitige Leistungsbestimmung im Arbeitsverhältnis, 1966

Stern: Die verfassungsrechtliche Position der kommunalen Gebietskörperschaften in der Elektrizitätsversorgung, 1966

Strasser: Kollektivvertrag und Verfassung, 1968

Weber, W.: Koalitionsfreiheit und Tarifautonomie als Verfassungsproblem, 1965

Weber-Scheuner-Dietz: Koalitionsfreiheit (3 Rechtsgutachten), 1961

Wehrhahn: Lehrfreiheit und Verfassungstreue, in: Recht und Staat, H. 183/184, 1955

Wieacker: Gesetz und Richterkunst, 1958

— Zur rechtstheoretischen Präzisierung des § 242 BGB, 1956

Wiedemann: Das Arbeitsverhältnis als Austausch- und Gemeinschaftsverhältnis, 1966

Wlotzke: Das Günstigkeitsprinzip, 1957

Zippelius: Wertungsprobleme im System der Grundrechte, 1962

Zöllner: Die Rechtsnatur der Tarifnormennach deutschem Recht, 1966

— Tarifvertragliche Differenzierungsklauseln, 1967

III. Zeitschriften und Beiträge zu Sammelwerken

Adomeit: Vermögensbildungsgesetz und Koalitionsfreiheit (Tarifvertrag), in: RdA 1964, 309

— Zur Theorie des Tarifvertrages, in: RdA 1967, 297

Agartz: Die Gewerkschaften in der Zeitenwende, WISO, 4. Jg. (1959), H. 17, S. 782

Altmann: Rechtsstellung der öffentlichen Verbände, in: ZfPol. NF 2, S. 211

Arndt: 1. Beschränkung des Verteidigers in Frankreich; 2. Kostenbuße für das Wahrnehmen eines Grundrechts?, in: NJW 1961, 399

— Umwelt und Recht, in: NJW 1965, 430

— Vollstreckbarkeit verfassungswidriger (Steuer-)Gesetze?, in: BB 1959, 533

Bachof: Freiheit des Berufs, in: Die Grundrechte, Handbuch der Theorie und Praxis der Grundrechte, Bd. III 1, 1958, S. 155

Bartholomeyczik: Äquivalenzprinzip, Waffengleichheit und Gegengewichtsprinzip in der modernen Rechtsentwicklung, in: AcP 166, 30

Bettermann: Rechtssetzungsakt, Rechtssatz und Verwaltungsakt, Satzungsgenehmigung und Allgemeinverbindlicherklärung von Tarifverträgen, in: Festschrift für H. C. Nipperdey, 1965, Bd. II, S. 723

Benthien: Erweiterte wirtschaftliche Mitbestimmung durch Tarifvertrag, in: JurA 1970, 130

Biedenkopf: Das Zweite Vermögensbildungsgesetz, in: RdA 1965, 241

— Sinn und Grenzen der Vereinbarungsbefugnis der Tarifvertragsparteien, Gutachten für den 46. DJT, 1966

— Zum Problem der negativen Koalitionsfreiheit, in: JZ 1961, 346

Böckenförde-Greiffenhagen: Öffentliches Recht: Der Stellvertreter-Fall, in: JuS 1966, 359

Bogs: Autonomie und verbandliche Selbstverwaltung im modernen Arbeitsrecht, in: RdA 1956, 1

— Die Vereinigungsfreiheit, in: AR-Blattei D, Vereinigungsfreiheit I, Übersicht

— Zur Entwicklung der Rechtsform des Tarifvertrages, in: Festschrift für J. v. Gierke, 1950, S. 39

Boldt: Streik und Aussperrung nach deutschem Recht, in: Sammlung des Arbeitsrechts, Das Arbeitsrecht in der Gemeinschaft V, Streik und Aussperrung, 1961

Bötticher: Die Ausübung der Tarifmacht durch negative Inhaltsnormen, in: RdA 1968, 418

— Hueck-Nipperdey, Lehrbuch des Arbeitsrechts, 6. Aufl. (Buchbesprechung), in: BB 1956, 967

— Tarifliche Zuschläge für Gewerkschaftsangehörige, in: BB 1965, 1077

— Tarifvertragliche Vereinbarungen im Dienste der organisationspolitischen Zwecke einer Tarifvertragspartei. Noch einmal zur Differenzierung tariflicher Leistungen nach der Gewerkschaftszugehörigkeit, in: RdA 1966, 401

Brecher: Der fortschrittliche Tarifvertrag, in: JuS 1969, 272

Brox: Die Bedeutung von Günstigkeitsklauseln in Tarifverträgen, in: BB 1965, 1322

Bucher: Was ist Begriffsjurisprudenz?, in: Zeitschrift des Bernischen Juristenvereins, Bd. 102 (1966), S. 274

Buchner: Der Umfang tariflicher Abschlußnormen, insbesondere ihre Abgrenzung zu den Normen über betriebliche Fragen, in: RdA 1966, 208

Bulla: Betriebsverfassung und Arbeitskampf, in: RdA 1962, 385

— Das zweiseitige kollektive Wesen des Arbeitskampfes, in: Festschrift für Nipperdey, 1955, S. 163

— Soziale Selbstverwaltung der Sozialpartner als Rechtsprinzip, in: Festschrift für Nipperdey, 1965, Bd. II, S. 79

— Streik und Arbeitsvertrag, in: AR-Blattei D, Arbeitskampf

Bullinger: Die behördliche Genehmigung privater Rechtsgeschäfte und ihre Versagung, in: DÖV 1957, 761

Butz: Tarifrecht und Leistungsprinzip. Schutz des individuellen Leistungsgedankens gegen kollektive Eingriffe der Sozialpartner, in: DB 1953, 400

— Die rechtlichen Auswirkungen einer Tariflohnerhöhung, in: DB 1958, 428

Bydlinski: Bemerkungen über Grundrechte und Privatrecht, in: ÖZöffR XII, S. 423

— Die Stellung der Rechtsordnung zu Arbeitskämpfen, in: Floretta-Strasser, Die kollektiven Mächte des Arbeitslebens, 1963, S. 79

— Schadensrecht und Arbeitskampf, in: ÖZöff R IX (1959), S. 518

Canaris: Die Produzentenhaftpflicht in dogmatischer und rechtspolitischer Sicht, in: JZ 1968, 494

Coester: Zur schuldrechtlichen Vereinbarungsbefugnis der Tarifvertragsparteien, in: DB 1972, 239

Cornelius: Zulässigkeit tariflicher Effektivklauseln, in: BABl. 1958, 229

Cornelssen: Über das Recht zur Schlichtung von Gesamtstreitigkeiten, in: AuR 1955, 41

Czermak: Nochmals: Die Rechtsnatur der Verkehrszeichen, in: NJW 1965, 93

Denecke: Zur Durchführung tariflicher Ausschlußklauseln, in: RdA 1961, 13

Denninger: Buchbesprechung zu Häberle: Die Wesensgehaltsgarantie des Art. 19 Abs. 2 GG. Zugleich ein Beitrag zum institutionellen Verständnis der Grundrechte und zur Lehre vom Gesetzesvorbehalt, in: JZ 1963, 424

Diekhoff: Tarifausschlußklausel und Koalitionsfreiheit, in: DB 1959, 1141

Dietlein: Zum verfassungsrechtlichen Verhältnis der positiven zur negativen Koalitionsfreiheit, in: AuR 1970, 200

Dietz: Die Koalitionsfreiheit, in: Die Grundrechte, Handbuch der Theorie und Praxis der Grundrechte, Bd. III 1, 1958, S. 417

— Grundfragen des Streikrechts, in: JuS 1968, 1

— Historische und arbeitsrechtliche Betrachtung, in: Freiheit und Bindung im kollektiven Arbeitsrecht, 1957

— Streik zur Durchsetzung von arbeitsvertraglichen Ansprüchen, in: Festschrift für Herschel, 1955, S. 47

— Verbot der Verabredung überbetrieblicher Arbeitsbedingungen durch Beschluß eines Arbeitgeberverbandes, in: DB 1965, 591

Dürig: Art. 2 des Grundgesetzes und die Generalermächtigung zu allgemeinpolizeilichen Maßnahmen, in: AöR 79, 57

Dürig: Grundrechte und Zivilrechtsprechung. Vom Bonner Grundgesetz zur gesamtdeutschen Verfassung, in: Festschrift für Nawiasky, 1956, S. 157

— Zum „Lüth-Urteil" des Bundesverfassungsgerichts vom 15. 1. 1958, in: DÖV 1958, 194

Ehmke: Prinzipien der Verfassungsinterpretation, in: VVDStRL Heft 20, S. 53

Eisele: Unverbindlicher Gesetzesinhalt, in: AcP 69, 275

Erdsiek: Sympathiestreik bei ausländischem Arbeitskampf, in: NJW 1959, 2198

Esser: § 242 BGB und die Privatautonomie. Gedanken zu einem Vortrag von Franz Wieacker, in: JZ 1956, 555

Etzel: Zur Zulässigkeit tariflicher Effektivklauseln, in: AuR 1969, 257

Eucken, W.: Die Wettbewerbsordnung und ihre Verwirklichung, in: Ordo Bd. 2, S. 5

Evers: Verbände — Verwaltung — Verfassung, in: Der Staat, 3. Band 1964, S. 41

Farthmann: Rechtsprobleme zur Einziehung des Gewerkschaftsbeitrages durch den Arbeitgeber, in: AuR 1963, 353

— Zur Einführung der qualifizierten Mitbestimmung in den gewerkschaftseigenen Unternehmen, in: Die AG 1969, 205

Fenn: Zivilprozessualer Rechtsschutz unter rivalisierenden Gewerkschaften, in: JuS 1965, 175

Floretta: Die Differenzierung nach der Gewerkschaftszugehörigkeit im deutschen Tarifvertragsrecht, in: DRdA 1968, 1

— Kollektivmacht und Individualinteressen im Arbeitsrecht, in: Floretta-Strasser, Die kollektiven Mächte im Arbeitsleben, 1963, S. 59

Flume: Die rechtliche Problematik breiter Vermögensbildung, in: DB 1965, 405

— Rechtsgeschäft und Privatautonomie. Hundert Jahre Deutsches Rechtsleben, Festschrift Deutscher Juristentag, Bd. 1, 1960, S. 135

Foerster: Zur Rechtswirksamkeit tariflicher Effektivklauseln, in: ArbG 1956, 504

Forsthoff: Der introvertierte Rechtsstaat und seine Verortung, in: Der Staat, 1963, S. 385

— Der Entwurf eines Zweiten Vermögensbildungsgesetzes, in: BB 1965, 381

— Die Umbildung des Verfassungsgesetzes, in: Festschrift für Carl Schmitt, 1959, S. 1

— Tagespresse und Grundgesetz, in: DÖV 1963, 633

— Zur verfassungsrechtlichen Problematik der Investitionshilfe, in: BB 1953, 421

Frey: Sind Tarifklauseln zulässig, die den Bestand übertariflicher Zuschläge garantieren?, in: RdA 1960, 291

Friesenhahn: Parlament und Regierung im modernen Staat, in: VVDStRL Heft 16, S. 9

Galperin: Die autonome Rechtsetzung im Arbeitsrecht, in: Festschrift für Molitor, 1962, S. 143

— Inhalt und Grenzen des kollektiven Koalitionsrechts, in: AuR 1965, 1

— Kann die Struktur der Beteiligungsrechte im BetrVG durch Tarifvertrag geändert werden?, in: DB 1966, 620

— Organisationszwang und Koalitionsfreiheit, in: Festschrift für W. Bogs, 1959, S. 87

Galperin: Sozialadäquanz und Arbeitskampfordnung, in: Festschrift für Nipperdey, 1965, Bd. II, S. 197

— Vereinsautonomie und Kontrahierungszwang im Koalitionsrecht, in: DB 1969, 704

Gamillscheg: Die Grundrechte im Arbeitsrecht, in: AcP 164, 385

— Nipperdey und seine Kritiker, in: JZ 1965, 47

— Nochmals: Zur Differenzierung nach der Gewerkschaftszugehörigkeit, in: BB 1967, 45

Geiger: Die Koalitionsfreiheit, in: Die neue Ordnung, Jg. 14 (1960), S. 429

Gester: Strafrechtlicher Schutz der negativen Koalitionsfreiheit, in: AuR 1963, 108

Giesen: Die Haftung des Warenherstellers. Zur dogmatischen Bedeutung und zu den Folgen eines Grundsatzurteils, in: NJW 1969, 582

— Warenherstellerhaftung ohne Verschulden?, in: NJW 1968, 1401

Gitter: Die Differenzierung nach der Gewerkschaftszugehörigkeit, in: JurA 1970, 148

— Die Unzumutbarkeit als Grenze der Tarifmacht, in: AuR 1970, 129

Gumpert: Tarifaußenseiter und Tarifausschlußklauseln, in: BB 1960, 100

Haberkorn: Tarifvertrag, Außenseiter und Tarifausschlußklauseln, in: ArbG 1960, 506

Halbach: Tarifverträge zur Vermögensbildung und Lohnverwendungsabreden, in: BB 1965, 87

Hamann: Aussetzung der Vollziehung von Steuerbescheiden bei verfassungsrechtlich zweifelhaften Steuergesetzen, in: NJW 1959, 1465

Hanau: Buchbesprechung zu Misera, Tarifmacht und Individualbereich unter Berücksichtigung der Sparklausel, in: RdA 1970, 92

— Gemeingebrauch am Tarifvertrag? — BAG (GS) AP Nr. 13 zu Art. 9 GG, in: JuS 1969, 213

— Gemeinsame Einrichtungen von Tarifvertragsparteien als Instrument der Verbandspolitik, in: RdA 1970, 161

— Grundprobleme der kollektiven Koalitionsfreiheit. Buchbesprechung des gleichnamigen Buches von Säcker, in: NJW 1971, 1402

Hässler: Sinn und Grenzen der Vereinbarungsbefugnis der Tarifvertragsparteien (46. DJT), in: AuR 1966, 370

Hättich: Parlament und Verbände, in: Civitas 1962, S. 143

Heiseke: Negative Koalitionsfreiheit und tarifliche Schutzklausel, in: RdA 1960, 299

Hensche: Erweiterung der Mitbestimmung durch privatautonome Regelung, insbesondere in Unternehmen der öffentlichen Hand, in: AuR 1971, 33

Hering: Der Verzicht als intentionaler Faktor der freien Entfaltung der Persönlichkeit, in: Gedächtnisschrift Hans Peters, 1967, S. 513

Herschel: Die Auslegung der Tarifvertragsnormen, in: Festschrift für Molitor, 1962, S. 161

— Die Behinderung der Allgemeinverbindlicherklärung von Tarifverträgen, in: AuR 1966, 193

— Die tarifrechtliche Problematik, in: Duvernell, Koalitionsfreiheit und Tarifautonomie als Probleme der modernen Demokratie

Herschel: Gratifikationsrückzahlung und Tarifvertrag, in: DB 1967, 245
— Grenzen und Freiheit im kollektiven Arbeitsrecht, in: AuR 1970, 193
— Sinn und Grenzen der Vereinbarungsbefugnis der Tarifvertragsparteien, Referat zum 46. DJT, Bd. II Teil D 1967 (abgekürzt: Herschel, Verhandlungen)
— Tariffähigkeit und Unabhängigkeit, in: JZ 1965, 81
— Über einige Fragen des Betriebsverfassungsrechts, in: BABl. 1958, 629
— Vereinbarte Unabtretbarkeit von Lohnansprüchen, in: DB 1956, 713
— Zu einer Kritik am Regierungsentwurf des Zweiten Vermögensbildungsgesetzes, in: Sozialer Fortschritt 1965, 125
— Zur Allgemeinverbindlicherklärung von Tarifverträgen, in: Festschrift für Bogs, 1959, 125
Hessel: Die rechtliche Zulässigkeit von Tarifausschlußklauseln, in: DB 1960, 208
— Probleme des Streikrechts, BB 1951, 85
Heussner: Die Sicherung der Koalition durch sogen. Solidaritätsbeiträge, in: RdA 1960, 297
Hoeniger: Einige Gedanken zum Recht des Arbeitskampfes, in: RdA 1953, 204
Hoffmann: Beamtentum und Streik, in: AöR 91, 142
— Gewerkschaftliche Betätigung im Betrieb, in: AuR 1969, 73
Höhl: Einkommens- und Beschäftigungstheorie, in: Evangelisches Staatslexikon, S. 402
Huber, H.: Maunz-Dürig, Grundgesetz (Buchbesprechung), in: NJW 1959, 425
Huber, E. R.: Der Streit um das Wirtschaftsverfassungsrecht (II), in: DÖV 1956, 135
Hübner: Zurechnung statt Fiktion einer Willenserklärung, in: Festschrift für Nipperdey, 1965, S. 373
Hueck, A.: Die Beendigung des Tarifvertrages, in: AR-Blattei, Tarifvertrag VIII
— Die Frage der tarifrechtlichen Zulässigkeit von Solidaritätsbeiträgen nach geltendem deutschen Recht, in: RdA 1961, 141
— Probleme des Streikrechts, in: RdA 1956, 201
— Zulässigkeit und Wirkung einer tariflichen Effektivklausel, in: BB 1954, 776
Isele: Sinn und Grenzen der Vereinbarungsbefugnis der Tarifvertragsparteien, in: JZ 1966, 585
Jürging-Kass: Das Recht der Gewerkschaften zur Verteilung von Werbe- und Informationsschriften im Betrieb (Teil I), in: DB 1967, 815
Kaskel: Zur Lehre vom Tarifbruch, in: NZfAR 1922, Sp. 397
Kastner: Probleme des Koalitionsrechts, in: AuR 1953, 161
Katzenstein: Arbeitskampf und Reichsverfassung, in: JW 1928, 274
Kauffmann, H.: Normsetzungsbefugnis der Tarifpartner, in: NJW 1966, 1681
Kaufmann, E.: Die Gleichheit vor dem Gesetz im Sinne des Art. 109 der Reichsverfassung, in: VVDStRL Heft 3, 2
Kelsen: Zum Begriff der Norm, in: Festschrift für Nipperdey, 1965, Bd. I, S. 54
— Zum Begriff der Norm, in: Die Wiener rechtstheoretische Schule, 1968, S. 1454

Kettner: Nochmals: Der Zwangsbeitrag der Nichtorganisierten, in: ArbG 1961, 104

Klein, F.: Zur Praxis der Anerkennung neuer Staaten durch die Bundesrepublik Deutschland, Recht im Dienste der Menschenwürde, in: Festschrift für Kraus, 1964, S. 191

Knevels: Übertarifliche Lohnbestandteile und Tariflohnerhöhungen, in: DB 1967, 81

Knopp: Die Tarifautonomie in der Diskussion, in: DB 1966, 1929

Krauss: Zur verfassungsrechtlichen Gewährleistung von Ehe und Familie, in: FamRZ 1959, 485

Kreis: Die Zulässigkeit von Höchstarbeitsbedingungen, in: RdA 1961, 97

Kreller: Jacobi: Grundlehren des Arbeitsrechts (Buchbesprechung), in: AcP 129 (1928), 111

Krüger: Die Einschränkung von Grundrechten nach dem Grundgesetz, in: DVBl. 1950, 625

— Die Stellung der Interessenverbände in der Verfassungswirklichkeit, in: NJW 1956, 1217

— Neues zur Freiheit der Persönlichkeitsentfaltung und deren Schranken, in: NJW 1955, 201

— Sinn und Grenzen der Vereinbarungsbefugnis der Tarifvertragsparteien, Gutachten für den 46. DJT, 1966

— Staatliche Gesetzgebung und nichtstaatliche Rechtsetzung, in: RdA 1957, 201

Küchenhoff: Ausdrückliches, stillschweigendes und ungeschriebenes Recht in der bundesstaatlichen Kompetenzverteilung, in: AöR 82, 413

— Das Prinzip der staatlichen Subsidiarität im Arbeitsrecht, in: RdA 1959, 201

Küchenhoff, E.: Die Beschränkbarkeit des Rechts auf Persönlichkeitsentfaltung durch Gesetz, in: DÖV 1966, 224

— Einwirkungen des Verfassungsrechts auf das Arbeitsrecht, in: Festschrift für Nipperdey, 1965, Bd. II, S. 317

Küchenhoff, G.: Einwirkungen des Verfassungsrechts auf das Arbeitsrecht, in: RdA 1969, 97

— Verbandsautonomie, Grundrechte und Staatsgewalt, in: AuR 1963, 321

Kunze: Begrenzte Effektivklauseln als Arbeitsbedingungen, in: AuR 1969, 225

— Das Verhältnis des dispositiven Gesetzesrechts zum Tarifvertrag, in: Das Arbeitsrecht der Gegenwart, Bd. 1, 1963, S. 119

— Koalitionsfreiheit und Tarifautonomie aus der Sicht der Gewerkschaften, in: Duvernell, Koalitionsfreiheit und Tarifautonomie als Probleme der modernen Demokratie, 1968

— Streikbereitschaft als Voraussetzung der Tariffähigkeit, in: BB 1964, 1311

Laufke: Vertragsfreiheit und Grundgesetz, in: Festschrift für Lehmann, 1956, Bd. 1, S. 145

Lehna: Zur Frage der Rechtsgültigkeit tariflicher Außenseiterklauseln, in: DB 1959, 916

Lerche: Buchbesprechung zu Häberle: Die Wesensgehaltsgarantie des Art. 19 Abs. 2 GG. Zugleich ein Beitrag zum institutionellen Verständnis der Grundrechte und zur Lehre vom Gesetzesvorbehalt, in: DÖV 1965, 212

Lieb: Begriff, Geltungsweise und Außenseiterproblematik der Solidarnormen, in: RdA 1967, 441

Lieb: Bötticher: Die gemeinsamen Einrichtungen der Tarifvertragsparteien (Buchbesprechung), in: AcP 168, 94

— Die Entwicklung des Arbeitsrechts im Jahre 1969, in: ZfA 1970, 197

Löwisch: Das Übermaßverbot im Arbeitskampfrecht, in: ZfA 1971, 319

— Die Ausrichtung der tariflichen Lohnfestsetzung am gesamtwirtschaftlichen Gleichgewicht. Ein Beitrag zum Spannungsverhältnisvon Tarifautonomie und Staatsintervention, in: RdA 1969, 129

von Mangoldt: Grundrechte und Grundsatzfragen des Bonner Grundgesetzes, in: AöR 75, 273

Marcic: Reine Rechtslehre und klassische Rechtsontologie, in: ÖZöffR XI (1961), S. 395

Martinek: Zur Verankerung des Koalitionsrechts im kollektiven Arbeitsrecht, in: Festschrift für Hans Schmitz I, 1967, S. 146

Maunz: Starke und schwache Normen in der Verfassung, in: Festschrift für Laforet, 1952, S. 141

Maus: Mindest- und Höchstarbeitsbedingungen in Tarifverträgen, in: RdA 1958, 241

Mayer-Maly: Betrieb und Gewerkschaft, in: Schriftenreihe der Vereinigung der Arbeitgeberverbände in Bayern, Heft 1/2, 1968, S. 9

— Brox-Rüthers: Arbeitskampfrecht (Buchbesprechung), in: RdA 1965, 432

— Der Verhandlungsanspruch tariffähiger Verbände, in: RdA 1966, 201

— Die negative Koalitionsfreiheit am Prüfstein, in: ZAS 1969, 81

— Gemeinsame Einrichtungen im Spannungsfeld von Tarifmacht und Organisationspolitik, in: BB 1965, 829

— Grundsatzfragen zum Berufsverbandsrecht, in: DB 1966, 821

— Leistungsdifferenzierung und Tarifmachtabgrenzung, in: BB 1965, 1067

— Sozialparität als Verfassungsgebot, in: Gedächtnisschrift für H. Peters, 1967, S. 938

— Zur Arbeitsrechtlichen Bedeutung der Lehre vom Gestaltungsrecht, in: RdA 1965, 361

Merker: Einführung eines Solidaritätsbeitrages der Außenseiter?, in: DB 1960, 1127

— Kein Tariflohn für die Außenseiter?, in: DB 1960, 263

Mestmäcker: Das Verhältnis des Rechts der Wettbewerbsbeschränkungen zum Privatrecht (I), in: DB 1968, 787

Monjau: Höchstlöhne im öffentlichen Dienst, in: DÖD 1964, 224

— Senkung außertariflicher Löhne, in: DB 1959, 707

— Zulagen bei Tariflohnerhöhungen, in: DB 1965, 1249

Müller, G.: Arbeitsrechtliche Probleme im Zusammenhang mit dem Gesetz zur Förderung der Vermögensbildung der Arbeitnehmer (Teil II), DB 1961, 1225

— Der Solidaritätsbeitrag arbeitsrechtlich gesehen, in: Quelle 1961, 71

— Die gesellschafts- und staatspolitische Problematik in Duvernell, Koalitionsfreiheit und Tarifautonomie als Probleme der modernen Demokratie, 1968

— Drittwirkung von Grundrechten und Sozialstaatsprinzip, in: RdA 1964, 121

— Grundfragen des Streikrechts, in: RdA 1951, 247

Müller, G.: Problematik und Probleme des Arbeitskampfes in der Bundesrepublik Deutschland, in: Schriftenreihe der Arbeitgeberverbände in Bayern, Heft 1/2, 1968, S. 25

Müller-Armack: Stil und Ordnung der sozialen Marktwirtschaft, in: Lagler-Meuer, Wirtschaftliche Entwicklung und soziale Ordnung (Degenfeld-Festschrift), 1952, S. 34

Musa: Der Ausschluß der Außenseiter von tarifvertraglichen Ansprüchen, in: BB 1966, 82

Neumann: Abführung von Gewerkschaftsbeiträgen und § 117 Abs. 2 GewO, in: AuR 1967, 70

Neumann-Duesberg: Rechtsfragen zur Mitwirkung des Betriebsrats bei Einstellungen und Ersteingruppierungen, in: DB 1963, 1218

Nikisch: Die sogenannte Effektivklausel bei tariflichen Lohnerhöhungen, BB 1956, 468

— Individualismus und Kollektivismus im heutigen Arbeitsrecht, in: RdA 1953, 81

— Inhalt und Grenzen des tariflichen Günstigkeitsprinzips, in: DB 1963, 1254

— Ramm: Die Parteien des Tarifvertrages (Buchbesprechung), in: RdA 1962, 39

— Tarifvertragliche Effektivklauseln?, in: BB 1961, 1205

— Zur Tarifausschlußklausel, in: RdA 1967, 84

— Zur Tauifautonomie und ihren Grenzen. Zugleich eine Besprechung von Kurt Biedenkopf, Grenzen der Tarifautonomie, in: JZ 1966, 778

Nipperdey: Die Grundrechte und Grundpflichten der Reichsverfassung, Bd. 3, 1930, S. 415

— Freie Entfaltung der Persönlichkeit, unter Mitarbeit von G. Wiese, in: Die Grundrechte, Handbuch der Theorie und Praxis der Grundrechte, Bd. IV/2, 1962, S. 741

— Gleicher Lohn der Frau für gleiche Leistung, in: RdA 1950, 121

— Grundrechte und Privatrecht, Eine Universitätsrede, in: Festschrift für E. Molitor, 1962, S. 17

— Mindestbedingungen und günstigere Arbeitsbedingungen nach dem Arbeitsordnungsgesetz (Ordnungsprinzip und Leistungsprinzip), in: Festschrift für H. Lehmann, 1937, S. 257

— Unzulässigkeit von Höchstlöhnen in Tarifverträgen und Tarifordnungen der öffentlichen Hand, in: Festschrift für Herschel, 1955, S. 9

— Zur Methode der Bestimmung des Koalitionsbegriffs, in: RdA 1964, 361

— Rechtsprobleme der Aussperrung und des Streiks, in: DB 1963, 1613

Ostholt: Die Einschränkung der Willensfreiheit durch Tarifausschlußklauseln, in: ArbG 1959, S. 446.

Pernthaler: Das Problem der verfassungsrechtlichen Einordnung (Legitimation) des Kollektivvertrages, in: ZAS 1966, 33

— Verfassungsrechtliche Probleme der autonomen Rechtsetzung im Arbeitsrecht, in: ÖZöffR XVII (1967), S. 45

Peters: Die freie Entfaltung der Persönlichkeit als Verfassungsziel, in: Festschrift für Laun, 1953, S. 669

— Die Positivierung der Menschenrechte und ihre Folgen, in: Festschrift für Messner, 1961, S. 363

Peters: Die Satzungsgewalt innerstaatlicher Verbände, in: Anschütz-Thoma, HdbdDStR, Bd. II 1932, S. 264

Potthoff: Die Rechtswidrigkeit des Streikverbots vom 10. November 1920, in: ArbR 1925, Sp. 987

Preiser: Theoretische Grundlagen der Vermögenspolitik, in: Leber, Vermögensbildung in Arbeitnehmerhand, 1964, Bd. 3, S. 21

Prost: Über die Autonomie, in: NJW 1955, S. 1463

Radke: Das Bundesarbeitsgericht und die Differenzierungsklausel, in: AuR 1971, S. 4

— Das Koalitionsrecht als Ausdruck der Freiheit, in: Festgabe für O. Brenner, 1968, S. 113

— Zur rechtlichen Problematik der Aussperrung und des Streiks, in: AuR 1964, S. 67

Raiser: Rechtsschutz und Institutionenschutz im Privatrecht, in: Summum ius summa iniuria, 1963, S. 145

Ramm: Der Koalitionsbegriff, in: RdA 1968, 412

— Die Anerkennung des Streikrechts (Sozialcharta), in: AuR 1967, 97

— Die Rechtsnatur des Tarifvertrages, in: JZ 1962, 78

— Die Rechtsprechung des Bundesarbeitsgerichts, in: JZ 1964, 546

— Koalitionsbegriff und Tariffähigkeit — BVerfGE 18, 18, in: JuS 1966, 223

Rebhahn: Tariflöhne und Effektivklauseln, AuR 1956, 289

Rehbinder: Die Rechtsnatur des Tarifvertrages, in: JR 1968, 167

— Fortschritte in der Produktenhaftung, in: ZHR 129, 171

Reissmüller: Das Monopol des Bundesverfassungsgerichts aus Art. 18 des Grundgesetzes, in: JZ 1960, 529

Reuß: Aktuelle Arbeitskampffragen, in: DB 1965, 817

— Arbeitsrechtliche Gesichtspunkte zum sog. „Leberplan", in: Leber, Vermögensbildung in Arbeitnehmerhand, Bd. 3, 1965, S. 203

— Der „politische" Arbeitskampf, in: AuR 1966, 264

— Der Streit um die Differenzierungsklauseln, in: AuR 1970, 33

— Die Grenzen legaler Arbeitskämpfe, in: Juristen-Jahrbuch, Bd. 4 (1963/64), S. 163

— Die Organisation der Wirtschaft, in: Die Grundrechte, Handbuch der Theorie und Praxis der Grundrechte, Bd. III 1, S. 91, 1958

— Die Stellung des kollektiven autonomen Arbeitsrechts im Rechtssystem, in: AuR 1958, 321

— Einige Gedanken zur Beschränkung der Arbeitskampffreiheit, in: Recht im Wandel, Festschrift Carl Heymanns Verlag, 1965, S. 253

— Ein Lehrbuch des Arbeitsrechts (II) (Buchbesprechung), in: AuR 1968, 161

— F. Gamillscheg: Die Differenzierung nach der Gewerkschaftszugehörigkeit (Buchbesprechung), in: AcP 166, 518

— Gleicher Lohn für gleiche Arbeit?, in: AuR 1960, 33

— Kollektive oder kollektivrechtliche Arbeitskampfziele, in: AuR 1965, 97

— Tarifvertragliche Wirkungen auf Außenseiter, in: DB 1964, 1410

— W. Weber: Koalitionsfreiheit und Tarifautonomie als Verfassungsproblem, in: DVBl. 1966, 422

Richardi: Die begrenzte Effektivklausel im Tarifvertrag, in: DB 1969, 1986

— Die Stellung des Arbeitskampfes in der gesamtwirtschaftlichen Ordnung, in: RdA 1966, 241

— Gewerkschaften und Betrieb — ein Gegenstand der Tarifautonomie?, in: RdA 1968, 427

— Grundprobleme der kollektiven Koalitionsfreiheit, Besprechung der gleichnamigen Schrift von F. J. Säcker, in: ZfA 1970, 85

— Koalitionsfreiheit und Tarifautonomie als Probleme der modernen Demokratie, Besprechung der gleichnamigen Schrift, herausgegeben von H. Duvernell, in: RdA 1969, 147

— Koalitionsgewalt und individuelle Koalitionsfreiheit, in: AöR 93, 243

Rittig: Sozialismus und Liberalismus. Annäherung oder Distanz ihrer wirtschaftspolitischen Anschauungen?, in: Die neue Gesellschaft, 1. Jg. (1954), H. 1, S. 44

Roemer: Zum Grundrecht der freien Entfaltung der Persönlichkeit. Bemerkungen zu Art. 2 Abs. 1 des Grundgesetzes in Hundert Jahre Deutsches Rechtsleben, Festschrift zum hundertjährigen Bestehen des DJT, 1960, Bd. 1, S. 545

Rumpf: Zur Zulässigkeit sogenannter begrenzter Effektivklauseln in Tarifverträgen, in: BB 1968, 1161

Rupp: Beweisverbote im Strafprozeß in verfassungsrechtlicher Sicht, Verhandlungen des 46. DJT, 1966, Teil I 3 A, S. 165

— Rupp: Das Grundrecht der Berufsfreiheit. Kritik an der Rechtsprechung des Bundesverfassungsgerichts, in: NJW 1965, 994

— Das Urteil des Bundesverfassungsgerichts zum Sammlungsgesetz — eine Wende in der Gesetzesinterpretation des Art. 2 I GG?, in: NJW 1966, 2037

Rüthers: Die Spannung zwischen individualrechtlichen und kollektivrechtlichen Wertmaßstäben im Arbeitskampfrecht, in: AuR 1967, 129

Rustow: Das christliche Gewissen und die neoliberale Marktwirtschaft, in: Junge Wirtschaft, Zeitschrift für fortschrittliches Unternehmertum (1960), H. 8, S. 52

Säcker: Betriebs- oder unternehmensbezogene Verhaltenspflichten des Arbeitnehmers und des Betriebsrates bei parteipolitischer Betätigung i. S. des § 51 Satz 2 BetrVG?, in: AuR 1965, 353

— Böttcher: Die Gemeinsamen Einrichtungen der Tarifvertragsparteien (Buchbesprechung), in: BB 1966, 1031

— Direktions- und Hausrecht als Abwehrrechte gegen gewerkschaftliche Betätigung im Betrieb, in: BB 1966, 700 und 784

— Herabsetzung nichttariflicher Arbeitsbedingungen durch kollektive Änderungskündigung, in: DB 1967, 1086

— Kollektivgewalt und Individualwille bei der Gestaltung des Arbeitsverhältnisses (Buchbesprechung), in: RdA 1969, 291

— Rechtsfragen der außerordenitlichen Kündigung von Betriebsratsmitgliedern, in: DB 1967, 2027

— Zur Berücksichtigung der Marktposition des Unternehmens im Recht der Wettbewerbsbeschränkungen, in: BB 1967, 681

Scheffler: Zum öffentlichen Status der Gewerkschaften, in: NJW 1965, 849

Schelp: Gemeinsame Einrichtungen der Tarifvertragsparteien, in: Festschrift für Nipperdey, 1965, Bd. II, S. 596

— Tarifvertrag und Betriebsvereinbarung im Rahmen von § 59 des Betriebsverfassungsgesetzes (I), in: DB 1962, 1242

— Vermögenswirksame Leistungen auf Grund von Tarifverträgen, in: DB 1965, 1094

Scheuner: Das Grundrecht der Berufsfreiheit, DVBl. 1958, 845

— Das parlamentarische Regierungssystem in der Bundesrepublik, in: DÖV 1957, 633

— Der Inhalt der Koalitionsfreiheit, in: Weber-Scheuner-Dietz, 1961, S. 29

— Der Staat und die Verbände, in: Der Staat und die Verbände, hrsg. von W. Beutler u. a., 1957, S. 10

— Die Einwirkung der verfassungsgerichtlichen Feststellung der Nichtigkeit von Rechtsnormen auf vorgängige Hoheitsakte, in: BB 1960, 1253

— Die Förderung der Vermögensbildung der Arbeitnehmer und das Verfassungsrecht, Rechtsgutachten, in: BABl. 1965, 666

— Die staatliche Intervention im Bereich der Wirtschaft, in: VVDStRL 11, 5

— Grundrechtsinterpretation und Wirtschaftsordnung. Zur Auslegung des Art. 12 Grundgesetz, in: DÖV 1956, 65

Schiller: Sozialismus und Wettbewerb, in: Grundfragen moderner Wirtschaftspolitik (Schriftenreihe der Gesellschaft zur Förderung der politischen Wissenschaft, Bd. 1), hrsg. von C. Schmid, K. Schiller, E. Potthoff, o. J., S. 154

Schmidt, W.: Die Freiheit vor dem Gesetz zur Auslegung des Art. 2 Abs. 1 des Grundgesetzes, in: AöR 91, 42

Schneider: Autonome Satzung und Rechtsverordnung, in: Festschrift für Möhring, 1965, S. 521

— Verkehrszeichen sind Tatbestandsmerkmale, in: NJW 1964, 1297

Schnorr: Bundesverfassungsgericht und kollektives Arbeitsrecht, in: RdA 1955, 3

— Inhalt und Grenzen der Tarifautonomie, in: JR 1966, 327

— Kollektivmacht und Individualrechte im Berufsverbandswesen, in: Festschrift für Molitor, 1962, S. 229

Scholtissek: Innere Grenzen der Freiheitsrechte, in: NJW 1952, 561

Scholz: Buchbesprechung zu Säcker: Grundprobleme der kollektiven Koalitionsfreiheit, in: RdA 1970, 210

Schulz: Die Gewerkschaften als politischer Maktfaktor, in: GewMH 1952, 5

Schumann: Das Rechtsverweigerungsverbot, in: ZZP 81 (1968), S. 79

Schwedes: Das Zweite Gesetz zur Förderung der Vermögensbildung der Arbeitnehmer, in: BABl. 1965, 643

Siebert: Beiträge zum System des geltenden Arbeitsrechts, in: RdA 1959, 167

— Erweiterung des Mitbestimmungsrechts des Betriebsrats durch Betriebsvereinbarung oder Tarifvertrag?, in: BB 1958, 421

— Kollektivnorm und Individualrecht im Arbeitsverhältnis, in: Festschrift für Nipperdey, 1955, S. 119

— Kollektivmacht und Individualsphäre beim Arbeitsverhältnis, in: BB 1953, 241

Sieg: Der Tarifvertrag im Blickpunkt der Dogmatik des Zivilrechts, in: AcP 151, 246

— Wesen und Geltung der Betriebsübung, in: RdA 1955, 441

Siegfried: Zum Begriff des öffentlichen Amtes in Art. 34 GG, in: NJW 1957, 738

Simitis: Soll die Haftung des Produzenten gegenüber dem Verbraucher durch Gesetz, kann sie durch richterliche Fortbildung des Rechts geordnet werden? In welchem Sinne?, in: Verhandlungen des 47. DJT, Bd. I, Teil C

Sinzheimer: Über einige Grundfragen des Arbeitstarifrechts, in: Die Reichsgerichtspraxis im deutschen Recht. Festgabe der juristischen Fakultäten zum 50jährigen Bestehen des Reichsgerichts, 1929, Bd. IV, S. 1

Smend: Das Recht der freien Meinungsäußerung, in: VVDStRL 4, 44

Söllner: Zu Sinn und Grenzen der Vereinbarungsbefugnis der Tarifvertragsparteien, in: AuR 1966, 257

Sommer: Tarifliche Effektivklauseln, in: AR-Blattei Tarifvertrag V B

Stahlhacke: Die Beeinflussung der Effektivlöhne durch Tarifverträge, in: RdA 1962, 223

— Die Zulässigkeit der begrenzten Effektivklausel im Tarifvertrag, in: DB 1969, 791

— Zulässigkeit und Wirkung tariflicher Effektivklauseln, in: RdA 1957, 446

Steindorff: Nikisch: Arbeitsrecht, 2. Aufl. 1959, Bd. II (Buchbesprechung), in: JZ 1960, 582

Thiele: Bemerkungen zur Kündigung von Gesamtvereinbarungen, in: RdA 1968, 424

Tomandl: Der Kollektivvertrag — doch ein Instrument des Privatrechts, ZAS 1969, 161 und 206

— Gamillscheg: Die Differenzierung nach der Gewerkschaftszugehörigkeit (Buchbesprechung), in: ZAS 1966, 158

— Probleme der kollektivvertraglichen Ist-Lohnregelung, in: ZAS 1969, 41

Vits: Zur rechtlichen Beurteilung der sogenannten Effektivklauseln, in: DB 1961, 502

Wannagat: Zur Vereinbarung des Leberplans mit der geltenden Rechtsordnung, in: Leber: Vermögensbildung in Arbeitnehmerhand, Bd. 3, 1965, S. 185

Weber, W.: Die Arbeitnehmer- und Arbeitgeberorganisationen in der Verfassung, in: Aufgaben und Stellung der Arbeitgeber und Arbeitnehmerorganisationen in der BRD, Veröffentlichungen der Walter-Raymond-Stiftung, Bd. 6 (1966), S. 123

— Die Bundesrepublik und ihre Verfassung an der Schwelle des dritten Jahrzehnts, DVBl. 1969, 413

— Die Sozialpartner in der Verfassungsordnung, in: Göttinger Festschrift für das Oberlandesgericht Celle, 1961, S. 239

— Die verfassungsrechtlichen Grenzen sozialstaatlicher Forderung, in: Der Staat, 4. Bd. 1965, H. 4, S. 409

— Eigentum und Enteignung, in: Die Grundrechte, Handbuch der Theorie und Praxis der Grundrechte, Bd. II, 1954, S. 331

— Über Zwangskorporationen und freie Berufsverbände, in: Festschrift für Bogs, 1967, S. 211

Weber, W.: Unzulässige Einschränkungen der Tariffreiheit, in: BB 1964, 764

— Systematische Vorfragen einer Auslegung des Art. 2 Abs. 1 des Grundgesetzes, in: AöR 82, 250

Weidner: Bartele: Rechtsnatur und Rechtsfolgen der Aussperrung (Buchbesprechung), in: AcP 160, 443

Weisser: Grundlinien sozialdemokratischer Wirtschaftspolitik, in: Die Neue Gesellschaft, 4. Jg. (1957), H. 3, S. 194

Weller: Zur Frage der Differenzierungsklausel, in: AuR 1970, 161

Wertenbruch: Der Grundrechtsbegriff und Art. 2 Abs. 1 GG, in: DVBl. 1958, 481

— Die rechtliche Einordnung wirtschaftlicher Verbände in den Staat, in: Gedächtnisschrift für H.Peters, 1967, S. 614

Wiedemann: Die deutschen Gewerkschaften — Mitgliederverband oder Berufsorgan?, in: RdA 1969, 321

— Rationalisierungsschutz, Tarifmacht und Gemeinsame Einrichtung, in: RdA 1968, 420

Wintrich: Zur Auslegung und Anwendung des Art. 2 Abs. 2 GG, in: Staat und Bürger. Festschrift für Apelt, 1958, S. 1

Wlotzke: Die Auswirkung von Tariflohnerhöhungen auf vertraglich vereinbarte Löhne und Gehälter, in: AuR 1961, 68

Zeuner: Günstigkeitsprinzip und Verbandsbeschluß zur Verhinderung übertariflicher Arbeitsbedingungen, in: DB 1965, 630

Zöllner: Bötticher: Die gemeinsamen Einrichtungen der Tarifvertragsparteien (Buchbesprechung), in: RdA 1967, 271

— Das Wesen der Tarifnormen, in: RdA 1964, 443

— Der Begriff der gemeinsamen Einrichtungen der Tarifvertragsparteien, in: BB 1968, 597

— Die Wirkung der Normen über gemeinsame Einrichtungen der Tarifvertragsparteien, in: RdA 1967, 361

— Tarifmacht und Außenseiter, in: RdA 1962, 453

Zweigert: „Rechtsgeschäft" und „Vertrag" heute, in: Ius privatum gentium, Festschrift für Rheinstein, 1969, Bd. II, S. 493

IV. Dissertationen

Blom: Tarifausschlußklausel, Diss. Köln 1966

Busch: Tarifliche Effektivklausel und Zeit- bzw. Geldfaktor beim Zeitakkord, Diss. Köln 1963

Firmhaber: Das Günstigkeitsprinzip im Tarifvertragsrecht, Diss. Kiel 1951

Ilbertz: Die tarifliche Regelung der Einziehung und Abführung von Gewerkschaftsbeiträgen durch den Arbeitgeber, Diss. Köln 1965

Lieb: Die Rechtsnatur der Allgemeinverbindlicherklärung von Tarifverträgen als Problem des Geltungsbereichs autonomer Normensetzung, Diss. München 1960

Masberg: Die Unternehmerverbände in der öffentlichen Verwaltung, Diss. Göttingen 1959

Müller, F. W.: Selbstverwaltung und Interessenteneinfluß bei den Anstalten des öffentlichen Rechts, Diss. Göttingen 1959

Schichtel: Die Grenzen kollektivrechtlicher Regelung von Arbeitsentgelten, Diss. Münster 1961

Schwaabe: Die Zulässigkeit von Solidaritätsbeiträgen im Arbeitsrecht, Diss. München 1962

Valerius: Die Parteien des Tarifvertrages, Diss. Köln 1968

V. Fremdsprachige Literatur

Hauriou, M.: Aux sources de droit. Cahiers de la nouvelle journée 23. — Principes de droit public (1910)

VI. Urteilsanmerkungen

Altwein: Anm. zu LAG Frankfurt, in: BB 1949, 664

Ballerstedt: Anm. zu ArbG Rheine, in: SAE 1954, 81

Bötticher: Anm. zu BAG, in: AP Nr. 7 zu § 4 TVG Effektiv-Klausel

Frey: Anm. zu BAG, in: AuR 1968, 319

Fritz: Anm. zu BGH NJW 1965, 308, in: NJW 1965, 544

Gumpert: Anm. zu BAG, in: BB 1958, 771

— Anm. zu LAG Düsseldorf, in: BB 1955, 27

Herschel: Anm. zu BAG, in: BABl. 1956, 449

— Anm. zu AR-Blattei D, Öffentl. Dienst, Entscheidung 2

Hessel: Anm. zu BAG, in: AuR 1956, 155

Knevels: Anm. zu BAG, in: SAE 1968, 109

Mayer-Maly: Anm. zu BAG, in: AP Nr. 10, 11 zu Art. 9 GG

Molitor: Anm. zu AR-Blattei, Tarifvertrag I B, Entscheidungen 1

Nipperdey: Anm. zu RAG, in: ARS 6, 151

Richardi: Anm. zu BAG, in: JZ 1968, 743

Ritter: Anm. zu BAG, in: JZ 1969, 105

Rüthers: Anm. zu BAG, in: AP Nr. 14 zu Art. 9 GG

Söllner: Anm zu BVerfG, in: JZ 1966, 401

Tophoven: Anm. zu BAG, in: AP Nr. 1 zu § 1 TVG Friedenspflicht

— Anm. zu BAG, in: AP Nr. 1 zu § 4 TVG Effektivklausel

Wiedemann: Anm. zu BAG, in: SAE 1969, 246

Zöllner: Anm. zu BAG, in: SAE 1966, 157

— Anm. zu BAG, in: SAE 1967, 105

— Anm. zu LAG Düsseldorf, in: AP Nr. 1 zu § 4 TVG

FSC
www.fsc.org
MIX
Papier | Fördert gute Waldnutzung
FSC® C083411

Kolibri 360 GmbH
Ferdinand-Jühlke-Straße 7
99095 Erfurt, Deutschland
produktsicherheit@kolibri360.de

Druck:
CPI Druckdienstleistungen GmbH
im Auftrag der
Kolibri 360 GmbH
Ferdinand-Jühlke-Str. 7
99095 Erfurt